高等院校公共管理系列教材

Quantitative Research Methods

定量研究方法

胡 荣 ◎ 主编

图书在版编目(CIP)数据

定量研究方法/胡荣主编. —北京:北京大学出版社,2021.3
高等院校公共管理系列教材
ISBN 978-7-301-32025-9

Ⅰ. ①定… Ⅱ. ①胡… Ⅲ. ①定量方法—高等学校—教材 Ⅳ. ①C934

中国版本图书馆 CIP 数据核字(2021)第 033373 号

书　　　名	定量研究方法 DINGLIANG YANJIU FANGFA
著作责任者	胡　荣　主编
责 任 编 辑	朱梅全
标 准 书 号	ISBN 978-7-301-32025-9
出 版 发 行	北京大学出版社
地　　　址	北京市海淀区成府路 205 号　100871
网　　　址	http://www.pup.cn　新浪微博:@北京大学出版社
电 子 邮 箱	zpup@pup.cn
电　　　话	邮购部 010-62752015　发行部 010-62750672　编辑部 021-62071998
印 刷 者	河北滦县鑫华书刊印刷厂
经 销 者	新华书店
	787 毫米×1092 毫米　16 开本　19 印张　351 千字 2021 年 3 月第 1 版　2024 年 8 月第 4 次印刷
定　　　价	58.00 元

未经许可,不得以任何方式复制或抄袭本书之部分或全部内容。
版权所有,侵权必究
举报电话:010-62752024　电子邮箱:fd@pup.cn
图书如有印装质量问题,请与出版部联系,电话:010-62756370

目录

第一编　导　　论

1 Chapter 定量研究概述

人的知识与社会研究　/003
定量研究的定义和特点　/008
统计学的发展与定量研究　/012

2 Chapter 理论与研究

社会理论的构成　/016
"科学环"与社会研究的逻辑　/023
理论建构的过程　/026
理论检验的过程　/029

3 Chapter 定量研究的步骤

准备阶段　/033
调查阶段　/037
研究阶段　/037
总结阶段　/041

第二编　研　究　设　计

4 Chapter
研究问题与课题设计

研究问题及其作用　/ 045
研究问题的提出和聚焦　/ 047
课题设计的主要类型　/ 051
研究计划书的写作　/ 057

5 Chapter
课题的操作化与测量

测量的概念与层次　/ 063
概念化和操作化　/ 067
评估测量质量的标准　/ 071

6 Chapter
抽样

抽样概论　/ 076
概率抽样　/ 082
非概率抽样　/ 090

第三编　资　料　收　集

7 Chapter
问卷设计

问卷的类型与结构　/ 097
问卷设计的主要步骤　/ 102
问卷的设计方法　/ 105

8 Chapter
问卷调查

问卷调查的特点及应用　/ 116

问卷调查资料的收集方式 / 118
问卷调查的组织与实施 / 121
问卷调查的注意事项 / 125

Chapter 9 问卷数据的录入与整理

问卷数据的录入 / 128
数据整理 / 134

第四编 数据分析

Chapter 10 单变量统计

集中趋势 / 149
离散趋势 / 157
假设检验 / 162

Chapter 11 双变量统计

列联相关系数 / 176
两个定类变量的相关测量 / 180
两个定序变量的相关测量 / 187
两个定距变量的相关测量 / 194

Chapter 12 回归分析

一元线性回归 / 198
多元线性回归 / 202
虚拟变量的使用 / 210
因子分析 / 214

13 Chapter 交互作用与非线性回归

交互作用　/ 225

非线性回归　/ 235

曲线估计　/ 241

14 Chapter Logistics 回归

Logistic 回归模型　/ 246

二元 Logistic 回归　/ 250

多分类的 Logistic 回归　/ 266

15 Chapter 定量研究论文的写作

研究问题与标题　/ 276

文献回顾　/ 277

数据及其呈现　/ 279

讨论与结论　/ 284

参考文献　/ 286

附录　厦门居民生活状况问卷调查　/ 289

后记　/ 299

第一编

导论

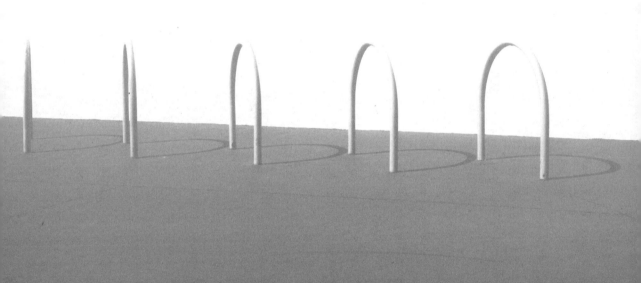

第1章 定量研究概述

定量研究方法是现代社会科学研究中广泛运用的研究方法。本章将对定量研究方法的定义、特点及其在社会科学中的应用情况进行介绍。

人的知识与社会研究

1. 必然性与人的认识

在说定量研究之前,我们先说远一点,说一说必然性问题与人的认识。

任何事物的产生都有其原因。当我们认识到某一事物的所有原因,并从促使这一事物产生的充分原因考察时,这一事物的出现就是必然的。例如,A从二楼往窗外倒一杯水(原因),刚好全部洒在从楼下经过的B的左肩上(结果Ⅰ)。在这里,若只从A倒水这一原因考察,B的左肩被水淋湿这一结果的出现就是偶然的;A再一次倒水未必会产生同样的结果,这水可能倒在B的头上,可能倒在路上,也可能倒在其他人身上。但是,如果我们从导致结果Ⅰ的充分原因进行考察的话,当考虑到A倒水的动作(原因1)、B所在的位置和姿势(原因2)、A倒水所站的位置和姿势(原因3)、A倒水时用力的大小和角度(原因4)以及杯中水量的多少(原因5)等因素时,水洒在B的左肩上(结果Ⅰ)就不是偶然的,而是必然的。在这里,5个原因构成了结果Ⅰ的充分条件。不管在什么时候,只要这5个条件具备,结果Ⅰ一定会发生;如果5个条件只具备2个或3个的话,结果Ⅰ的出现就是偶然的。因此,必然性和偶然性是一对与我们看问题的角度相联系的范畴。当从导致某一现象的充分原因考察时,该现象的出现就是必然的;由于人的认识能力的限制,有时无法把握(或没有必要把握)事件的充分原因而只能从部分原因考察,这时事件的发生就是偶然的。

当然,科学并不仅仅限于对具体的、个别的事物的性质及其与其他事物的因果关系的探索,尽管对个别事物的认识是对一般事物认识的起点,科学认识的目的是超越个别事物,探讨具体事物的一般属性及其与其他事物的因果联系。我们在认识事物时,要使用各种各样的概念,用专有名词表示的单独概念反映的是某一个具体事物,而用普通名词表示的普遍概念反映的是某一类事物。需要指出的是,我们在给某类事物下定义时并没有穷尽该事物的所有个体,这样做既无必要也不可能。我们的定义以及对该类事物性质的认识都是从该类事物中的部分个体中概括出来的。这种概括的不完全性有可能导致认识的偏差,我们对某一类事物中部分个体的认识有可能不适用于该类事物中的其他个体。这样我们就要对原有的认识进行修正。所以,普遍概念不是一成不变的东西,而是一个在认识的过程中不断修正、发展和丰富的参考框架。普遍概念的抽象程度越高,其涵盖范围也越广,因此发生认识偏差的可能性也越大。

给事物归类和给一个普遍概念下定义仅仅是对一类事物的性质和特点进行认识。在弄清某类事物的性质之后,我们还要探讨不同类别事物之间的关系,在较为抽象的层次认识不同类别事物的因果联系。不同类别事物之间恒常的因果关系构成规律,认识规律是科学的主要目标。当我们考察某一类事物出现的必然性时,就获得了规律性的认识。不过,在抽象层次探讨一类事物的充分原因比对具体事物的原因分析要复杂得多。这主要有如下几种情形:其一是,从类的层次看事物的因果联系比较简单,某一类事物的出现有共同的充分的原因,这样我们就可以把该类事物与其共同原因的联系概括成规律性的认识。其二是,某类事物的出现有部分共同原因,但这部分共同原因并不构成充分原因,还有部分原因不是该类事物共有的。不过,我们可以根据这些不同的原因把该类事物分为若干个子类,当从每个子类来看时,每个子类的事物也有共同的充分原因,这时也可以归纳出有关各个子类的规律性认识。其三是,促使某类事物出现的充分原因中只有部分是共同的,其余的则是未知的,或已探知但过于复杂无法分为若干子类。这时,已知的那部分共同原因与其他原因的结合也就有各种可能性,已知的部分共同原因与结果的联系便呈现出一种不确定的关系。

因此,在不同的抽象层次上,因果之间的联系是不同的。每一具体事件都有充分原因。若从充分原因考察,每一自然事件和社会事件的发生都是必然的。抽象层次事物的因果联系较为复杂,但我们仍能认识许多自然现象和社会现象出现的充分原因。当然,社会现象和自然现象是存在差别的。自然现象没有人的意识介入,比较容易把握其充分原因。而社会现象却有人的意识介入,人的意识是导致许多社会现象的一个重要变量。一方面,迄今为止我们对人的意识的认识是十分有限的,这就使得人的意识显得多变而难以把握;另一方面,尽管我们能对影响每一具体社会事件的意识因素进行把握,但是,当我们把若干社会事件归入一类并用普遍概念加以识别时,由于影响每一具体事件的意识要素是如此丰富多样,所以就很难将其作为充分原因中的一个或几个原因加以概括。所以,与自然现象较多地具有确定的函数关系不同,社会现象之间较多地表现为不确定的相关关系。

根据抽象程度的不同,我们可以将人的知识分为生活经验、科学知识和哲学知识三个层次。

(1) 生活经验。这是最低层次的知识,是对于某一具体事物或具体事件的性质、特点及其与其他事物或事件关系的认识。这一层次的知识内容最为丰富。每个人由于从事的工作不同,接触的人和事也有差异,因此对于他所经历过的人和事都有一种只属于他自己的体验。自然界和社会中每一起事件的发生都有其充分原因,但是,每个人所接触的具体事物和经历的具体事件是如此之多,无法细细探究每一起事件发生的充分原因。人们只对那些对自己有重大影响的事件给予较多的关注,但对这些重大事件的性质及其与其他事件关系的认识却是不充分的。即使有时对一两起具体事件有深入的认识并把握住了其充分原因,但由于未考虑其他事件的情况,这种认识也缺乏普遍性。

(2) 科学知识。这一层次的知识以观察为基础。它同样源于对具体事物的认识,但由于通过普遍概念对一系列事物进行概括和抽象,反映的是某一类事物的情况。如果说生活经验所涉及的事件太具体琐碎而无法弄清每一起事件的充分原因,那么这一层次的知识则由于在一定程度上进行了抽象而可能对每一类事物的充分原因和关系进行认识。由于进行了一定程度的抽象,这一层次的知识也就摆脱了此时此地的限制而在较广范围内适用,具有一定的普遍性。自然科学的所有学科和社会科学的大部分学科中的大部分知识都属于这一层次的知识。每门自然科学和社会科学都有自己的独特对象或独特角度,是关于自己所研究的那部分对象的系统化知识,是从概括的角度、从类的层次对事物的认识,这些知识以一系列专业术语、定理、定律以及由许多命题组成的理论形式表达出来。当然,不同的学科的抽象概括程度是不一样的。

(3) 哲学知识。这一层次的知识以理性的反省为基础,是关于普遍规律的认识。如果说科学知识基本上以直接的经验观察为基础的话,那么哲学知识则无法只凭经验观察的资料进行概括,因为哲学知识试图从更抽象的层次对事物进行认识。研究者使用的材料中既有经验观察的资料,也有个人的体验,还有通过各种途径获得的历史资料。研究者通过想象力对这些材料进行概括,把各种抽象出来的要素联系起来,再把这些联系当素材使用。那些以哲学家的身份对世界进行研究的人所提出的理论当然应包括在这一层次,这些知识是最抽象的。除此之外,个别自然科学和大部分社会科学中那些不完全以经验为基础的较为抽象的理论也属于这个层次。

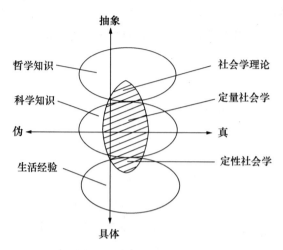

图 1-1　知识的层次与社会学知识

2. 直接经验与社会研究

我们每个人每天从外界获得大量有关社会的知识。我们可以从电视、广播、报纸这些传统媒体中获得大量的信息，也可以通过微信、微博等新媒介获得各种各样的知识。从书本上看书可以获得知识，与朋友聊天也可以了解情况。除了可以从上述途径获得知识外，每个人的知识中还有一部分是自己亲自探究得到的。而从别人那里获得的所有知识，大多来自直接的经验，所谓"实践出真知"。正如陆游在《书巢记》中所说："天下之事，闻者不如见者知之为详，见者不如居者知之为尽。"我们从某天的报纸上得知 G20 峰会就要在日本召开了，这一知识对于我们来说是间接的知识，或者说是二手的知识，但对于在日本现场报道的记者来说，就是直接的、一手的知识了。我们通过阅读相关文献和著作，了解到中国农村自 20 世纪 90 年代以来实行了村民自治，村委会直接由村民选举产生，而且选举的竞争激烈程度与当地的经济发展程度密切相关。这一知识对于大部分人来说是间接的知识，是通过阅读文献获得的，但对于亲自参加中国农村选举调查的学者来说，这些关于村委会选举的知识是直接的。虽然限于精力和时间，我们不可能事事躬亲，从直接的体验中了解社会，但无论如何，直接体验的知识是最重要的，是其他知识的源泉。也就是说，即使某种知识对于特定个体来说是一种间接的知识，但追根究底去寻找知识的源头，这些知识还是来源于直接的体验，在别人那里是直接的知识。

社会研究就是我们通过直接的体验获得有关社会的知识的方法。这也就是通常所说的实证的方法，社会研究就是建立在实证基础之上的。社会研究的方法很多，在这里，我们可以根据研究对象数量的多少将研究方法分为个案研究、抽样调查和普查。比如,我们研究厦门大学在校大学生的政治态度。凡是在厦门大学就读的学生都可以成为我们的研究对象。那我们如何去研究这些学生的政治态度呢?首先我们遇到的一个问题是研究多少人,即调查分析多少个厦门大学在校学生。是调查一两个人,还是十个八个,或者是 2000 人或 3000 人,或者对厦门大学在校的 4 万个学生都逐一进行调查。如果是从厦门大学的学生中抽取三五个人进行调查,就是所谓的"个案研究"。但是,因为只研究三五个人,我们很难把这三五个人的情况推论到厦门大学 4 万个学生的身上。也就是说,只调查三五个人是没有代表性的。那么,我们把调查的学生数量从三五个增加到十多个甚至二十个可以吗?即使如此,这个数量还是不够大,既无法用这些人的情况推论总体的情况,也无法对这些学生进行统计分析。虽然这种方法无法获得有代表性的数据,但是由于调查对象人数少,却可以问研究对象比较多的问题。换言之,这种方法可以获得比较深入细致的资料。由于这种方法收集的资料比较深入,在实际中也是被广泛运用的。例如,美国人类学家黄树民写的《林村的故事》,研究的是厦门湖里区的蔡塘村,通过该村党支部书记叶文德的故事,反映了自土地改革以来的农村变迁。只讲一个村的故事,当然不能够反映中国农村的整体情况。但是,把一个村的事情研究透了,这个研究自然也就有价值了。虽然蔡塘村不能代表中国农村的整体情况,但它却能够反映某一类农村的情况。

如果是调查厦门大学所有学生,则称为"普查"。普查的方法虽然能够获得全面准确的数据,但成本耗费巨大,不是一个研究机构或个体研究者所能承担的。通常的普查都是由政府部门组织的,如十年一次的人口普查。为了了解研究对象的情况,我们通常采用抽样调查方法。也就是说,我们从研究的对象中随机抽取一部分单位组成样本,对样本中的每个对象进行调查,而后据此进行分析并将研究结论推论到总体。抽样调查是一种非全面调查,它是从全部调查研究对象中抽选一部分单位进行调查,并据此对全部调查研究对象作出估计和推断的一种调查方法。显然,抽样调查虽然是非全面调查,但它的目的却在于取得反映总体情况的信息资料,因而也可起到全面调查的作用。根据抽选样本的方法,抽样调查可以分为概率抽样和非概率抽样两类。概率抽样是按照概率论和数理统计的原理从调查研究的总体中,根据随机原则来抽选样本,并从数量上对总体的某些特征作出估计和推断,对推断中可能出现的误差可以从概率意义上加以控制。习惯上将概率抽样称为"抽样调查"。

与其他调查一样,抽样调查也会遇到调查的误差和偏误问题。通常抽样调查的误差有两种:一种是工作误差(也称"登记误差"或"调查误差"),另一种是代表性误差(也称"抽样误差")。但是,抽样调查可以通过抽样设计,经由计算并采用一系列科学的方法,把代表性误差控制在允许的范围之内;另外,由于调查单位少,代表性强,所需调查人员少,工作误差比全面调查要小。特别是在总体包括的调查单位较多的情况下,抽样调查结果的准确性一般高于全面调查。因此,抽样调查的结果是非常可靠的。

抽样调查数据之所以能用来代表和推算总体,主要是因为抽样调查本身具有其他非全面调查所不具备的特点,主要是:

(1) 调查样本是按随机原则抽取的,在总体中每一个单位被抽取的机会是均等的,因此,能够保证被抽中的单位在总体中的均匀分布,不致出现倾向性误差,代表性强。

(2) 抽样调查是以抽取的全部样本单位作为一个"代表团",用整个"代表团"来代表总体,而不是用随意挑选的个别单位代表总体。

(3) 所抽选的调查样本数量,是根据调查误差的要求,经过科学的计算确定的,在调查样本的数量上有可靠的保证。

(4) 抽样调查的误差,是在调查前就可以根据调查样本数量和总体中各单位之间的差异程度进行计算,并控制在允许范围以内,调查结果的准确程度较高。

基于以上特点,抽样调查被公认为是非全面调查方法中用来推算和代表总体的最完善、最有科学根据的调查方法,因此也是定量研究中运用最多的方法。

▶ 定量研究的定义和特点

1. 定量研究的定义

定量研究是指通过收集可量化的数据并运用统计、数学或计算技术对现象进行的系统研究。定量研究将问题与现象用数量来表示,进而去分析、检验、解释,从而获得结论的研究方法和过程。定量就是以数字化符号为基础去测量,定量研究就是通过对研究对象的特征按某种标准作量的比较来测定对象特征数值,或求出某些因素间的量的变化规律。由于目的是对事物及其运动的量的属性作出回答,故名定量研究。

定量研究特别适合回答以下四类主要研究问题:

(1) 需要定量的答案。例如,厦门市有多少人买车了?厦门有多少学龄前儿童,我们需要多少幼儿园老师?很明显,我们需要用定量研究来回答这类问题。定性的、非数值的方法显然不能提供我们想要的(数值的)答案。

(2) 精确地研究数值变化。例如,全国贫困的人数是增加了还是减少了?厦门市居民的收入是上升了还是下降了?我们需要通过定量研究来找出答案。

（3）解释现象。什么因素（诸如家庭、个人能力、性别等）可以预测中学生能够考上名牌大学？什么因素与学生成绩和时间的变化有关？正如我们将在本书后面看到的，这类问题也可以通过定量方法进行研究。许多统计技术已经被开发出来，使我们能够根据一个或多个其他因素或变量（如家庭经济地位、父母教育方式、就读中学、学习方式等）的得分来预测一个因素或变量（如学生高考成绩）的得分。

（4）假设检验。我们可能想要解释一些事情，例如，学生的成就与他们的自尊和社会背景是否有关系。我们可以研究这个理论，并提出一个假设，即较低的社会阶层背景导致较低的自尊，这反过来又与较低的成就有关。通过定量研究，我们可以尝试检验这种模型。

上面的第一个和第二个问题是"描述性"的，试图回答社会现象"是什么"和"怎么样"。这种研究只是试图描述一种情况。第三个和第四个问题是"推理性"的，回答社会现象"为什么"会出现的问题，试图解释某事，而不是仅仅描述它。

虽然定量研究擅长回答上述四种类型的问题，但还有其他类型的问题并不适合使用定量方法来解决。

（1）当我们想要深入探讨一个问题时，定量研究就不一定合适。定量研究善于从大量的单位中提供广度上的信息，但当我们想要深入探讨一个问题或概念时，定量方法可能太过肤浅。为了真正深入了解一种现象，我们需要使用民族志方法、访谈、深入的案例研究和其他定性技术。

（2）定量研究非常适合于检验理论和假设，但定量研究不能很好地发展假设和理论。被检验的假设可能来自对文献或理论的回顾，但也可以通过探索性质的研究来提出。

（3）如果要研究的问题特别复杂，进行深入的定性研究（如案例研究）可能比定量研究更适合。这一方面是因为在任何一个定量研究中，可以看到的变量数量是有限的，另一方面是因为在定量研究中，研究者自己定义要研究的变量，而在定性研究中，可能会出现意想不到的变量。

（4）虽然定量研究最适合研究因果关系（众所周知的因果关系），但定性研究更适合研究特定事件或情况的意义。

如果我们既想研究广度和深度，又想研究因果关系和意义，我们该怎么做呢？在这种情况下，最好使用所谓的混合研究方法，即我们同时使用定量（如问卷调查）和定性（如一些案例研究）方法。混合研究方法是一种灵活的方法，研究设计取决于我们想要发现什么,而不是由任何预定的认识论立场。在混合方法研究中,定性成分和定量成分可以分别占主导地位,或者两者地位相等。

2. 定量研究的特点

定量研究试图在类的层次上探讨社会现象之间的联系。因此,它有着与定性研究不同的特点。

(1) 结构化

结构化是定量研究的特点。所谓结构化,说的是定量研究收集数据的工具是标准化的。为了能够用标准化的方法收集资料,在定量研究中我们常常要把概念和变量操作化,变成可以测量的指标或量表。例如,我们用问卷对大学生的学习情况进行调查,样本是1000人。在调查的时候,我们使用的是同一份问卷,不管调查对象是男性还是女性,是本科生还是研究生,尽管研究对象存在这样那样的差别,但问大家的问题都是完全一样,完全是标准化的问题。如果问张三的问卷是50个题目,问李四的问卷也应该是这50个题目,不能因李四的情况与张三不一样而改变题目,也不能因他们之间的差异而增加或减少题目。这就是标准化,不同的调查对象用的问卷完全一样。

当然,有时在定量研究中也用观察法收集资料。比如,我们要观察50个村庄的村委会选举过程,这个时候如果要用定量研究方法,就是结构式观察。也就是说,每个村庄观察的项目是一样的。例如,我们可以列出如表1-1这样一个表,详细说明不同村庄观察的项目。

表1-1 村委会选举观察记录表

项目	观察记录	备注
村委会候选人的提名方式: • 村民联名提名 • 村党支部提名候选人 • 乡镇党委提名候选人 • 其他方式提名候选人		
从初步候选人到正式候选人的产生方式: • 村民代表大会投票决定 • 全村选民投票决定 • 村党支部决定 • 乡镇党委决定 • 户代表投票决定		

(续表)

项目	观察记录	备注
是否差额选举		
是否设流动票箱		
是否委托投票		
是否设固定投票站		
是否设秘密划票间		
投票率		

(2) 大样本

定量研究需要对现象进行量上的分析，因此需要有一定的样本量。根据中心极限定理，任何一种连续性随机变量，不管它本身的图形如何，只要它的样本个数超过 30 个，它的均值就可以被视为服从正态分布。我们从一个总数为 N 的群体中选取 n 个样本，并估计参数 μ 和 σ^2，即样本容量和方差。可以用这两个参数来描述分布状态，尤其是正态分布。随机性确保了群体中的每个单元都有均等的入选机会，它排除了选择的偏差。估计值 $\bar{a}$ 和 s^2，即样本的平均值和方差都有它们各自的分布形式，我们常假定正态分布是最佳分布形式。可以用这种分布来估计 z 的概率和正态偏差（即用 t 分布估计 t 的概率）或者形成确定样本数的 z、t 分布表。有许多种随机取样方法，最简单的是对随机性没有限制的简单随机取样。我们可以对随机性附加一些限定条件，如在分层随机取样中我们希望去除层次之间的变异，其限制条件是在每一个层次中都分别随机性处理。

(3) 统计分析

定量研究收集的数据适合作统计分析。统计分析是指用适当的统计分析方法对收集来的大量数据进行分析，提取有用信息和形成结论而对数据加以详细研究和概括总结的过程。数据分析的数学基础在 20 世纪早期就已确立，但直到计算机的出现才使得实际操作成为可能，并使得数据分析得以推广。数据分析是数学与计算机科学相结合的产物。在统计学领域，有些人将数据分析划分为描述性统计分析、探索性数据分析与验证性数据分析。其中，探索性数据分析侧重于在数据之中发现新的特征，而验证性数据分析则侧重于已有假设的证实或证伪。探索性数据分析是指为了形成值得假设的检验而对数据进行分析的一种方法，是对传统统计学假设检验手段的补充。

定量研究具有如下的优点：第一，收集可靠和准确的数据。数据的收集、分析和呈现都是数字形式，因此得到的结果非常可靠。数字不会说谎。它们诚实地描述了所进行的研究，没有任何差异，而且非常准确。第二，快速数据收集。对一组代表总体的受访者进行定量研究。定量研究对这些受访者的属性进行统计，可以在较短时间内获得结果。第三，数据分析范围更广。由于只作数据的统计，定量研究可以在更广泛的范围收集数据。第四，消除偏见。定量研究不允许个人评论或歪曲结果。得到的结果是数值的，因此，在大多数情况下是公平的。

▶ 统计学的发展与定量研究

定量研究在现代社会科学研究中的兴起与统计学的发展是分不开的。

统计学的英语为"statistics"，最早源于现代拉丁语"statisticum collegium"（国会）以及意大利语"statista"（国民或政治家）。德语"statistik"一词最早由阿亨瓦尔（Gottfired Achenwall）所使用，代表对国家的资料进行分析的学问，也就是"研究国家的科学"。19世纪统计学在广泛的数据和资料中探究其意义，并且由约翰·辛克莱尔（John Sinclair）引进到英语世界。统计学是门很古老的科学，一般认为其学理研究始于古希腊的亚里士多德时代，迄今已有两千多年的历史。统计学起源于对社会经济问题的研究，在两千多年的发展过程中，统计学至少经历了"城邦政情"（matter of state）、"政治算术"（political arithmetic）和"统计分析科学"（science of statistical analysis）三个发展阶段。所谓"数理统计"并非是独立于统计学的新学科，确切地说它是统计学在第三个发展阶段所形成的所有收集和分析数据的新方法的一个综合性名词。

（1）"城邦政情"阶段。"城邦政情"始于古希腊亚里士多德（Aristotle）写的"城邦政情"或"城邦纪要"。他一共写了150种纪要，内容包括各城邦的历史、行政、科学、艺术、人口、资源和财富等社会和经济情况的比较分析，具有社会科学的特点。"城邦政情"式的研究延续了一两千年，直到17世纪中叶才被"政治算术"这个名词所取代，并且很快演化为统计学，但保留了"城邦"（state）这个词根。

（2）"政治算术"阶段。这一阶段的特点是统计方法与数学计算和推理方法开始结合，分析社会经济问题更加注重使用定量方法。1690年，威廉·配第（William Petty）出版《政治算术》一书是这一阶段的标志。威廉·配第用数字、重量和尺度将社会经济现象数量化，这种方法是近代统计学的重要特征。因此，威廉·配第也被称为"政治经济学之父"。配第在书中使用的数字有三类：第一类是对社会经济现象进行统计调查和经验观察得到的数字，因为受历史条件的限制，书中通过公司投入统计调查得到的数字少，根据经验得出的数字多。第二类是运用某种数学方法推算出来的数字。这种推算方法可分为三种：一是以已知数或已知量为基础，循着某种具体关系里的推算的方法；二是通过运用数字的理论性推理来进行推算的方法；三是以平均数为基础进行推算的方法。第三类是为了进行理论推理而采用的例示性的数字，配第把这种运用数字的符号进行的推理称为"代数的算法"。从配第使用数字的方法看，"政治算术"阶段的统计学已经比较明显地体现了"收集和分析数据的科学和艺术"特点,统计实证方法和理论分析方法浑然一体,即使是现代统计学也依然使用这种方法。

现代统计学的理论基础概率论始于研究赌博机遇问题,大约开始于1477年。数学家为了解释支配机遇的一般法则进行了长期的研究,逐渐形成了概率论理论框架。在概率论进一步发展的基础上,到19世纪初,数学家们逐渐建立了观察误差理论、正态分布理论和最小平方法则。于是,现代统计方法有了比较坚实的理论基础。

(3)"统计分析科学"阶段。19世纪末,欧洲大学开设的"国情纪要"或"政治算术"等课程的名称逐渐消失,取而代之的是"统计分析科学"课程,其内容仍然是分析研究社会经济问题。"统计分析科学"课程的出现是现代统计发展的开端,1908年威廉·西利·戈塞特(William Sleay Gosset)以"学生"(Student)的笔名发表了关于 t 分布的论文。这是一篇在统计学上有划时代意义的文章,它创立了小样本代替大样本的方法,开创了统计学的新纪元。

自文艺复兴以后,人们注意到在大量进行玩纸牌、掷骰子之类的赌博活动之后,会有某种类型的规则性出现。概率论最早就是研究这种规则性的产物。经过17世纪法国的帕斯卡(Blaise Pascal)、瑞士的伯努利(Jacob Bernoulli),18世纪法国的棣莫弗(Abraham de Moivre)和拉普拉斯(Pierre-Simon Laplace)、英国的贝叶斯(Thomas Bayes),19世纪德国的高斯(Johann Karl Friedrich Gauß)等数学家的研究,作为研究随机现象规律性的古典"概率论"到了19世纪已经形成。拉普拉斯(1781)说:"由于现象发生的原因多为我们所不知,或知道了也因为原因繁复而不能计算;发生原因又往往受偶然因素或无一定规律因素所扰乱,以致事物发生发展的变化,只有进行长期的大量观察,才能求得发展的真实规律。概率论则能研究此项发展改变原因所起作用的成分,并可指明成分的多少。"

由于历史的原因,概率论的产生和形成在16—18世纪与统计学关联性不大,统计学也很少将概率论应用到自己的领域。将统计学与概率论真正结合起来的,是19世纪凯特勒(Adolphe Quetelet)的功绩。因此,人们称他为"近代统计学之父"。1819年凯特勒大学毕业后,主要从事数学教学工作。1823年为筹建天文台,他被政府派往巴黎学习天文学。在学习期间,凯特勒与拉普拉斯、泊松(Siméon-Denis Poisson)、傅立叶(Joseph Fourier)等概率论专家学者相识,从他们那里学到了较高水平的概率理论。同时,他还受到法国盛行的力学自然观,特别是拉普拉斯机械唯物论的影响。1827年,他赴伦敦学习,又大量接触了政治算术学派的经济统计学和人口统计学的思想方法。回国后,凯特勒任布鲁塞尔大学教授,讲授天文学、测量学。1828年,他编写了《比利时综合统计手册》与

《概率计算入门》。1829年,他协助制订了荷兰人口调查计划。1829—1830年,他先后到德国、意大利、瑞士等国从事地磁测量研究。在德国他拜见了高斯。在国外期间,他还接触到人寿保险业务上的实际统计问题,增加了对从事统计学研究的兴趣。1831年,比利时从荷兰分离出来后,凯特勒参与主持新建比利时统计总局的工作。在此后的5年中,他开始从事有关人口和犯罪问题的统计学研究。在研究中,凯特勒发现,以往被人们认为从个体来说具有偶然性、从整体来说具有杂乱无章性的社会犯罪现象也具有一定的规律性。他根据英国、法国、俄国等的统计资料作了很多统计分析,结果发现如果一连观察几年的犯罪数字,如凶杀案件、行凶方法、犯罪形式、判罪比例等的数目,可以看出,这些数字逐年都在同一范围内变动,呈现出一定的规律性。此外,凯特勒在作有关人类的自杀统计、人口统计、婚姻统计、精神病患者统计时,均发现与上述雷同的现象。于是,凯特勒确认那些表面上似乎杂乱无章的、偶然性占统治地位的社会现象,如同自然现象一样也具有一定的规律性。他认为统计学不仅要记述各国的国情,研究社会现象的静态,而且要研究社会生活的动态,研究社会现象背后的规律性。凯特勒的这一思想为近代统计学的科学化奠定了基础。他还认为社会现象背后的这种规律性是社会内在固有的,而不是"神定秩序";人们可以通过计算统计指标来揭示这些规律。凯特勒的这些思想给后世统计学家以深刻的影响。

英国统计学家布思(Charles Booth)也对定量研究方法的发展做出了重要贡献。布思生于利物浦一个富有的船主家庭,1892—1894年担任皇家统计学会主席,1905—1909年为皇家济贫法委员会委员,代表作有《关于养老金和穷苦老人问题的建议》和《工业的动荡不安和工会政策》等。他最初研究职业统计,后又试图用统计方法说明伦敦的贫穷问题。布思在他所著的《伦敦居民的生活和劳动》(17卷)中,按照收入将伦敦400万居民划分为8个社会阶层,指出30%以上的伦敦人的生活水平低于贫困线。这部纪实作品真实地反映了19世纪末在教育、宗教和行政影响之下的伦敦生活。布思还对老年人遭受的痛苦表示深切关怀,极力主张国家普遍发给养老金。他对人民生活和劳动的研究,促进了后来芝加哥学派的经验主义社会学和都市社会学的形成。这种开拓性的经验研究极大地鼓舞了英、美等国的社会改革家和社会调查运动,也使20世纪初中国早期的社会调查受益匪浅。另外,布思还出版了《贫穷的写照和有关养老金的论据》和《贫苦老人之状况》等著作。

值得一提的还有著名的社会学家埃米尔·迪尔凯姆(Émile Durkheim)。他主张社会学应该把社会事实作为自己的研究对象,在《自杀论》一书中,他通过大量的统计数据来分析自杀的社会原因。他在书中批判了以个体心理学解释自杀现象的传统理论,建立了用社会事实的因果关系分析自杀的理论,阐述了社会与个人的关系，认为当个体同社会团体或整个社会之间的联系出现障碍或产生疏离时，便会发生自杀现象。自杀有利己型自杀、利他型自杀、失范型自杀和宿命型自杀四种类型。迪尔凯姆在书中运用了社会统计的方法，特别是以统计交互表格的形式，展现了大量的经验资料，用以说明自杀现象受到民族、自然环境、性别、婚姻状况、宗教信仰、社会的稳定和繁荣程度等社会事实的影响，从而建立了社会事实的因果关系。这一大胆尝试，结束了西方社会学中理论研究和经验研究长期脱节的状况。该书成为社会学经验研究的经典著作。迪尔凯姆对自杀类别的区分及解释，还为西方社会学的越轨行为研究奠定了基础。

美国社会学家斯托福（Samuel Andrew Stouffer）也对社会科学中的定量研究做出重要贡献。斯托福于1900年6月6日生于爱荷华州萨克城，曾在哈佛大学学习，毕业后从事记者工作。1930年获芝加哥大学博士学位。后留学英国，师从统计学家皮尔森（Karl Pearson）和费希尔（Ronald Fisher）。回国后先后任教于威斯康星大学和哈佛大学。第二次世界大战期间在美国战争部指导社会研究工作。斯托福早年的兴趣主要在人口学和定量研究方法方面，后来专注于社会调查、态度测量和民意测验，他与拉扎斯菲尔德（Paul F. Lazarsfeld）长期合作，对美国社会学的经验研究，特别是社会统计的定量方法做出了重要贡献。斯托福有关社会学理论和方法的见解，主要集中在《第二次世界大战中的社会心理学研究》的前两卷《美国士兵》中。在研究美国士兵的社会心理时，斯托福提出了"相对剥夺"理论，即士兵和军官们对他们晋升的满意程度与对处于同样的社会情景者的比较相关联。然而，比较的结果常常是产生相对剥夺或丧失的感觉。这一理论后被默顿（Robert K. Merton）发展成为重要的社会学概念——参照群体。除了《第二次世界大战中的社会心理学研究》之外，斯托福还著有《共产主义、皈依和人权自由》和《测量观念的社会研究文选》。

在计算机诞生之后，过去复杂的人工计算变得轻而易举。随着各种统计软件的问世，定量研究获得了迅速发展。

第 2 章 理论与研究

社会学研究的目的在于增加人们对社会世界的认知和理解,主要回答"有什么社会现象"与"为什么发生此现象"两个问题。如果止步于描述"有什么"而未能阐述"为什么",则称不上严格意义的社会学研究,只能算作社会调查。正如英国人类学家布朗(Alfred Radcliffe-Brown)早在 1937 年所言(布朗,1937:79):"社会调查只是某一人群社会生活的闻见的搜集;而社会学调查或研究乃是要根据某一部分事实的考察,来验证一套社会学理论或'试用的假设'。"理论旨在回答"为什么发生此现象"的问题,是否上升到理论正是社会学研究和一般社会调查的区别所在。

从社会学研究的学科要求而言,通过大规模抽样调查进行的定量研究属于科学知识的范畴,而科学需要建立在逻辑与观察这两大支柱之上。科学的理论处理逻辑方面的问题,研究则处理观察方面的问题,理论与研究必须联袂而行(巴比,2009;胡荣,2009;袁方,1997)。

本章将探讨理论和研究如何在探索社会时相互配合。我们将从介绍社会研究中的理论概念及理论的构成要素开始,详细探讨"科学环"与社会研究的逻辑,并对理论建构和理论检验的过程进行说明。

▶ 社会理论的构成

理论是一个有着广泛含义的概念,不同的社会学者看重或强调理论的不同方面,给出的定义不尽相同。有的社会学者比较强调理论是一组命题,例如,美国著名社会学家默顿认为,理论是指"逻辑上相关联并能推导出实验一致性的一组命题"(默顿,1990:54);美籍华裔社会学家林南也认为,理论是"一组相互联系的命题,其中一些命题可以通过经验检验"(林南,1987:18)。另一些社会学者则主要把理论看成对经验现象的解释性陈述,例如,美国社会学家巴比(Earl Babbie)认为,理论是"对与生活某一方面有关的事实与规律的系统性解释"(Babbie,1986:37);美国社会学家特纳(Johathan Turner)也认为,理论是"一个提出观念的过程,这些观念使得我们能够解释事件如何以及为什么发生"(特纳,

1987:6)。

上述定义各有侧重,一定程度上是社会学者在经验观察中采用定性或者定量研究方法的区别使然。巴比在讲解定量研究方法时也把理论表述为"是以变量语言书写的""用来描述(可以逻辑地预期的)变量间的关系"(巴比,2009:19)。由此说来,如果我们把以上对理论的不同定义结合起来,并在此基础上分析社会理论的特征及构成要素,就能在实际研究中更准确地运用理论和建构理论,而不必耽于各种定义上的措辞区别。

一般说来,理论包含如下几个特征:(1) 理论来自实践;(2) 理论是一种抽象的、系统的认识;(3) 理论的目标是对经验现实作出解释。不管各种理论在具体含义和层次上有何不同,它们都是由一些基本的要素所构成。这些基本要素包括概念、变量、命题和假设。

1. 概念和变量

(1) 概念

概念(concept)是"对研究范围内同一类现象的概括性表述",是"客观世界与主观思维相互作用的产物"(袁方,1997:73),是"一类事物的属性在人们主观上的反映"(风笑天,2013:23)。"所有的概念都是概括,而所有的概括又意味着抽象。"(McKinney,1966:9-10)综上所述,概念不仅仅反映感性经验,还具有理性认识的特征。

概念有实体和非实体之分:实体概念指可直接观察到的物体、事物或现象,如苹果、书本、建筑等;非实体概念则无法直接观察,如重力、智商、权力等。显然,社会学研究涉及更多的是非实体概念,而且是需要建构的非实体概念,比如某个人所持的偏见、居民的政治信任等。因此,卡普兰把"概念"定义为"一组观念",他认为概念就是建构,此建构来自思维想象(观念)上的共识(Kaplan,1964)。

这种共识主要体现在对"概念"的定义上。定义通常以文字的形式,有时也以数字或者符号的形式来指明和限定概念所指称的现象。只有在作出定义之后,概念才有意义,研究者正是根据概念的定义来理解和想象该概念所指示的现象。比如"偏见"这个术语,客观上只是文字的组合,并没有任何的内在现实性,只有大家在达成共识的基础上才能赋予它特定意义。换言之,概念本没有现实、正确和客观的含义,只有那些我们达成共识的概念才有助于实现特定的研究目的。

现实世界中不同事物和现象的类型不同、结构不同、复杂程度不同,概念的抽象程度也有高有低。而概念的抽象层次越高,就越难以进行直接的观察和描述。这是因为概念的抽象层次越高,其涵盖面就越大,特征也就越含糊;相反,一个概念的抽象层次越低,其涵盖面也就越小,特征也越明确(风笑天,2013)。

(2) 概念的功能

就概念在社会研究中的功能而言,一方面,它提供了一种观察或勾画那些无法直接观察到的事物的方式。以牛顿发现重力为例,许多世纪以来,人们经常看到苹果从树上掉下来,但却不能真正理解这一现象发生的原因,直到抽象的"重力"概念的发明,人们才茅塞顿开。由此可见,概念的抽象性对于理论有着重要的作用。另一方面,概念的发展可为研究者提供一种思想网络,将众多单独的研究成果相互连接,使得不同时期的经验得以组织和再组织。正是这种由概念所形成的思想网络,指引着各个领域的具体研究,如角色、地位、社会资本等概念所形成的思想网络,使社会学领域中的相关研究获得新的动力和灵感(风笑天,2013)。

概念堪称建构理论的"砖石"和"基本材料"。先有明确的概念,然后按照一定逻辑关系把概念关联起来,这是形成理论的必经之路。能在社会研究中发挥良好功能的概念通常需要符合以下三点要求:

① 概念所指称的现象必须至少是可以被直接或间接观察到的。
② 概念必须具有清晰的定义,包括清晰的名称、抽象定义和经验内涵。
③ 概念必须在学科的概念体系中与其他一些核心概念或专业术语有关联,并具有理论重要性。

(3) 概念的应用

一门科学发展的重要标志之一,是这一科学共同体中的成员相互之间具有某种共同的语言。在社会研究中,往往不存在像自然科学中诸如"密度"和"速度"那样精确的概念。这也可以说是社会研究比自然科学研究更为复杂的一个方面。正是由于社会研究中所涉及的概念的复杂性和模糊性,研究者必须对他所使用的概念加以明确界定,建构可作为交流媒介的术语。

如何恰当地运用概念,或者如何合理地形成概念,是体现一项经验研究所具有的理论色彩和理论深度的关键。社会世界中许多现象、事实和材料原本在人们看来稀松平常或"一文不值",但是,一旦研究者从中提炼出某种概念,冠以新的"概念标签",它们就可能焕发非同凡响的研究价值。在实际研究中,这种提炼的工作有两种基本的途径:一是从理论文献中借用概念;二是从经验材料中抽象出概念(风笑天,2013)。

(4) 变量

所谓变量(variable),就是具有一个以上不同取值(不同的子范畴、不同的属性,或不同的亚概念)的概念。而那些只有一个固定不变的取值的概念,则叫作

"常量"(风笑天,2013:25)。因此,变量是概念的一种类型,它通过对概念的具体化转换而来,反映出概念所指称的现象在类别、规模、数量、程度等方面的变异情况(袁方,1997:75)。

举几个我们耳熟能详的例子,"性别"是一个包括"男性"和"女性"两个取值的变量;"户口"变量通常有"农业户口""非农业户口""军籍""没有户口"等四个取值;"文化程度"是包括"文盲或半文盲""小学""初中""高中""大专""大学本科""研究生及以上"等多个取值的变量;"收入"则是一个包括从零到几千元或者几万元不断变化的无穷取值的变量。

由于变量具有明确性和可观测性,只有使用变量语言才能进行有效的经验研究。像一切科学那样,社会学也要运用这么一种语言(布东,1987:8):"其基本词汇由变项(即变量)构成,而其句法则在于确定这些变项之间的关系。"的确,为了便于分析和探讨现象之间的因果关系,社会研究者也像其他一切科学家一样需要采用变量的语言,即从变量之间的相互影响和相互关系来分析事物产生的原因和结果。除此之外,社会研究理论也可以说是由变量语言构成的,其目的是描绘不同变量及其不同属性之间所存在的某种逻辑关系。

(5) 变量的分类

根据变量取值的性质不同,我们可以把变量分为类别变量、顺序变量、间距变量和比率变量四种类型。对应的测量层次分别称为定类层次、定序层次、定距层次和定比层次。

根据变量相互之间的关系,我们还可以把变量分为自变量、因变量以及中介变量等。在一组变量中,能够影响其他变量发生变化的变量称为"自变量"(independent variable);由于其他变量的变化而导致自身发生变化的变量称为"因变量"(dependent variable)。在自变量与因变量的联系中处于二者之间的位置,表明自变量影响因变量的一种方式或途径的变量称为"中介变量"(intervening variable)。

简而言之,社会学定量研究主要是探讨变量之间的因果关系。这种探讨通常依循以下两种途径进行:第一种是已知某一自变量 x,将它作为原因来探讨它对其他变量的影响,可以用 $x \rightarrow ?$ 来表示。例如,受教育程度高可能会对人的生活产生哪些影响? 第二种方式是已知某一因变量 y,以之为结果来探究导致这一结果的各种原因,用 $? \rightarrow y$ 来表示。例如,政治参与度高的人通常具有什么样的特征? 在调查研究中,自变量多为属性变量,比如性别、年龄、受教育程度等;而因变量多为行为或态度变量(袁方,1997)。

在研究实践中,同一个变量可能会在某种关系中作为自变量出现,而在另一种关系中则作为因变量出现。例如,当我们说"党员比非党员的政治参与度高"

时,"政治参与度"是因变量,但是,在"政治参与度高的人政治信任度也高"这个推论中,"政治参与度"则变成了自变量。一项基本的因果关系只需要一个自变量和一个因变量,中介变量则是出现在更为复杂一些的因果关系链中的第三个变量。

一个变量究竟是作为自变量还是因变量,又或是作为中介变量,要根据研究的理论框架和理论分析来决定(风笑天,2013)。

在同一个因果关系链中,中介变量既是相对于自变量来说的因变量,又是相对于因变量来说的自变量。自变量与因变量两个变量之间的因果关系是通过中介变量相连接的。如图 2-1 所示,中介变量承上启下,表明的是一种因果关系发生的途径:

图 2-1　自变量与因变量

例如,迪尔凯姆在研究自杀现象时,提出了一种理论来说明"婚姻状况"与"自杀率"之间的关系。对于已婚者比单身者自杀率低这种现象,他认为主要原因是已婚者相比单身者具有某种群体或家庭的归属感,也就有更高的社会整合程度。概括而言,婚姻状况是通过社会整合程度影响到自杀率的。这种对因果链的说明使得理论中的变量联系更为清楚,同时也能帮助研究者去检验复杂的解释(迪尔凯姆,1996)。

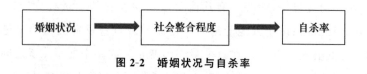

图 2-2　婚姻状况与自杀率

2. 命题和假设

(1) 命题

如前所述,社会学研究对社会的认知和理解体现在对"有什么社会现象"与"为什么发生此现象"两个问题的回答。概念是描述现象"是什么"的分类概括,而"命题"(proposition)是关于一个概念的特征或多个概念间关系的陈述,说明"为什么"的问题。例如,"受教育程度高导致人们初婚年龄的增加""党员比非党员的政治参与度高"等。命题是思维的基本单位,它通过对两个或两个以上概念之间关系的明确陈述使各种现象联系起来。

如果说理论的"砖石"和"基本材料"是概念,那么命题则是理论的框架。换言之,理论并不直接由概念构成,直接由概念构成的是命题,一组命题再构成理论。命题可依据其理论用途的不同划分为各种类型,不同的类型在抽象性、概括性和可经验证性等几个方面各不相同。命题的类型主要有公理、定理、经验概括和假设等,其中的假设是社会研究中最常用的命题形式(袁方,1997)。

(2) 假设

假设(hypothesis)是"为得出逻辑的或经验的结论并加以检验而设立的试验性假说"(贝利,1986:55)。假设含有目前未获得充分证据的意思,因而只是一种尝试性的解释。

如同变量是概念的一种特殊形式一样,假设也是命题的特殊形式。这种特殊性体现在两个方面:一是命题中的基本元素是抽象的概念,而假设中的基本元素则是相对具体的变量;二是假设中的变量关系应该是经验可测的,即可以通过经验的观察进行检验。比如,我们说"女性往往不关心政治"是一个命题,它陈述的是概念"女性"与概念"关心政治"之间的关系。而我们说"男女村民在村级选举中参与情况的差异是由性别差异本身造成的"则是一个假设,它陈述的是变量"性别差异"与变量"在村级选举中参与情况的差异"之间的关系。显然,只有假设才是经验上可检验的。另外,假设也必须是可检验的,它必须能够以变量语言来表述。在社会研究中,研究者更多的是与假设而不是命题打交道。因此,可以说假设是抽象的理论和经验的研究之间重要的"接合部"。

一般而言,假设的陈述采用函数式陈述、条件式陈述和差异式陈述三种方式:

第一,函数式陈述,其基本形式是:$y=f(x)$,即 y 是 x 的函数,若 x 发生变化,则 y 也随之发生变化,反之亦然。这种方式在自然科学中很常见,在社会研究中则很少见。

第二,条件式陈述,即"如果 x,则 y",这里的 x 是先决条件,y 是后果。这种方式常常用来说明两个变量间的因果关系,但有时也只表示相关关系。比如,"全面二孩政策可以缓解人口老龄化"。

第三,差异式陈述,其基本形式是"A 组与 B 组在变量 x 上无(或有)差异"。比如,"男女村民在村级选举中的参与情况有差异"。

在社会研究中,研究者的目的往往都可以归结到探讨两个变量之间的关系上,因而常常需要提出和检验假设,而且更经常运用的是条件式陈述和差异式陈述的假设。实际研究中的假设常常来源于常识、个人预感或猜测、现有文献资料以及现有理论等几个方面。作为在研究之前提出的待检验的命题,假设在研究中的作用举足轻重。它的作用通常体现在指导研究、逻辑推导和发展理论三个方面(袁方,1997):

第一，指导研究。科学研究的基本程序实际上就是"大胆假设，小心求证"。

第二，逻辑推导。科学研究就是运用不同抽象层次的假设，来完成由抽象到具体或由具体到抽象的往返过程。

第三，发展理论。假设不管是从理论演绎而来，还是从经验观察而来，只要经过证实或证伪，就可以增进科学知识，可以促进理论的应用或发展新理论。同样，理论的检验和修改也是从假设检验开始的。

3. 理论的形式和层次

（1）理论的形式

如前所述，一个理想的理论应当是一系列逻辑上相互联系并系统加以陈述的命题，它们在更概括的高水平上描述并解释某些经验现象。特纳根据理论陈述的不同组织方式区分了当代社会理论的四种主要形式：① 思辨理论；② 分析理论；③ 模型理论；④ 演绎理论（特纳，1987）。

思辨理论并不致力于解释具体现象，它主要从哲学角度探讨理论的核心概念和基本假设。例如，社会的本质是什么？社会理论的基本范畴是什么？社会研究的对象是什么？不同的学派提出了各自的核心概念和理论假说，以此作为理论的公设或前提来分析社会现实。

分析理论侧重对人类社会作出类型学的划分，它试图建立一套概念体系和分类框架。概念体系如阶级、权力、角色、互动、交换、冲突等；分类框架如权威类型、冲突类型和所有制类型等。

模型理论一般是由经验概括而来的，它的抽象层次较低。社会领域中的大部分模型是依靠数学和统计学的方法通过对经验变量的因果分析而建立的。

演绎理论也称为"形式理论"，在形式上由一系列不同抽象等级的命题构成，从高层次命题中可推演出低层次命题，可用以解释具体的经验现象。换言之，演绎理论使抽象层次与经验层次联系起来，不仅能在更高的理论层次解释更广泛的社会现象，而且这种解释也能接受经验事实的检验。

在社会理论的这四种形式中，思辨理论和分析理论都局限在抽象层次，它们使用的概念常常是抽象或含糊的，因而研究者很难对其理论陈述作出经验检验。模型理论具有与经验联系紧密的特征，它运用归纳方法从大量的实证研究资料中概括出某些因果解释，但是这种解释一般只适用于特定的经验现象或事件，很难上升到更高的理论层次。只有演绎理论最具有科学理论的特征，因为只有通过不同抽象等级的命题的联系才能既具有高度概括性，又有可证伪性。但是，演绎理论的建立有赖于将经验研究所积累的大量数据资料与理论研究所发展的概念体系及分类框架结合起来（袁方，1997）。

(2) 理论的层次

除了上述理论形式的划分,在社会研究中还存在另一种理论分类方法,也就是将理论分为三个层次,即宏观理论、中观理论(又称"中层理论")和微观理论。

宏观理论往往以全部社会现象或各种社会行为为对象,提供一种高度概括的解释框架,比如马克思主义理论、达尔文的进化论、社会学中的冲突理论等。这种宏观理论往往并不直接与具体的、经验的社会研究发生联系,而更多的是作为研究者观察问题、分析问题时所采取的一种理论视角或所依据的一种理论背景。

中观理论(中层理论)则"既非日常研究中大批涌现的微观而且必要的操作性假设,也不是一个包罗一切、用以解释所有我们可观察到的社会行为、社会组织和社会变迁的一致性的自成体系的统一理论,而是介于这两者之间的理论"(默顿,1990:54)。这种理论是以某一方面的社会现象或某一类型的社会行为为对象,提供一种相对具体的分析框架。社会分层理论、角色理论、参照群体理论等都是典型的中观理论例子。

微观理论则是一组陈述若干概念之间的关系并在逻辑上相互联系的命题,其中一些命题可以通过经验检验。在具体的社会研究中,大多数理论都是属于这种形式的理论。在最简单的意义上,一个陈述两个变量之间关系的命题就是一个理论。比如,"较高的受教育程度导致初婚年龄的增加""党员比非党员的政治参与度高"等,都可以说是一种"理论",它们都试图概括出一个变量对另一个变量的影响,即"文化程度"对"初婚年龄"的影响、"是否党员"对"政治参与"的影响。

总体而言,社会学研究者的具体研究往往是在某一项宏观理论的语境下进行,但最经常涉及的通常是那种相对简单、相对具体、相对小型的微观理论。也有许多理论家致力于发展中观层次的理论,它与经验层次和抽象层次都有较密切的联系,能系统地解释范围较小的社会领域或社会层次中的现象。

"科学环"与社会研究的逻辑

1971年,美国社会学家华莱士(Walter L. Wallace)在其名著《社会学中的科学逻辑》一书中,提出并详细阐述了社会研究的逻辑模型,该模型以"科学环"的名称广为流传,如图2-3所示(Wallace,1971:18)。

1. "科学环"

在这个模型中,华莱士用五个方框表示知识部分:(1)理论;(2)假设;(3)观察;(4)经验概括;(5)决定接受或拒绝假设。为了便于区分,他用六个椭

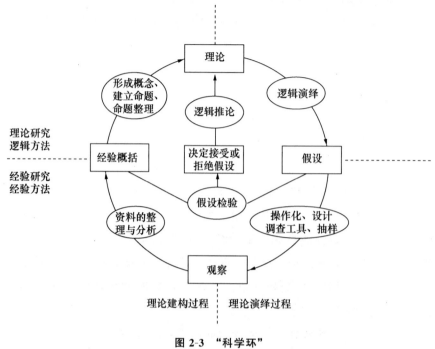

图 2-3 "科学环"

圆形表示研究各阶段使用的方法:(1) 逻辑演绎;(2) 操作化、设计调查工具、抽样;(3) 资料的整理与分析;(4) 假设检验;(5) 逻辑推论;(6) 形成概念、建立命题和命题整理。五个知识部分通过六种方法转换为其他形式,箭头表示知识形式转换的阶段。中心线的左边意味着从观察出发,通过对观察进行归纳来进行理论建构;而右边意味着从理论出发,通过演绎,应用理论于观察中进行理论检验。横剖线上方是运用归纳和演绎等逻辑方法的理论化过程;下方则代表着运用经验方法所从事的经验研究过程。

"科学环"这一模型是对社会研究中各种逻辑过程的概括,它直观形象地显示,科学是理论与研究之间不断相互作用的过程。在这一过程中,研究者既可以从理论也可以从观察开始着手。具体说来,其一是,研究者首先从观察事实入手,通过描述和解释他们所观察到的事实,形成经验概括并上升为理论。然后,在他们的理论基础上作出假设,再通过观察新的事实以检验这种假设。其二是,研究者首先从理论出发,由理论产生假设,再由假设指导观察,然后由观察形成经验概括,用这种概括支持、反对或修改理论,或提出新的理论。

华莱士把科学研究描述为"理论→假设→观察→经验概括或检验→新的理论"这样一个理论和经验研究相互激荡、周而复始无限循环的过程,这是针对社会研究的一般逻辑过程而言的。总体而言,这个循环的过程没有起点也没有终点,研究工作可能从任何一个点开始,并不断往复推进。但单项具体的社会研究如前所述,往往只是走完整个圆环的一部分,只是整个相关科学研究过程中的一小部分,包括其中一个或几个阶段。科学研究无疑是一个具有集群性与合作性的事业,靠世代研究者通过许多项研究持续推进着。

尽管在具体的社会研究中,研究者可能只采用理论和观察二者之一作为他的起点,但他有义务考虑他的工作对二者间互动的意义。如果他集中于经验研究,他就必须考虑这种研究与社会理论的相关性;而如果他的主要兴趣在于发展社会理论,那他就必须说明依据经验研究来检验和扩充他的理论的具体方式。"我们不欣赏那些只会空谈不会观察,或只会观察不会思想,或只会思想而不能使自己的思想经受系统经验检查的社会学家,而不管他们是什么权威。"(默顿:1990:92)

2. 归纳与演绎

"科学环"所图示的理论和经验研究的互动过程是交替运用归纳和演绎两种逻辑推理方法实现的。归纳法是从特殊到一般,从具体的观察出发,得到一个一般性的理论解释。演绎法是从一般到特殊,研究者从他所希望检验的一般性理论开始,然后到现实中去观察、收集资料,以检验这种一般性理论。概言之,归纳是从特殊到一般、从个性到共性、从具体到抽象、从经验到理论,而演绎则相反。

这两种推理方法在历史上曾被认为是相对立的。古代哲学家多强调演绎方法,因为他们认为感性经验往往不可靠,主张用思辨的方法去发现一般规律。近代科学则更为推崇归纳方法,培根等人视归纳逻辑为科学的主要工具,认为一切真知都来源于经验事实,强调科学的实证性。直到 20 世纪,由于波普(Karl Popper)等人的贡献,归纳逻辑与演绎逻辑才得以结束非此即彼的对立,在假设检验法中结合起来(袁方,1997:95)。

这种结合帮助研究者克服单纯使用归纳法或演绎法的局限。归纳推理的局限在于,由一些个别事例概括出的一般性结论并非一定可靠,它有可能被其他未被观察到的事例所推翻。由观察结论上升到理论命题是一个认识上的"飞跃",这一过程需要结合猜测、想象、洞察和思辨,不可能单靠归纳推理完成。演绎推理的局限是,如果作为演绎大前提的一般原理有错,由之演绎的命题也必然错误。另外,单靠演绎也不可能发现理论的错误。

两种推理方法结合的意义不仅在于"避短",更在于"扬长"。对于归纳推理来说,其在系统地提出问题、提出带规律性的结论、建构解释现象的理论方面无疑是一个有用的阶梯;而对于演绎推理来说,其在帮助人们检验一种理论、判断一种理论的正确性方面起着至关重要的作用。

目前在社会研究中,波普所提出的有机结合归纳和演绎两种推理过程的"假设检验法"已成为普遍运用的研究逻辑,华莱士的逻辑模型也正是依据这一逻辑而建立的。

3. 假设检验的逻辑

波普提出的假设检验法意味着从理论推导出研究假设,然后通过观察来检验假设。假设如果被证实,即可对被观察到的具体现象作出有效的理论解释;如果被证伪,原有理论将被修正或者推翻,诱发新理论的发展。

假如研究者要运用假设检验法来研究中国农村居民的社会信任,可以先从相关理论入手。卢曼从新功能主义的角度来界定信任,认为信任是用来减少社会交往复杂性的机制(Luhmann,1979)。他还区分了人际信任和制度信任,其中人际信任是建立在熟悉度及人与人之间的感情联系的基础上。因此,从"人际信任建立在熟悉度及感情联系的基础上"这一原理出发,可以依次推导出"农村的人口流动影响人际信任""村庄的外来人口数量影响其人际信任水平"两个理论命题,然后用变量语言写出"村庄外来人口越多,人际信任水平越低"这一研究假设。有了假设,就可以进行观察或调查来检验假设,比如收集一些地区数个行政村中外来人口与本村人口的比例,以及各村庄的人际信任水平等数据。最后将观察结果与假设进行比较,决定是接受或是拒绝假设(胡荣,2009:168—178)。

从上例可以看出,一方面,假设检验从演绎出发,但又不止于单纯的演绎。演绎只是从一般原理推导到具体现象,而假设检验则需要完成一个循环,即再从具体观察返回到理论,在返回过程中运用归纳逻辑。另一方面,假设检验法中的归纳逻辑比培根等人的归纳法多了一个前置的理论演绎过程,这是波普对科学程序的一项重要修正。这一项修正的重大意义在于:(1)如果没有理论假设的指导,经验观察有可能是盲目且缺乏系统性的;(2)单纯归纳法只能得出经验现象的概括,而不能检验理论结论是否正确。假设检验法则可以将经验概括与假设进行比较来检验理论的真伪(袁方,1997:97)。

▶ 理论建构的过程

无论是波普的假设检验法,还是华莱士的"科学环",都强调有效结合理论和研究、归纳和演绎的必要性。社会研究的过程正是一种包含观察、解释、进一步的观察、对解释的进一步修正这样一个不断循环往复的过程。一种理论的发展包含两个相互联系的过程或阶段:以归纳推理为标志的理论建构过程和以演绎推理为特征的理论检验过程。这两个过程并不是非此即彼,而是代表两种有着不同起点的研究阶段。理论建构过程以观察为起点,然后通过归纳推理,得出解释这些观察的理论;而理论检验过程则是以理论为起点,通过演绎推理,作出预言或预测,并通过对事物的观察来检验预言的正确性。

1. 从观察到经验概括

理论建构的第一步是对经验现象的观察。在确定一个研究课题之后,研究者需要选择定量或者定性的研究方法去观察,以获取与课题相关的各种资料和数据。例如,要研究中国农村居民的社团参与情况,研究者可以采用问卷调查的方法收集大规模的数据,然后通过统计方法概括出样本的特征和规律,并以此推论总体。另外,研究者也可以深入到农村居民中去访谈和实地观察。对于观察结果,定量研究通常会以"受教育年限、是否党员以及是否当过村组干部三个自变量对社团参与这个因变量的影响具有统计显著性"这样的形式来表述;定性研究则可能表述为"传统农村社区由于深受'男主外,女主内'思想的影响,女性更多地担负家务劳动而较少参与社团活动"。不管以何种方式,研究者都要完成从具体的观察结果到对现象的经验概括这一提升过程。

所谓经验概括,指的是对现象反复出现的规律或特征的总结。默顿将经验概括定义为"一个个孤立的命题","对被观察到的两个或更多变量间的一致性关系的概括"(Merton,1957:95-96)。这一过程实际上就是归纳,在案例资料和统计资料两种经验资料的基础上,分别得出经验归纳和统计概括两种经验概括。

经验概括大多是关于事实的陈述,它一般不包含人们对事实的理性认识。因此,它还不是理论,但又是科学研究理论建构的必经之路。它的作用在于能为新的理论提供事实依据,能够检验原有理论中的错误。更重要的是,它能使研究者从预料不到的事实中或偶然发现中得到启发与"顿悟",从而提出一些具有创新价值的概念或想法,成为建立新理论的灵感所在(袁方,1997)。例如,研究者可能从几十个甚至上百个访问对象身上概括出"文化程度越高,越倾向于少生育孩子"这样的印象,或者还可能通过一项大规模抽样调查,得出"女性比男性具有更强的宗教信仰"这样的经验概括。但是,进行到这一阶段,研究者尚不能解释为什么人们的生育意愿会随着人们的文化程度变化,以及为什么女性的宗教信仰会比男性强。研究者有待建构一种解释现象的理论,对"文化程度"与"生育意愿"的相互关系作出令人信服的解释,探索将"性别"变量与"宗教信仰"变量逻辑相连的概念框架。

2. 从经验概括到理论

理论建构的第二阶段就是从经验概括到理论解释,这是较之于第一阶段的归纳工作更为困难但意义更大的一步。20世纪以前的科学家认为,由经验概括可以有逻辑地推导出理论,不过这一观念已被现代科学所抛弃。假设检验法的创始人波普指出："不存在任何获得新思想的逻辑方法或逻辑改建过程,任何科学发现都包含非理性因素或创造性的想象"(Popper,1959:30-32)。由观察结论上升到理论命题是一个认识上的"飞跃",这一过程需要结合猜测、想象、洞察和思辨,不可能单靠归纳推理完成。

这个过程是运用创造性想象和抽象思维的过程。一般来说,从经验概括到理论依循四个步骤,我们可再援引迪尔凯姆经典的自杀率研究来说明(迪尔凯姆,1996):(1)建立解释项的抽象概念,即经验概括中各种变量的共同属性或特征。比如,在进行有关自杀率的研究时,迪尔凯姆由经验概括获取的宗教信仰、居住地、社会阶层和性别等变量的共同特征中抽象出解释项的概念:社会整合程度。(2)建立被解释项的概念,在更抽象更普遍的层次上表明所研究的具体现象。例如,经过主观思维的运作,迪尔凯姆将自杀归为不正常的、反常规、反社会或偏离社会规范的现象,由此建立了被解释项的概念:越轨行为。(3)建立把解释项与被解释项联系起来的理论命题,如迪尔凯姆提出的"社会整合程度影响越轨行为"。(4)建立包含上述解释项或被解释项的多个命题,形成一个逻辑上相互联系的理论体系,并由此推导出新的可被检验的假设。迪尔凯姆由社会整合程度联想到心理整合程度,并推导出更多的理论命题,如:

（1）越轨行为的比率与个人主义程度成正比。
（2）越轨行为的比率与集体主义程度成反比。
（3）越轨行为的比率与心理反常程度成正比。
（4）越轨行为的比率与心理正常程度成反比。

然后,迪尔凯姆将这些抽象命题按其逻辑关系关联起来,就形成了一个阐述社会整合程度、心理整合程度和越轨行为之间关系的理论。这一理论可以解释许多具体现象,还可以推演出一些未被观察到但可以被检验的假设(袁方,1997)。

从上面的分析可以看出,理论建构的关键是从具体的经验事实中抽象出社会现象的普遍意义或本质特征,而这项工作没有创造性想象力是难以做到的。既然有想象力涉足,抽象出来的共同属性、特征和命题等虽然能在一定程度上从某些角度解释所观察到的经验事实,但不一定是唯一也不一定属实。换言之,从同一事实或同一个经验概括中可能"想象"出不同的理论解释。研究的角色就是用经验去检验每一个推论,以此判定在这些"相互竞争"的备选理论解释中,哪一种更合乎逻辑、更可信。这就是对竞争性理论解释进行理论检验的必要性所在(巴比,2009;风笑天,2013;Merton,1957;袁方,1997)。

理论检验的过程

如前所述,由经验观察出发的社会研究无法在多种可能的解释中判断或检验哪一种更真实可信,而且所依据的经验证据往往是由不完全归纳提供的,波普正是基于归纳逻辑这种无法克服的缺陷而主张假设检验法。他认为,研究的目的不是从经验观察中建立或证实理论,而是通过观察寻找反例来反驳和推翻原有的理论,以此来促进理论的发展(Popper,1959)。

由经验得到的理论必须不断地在实践中加以严格检验,这样才能增加它的可信度和解释力,使研究得以在发展和形成理论方面至少发挥四种主要的积极功能:创造、改进、反思和澄清理论(Merton,1957:103)。而对定量研究而言,理论的可验证性也正是其优势所在,统计数据的客观性与理论建构过程中研究者的"创造性想象力"相得益彰。

1. 推演假设

如同"科学环"的图示,理论检验研究包括"理论→假设→观察→经验概括或检验→新的理论"这几个阶段。在从理论推演出研究假设这一阶段,所用到的推演方法主要有逻辑推演和经验推演两种。

(1) 逻辑推演

逻辑推演是一种从公理或公设推演出定理或理论假设的方法,常见于自然科学,也可用于社会学研究。例如,在社会学的组织理论中,以马克斯·韦伯(Max Weber)和詹姆斯·汤普森(James Thompson)的理论分别作为公设Ⅰ、公设Ⅱ和公设Ⅲ,可推导出三个定理(袁方,1997:106—107):

公设Ⅰ:一个组织的集中化程度越高,它的形式化程度也越高。

公设Ⅱ:形式化程度越高,效率越高。

公设Ⅲ:复杂性越高,集中化程度越低。

定理1:集中化程度越高,效率越高。(由Ⅰ、Ⅱ推出)

定理2:复杂性越高,形式化程度越低。(由Ⅰ、Ⅲ推出)

定理3:复杂性越高,效率越低。(由Ⅰ、Ⅱ、Ⅲ推出)

逻辑推演也称为"命题逻辑推演"。它的主要作用是从无法被检验的公设中推导出可被检验的理论假设。在上例中,"集中化"和"形式化"的定义不清晰,无法进行经验观察,也就无法检验公设,但对"复杂性"和"效率"研究者可以有明确的定义和测量方法。因此,在推导出的三个定理中,定理3是唯一可被检验的命题,可作为理论假设。

(2) 经验推演

为了得出可被检验的、可直接观测的、具体的研究假设(也称为"工作假设"),社会学研究者更常运用经验推演的方法。经验推演与逻辑推演不无关联,两者所不同的是在后者的基础上把理论假设中的概念与经验变量和指标联系起来,然后在经验层次上建立工作假设。例如,对于"为什么在现代社会中核心家庭的比重大大增加"这一问题,可采用帕森斯(Talcott Parsons)的理论先作尝试性的解释。该理论概念的逻辑关系是:工业化→社会流动→家庭形式。为检验这一理论,第一步是运用逻辑推演提出一组理论假设:

① 工业社会比农业社会的核心家庭比重更高。
② 在工业社会的各个阶段,核心家庭比重逐渐增高。
③ 城市比农村的核心家庭比重更高。

在以上这组假设中,"工业社会""农业社会""城市""农村"和"核心家庭"等概念还没有明确定义,仍然是抽象的,无法直接观察和检验。因此,下一步的工作是运用经验推演建立工作假设,而由理论概念到工作假设的过程称为"概念的操作化"。有关操作化在第5章有详细说明。对于以上抽象概念中的"工业社会"和"核心家庭",假设操作定义确定如下:

工业社会——工业总产值占国民生产总值的比重超过60%的社会。

核心家庭——由一对夫妻及其未成年子女组成的家庭。

作出理论概念的操作定义之后,就可以选择一些易于观察的测量指标,用它们来重新陈述理论假设,这种陈述称为"工作假设"。例如,在不同国家,工业生产总值的比重越高,核心家庭的比重越高。

经验推演是沿"理论概念→变量→指标"路径,由抽象层次下降到经验层次的过程。论及经验推演的作用和重要意义,除了把抽象的理论概念转化为可以观测的指标,使理论可以在实践中得到检验之外,它还可以指导实际的调查研究工作,使研究者明了要收集何种经验资料,以及在何种范围内进行调查(袁方,1997:108—111)。

2. 假设的检验

依据假设而进行的经验观察是有目的、有选择的,收集的资料也相应系统化、结构化,由它们得出的经验概括是为了与工作假设进行比较,以判定是否接受或拒绝假设。

(1) 研究假设与虚无假设

研究假设一般表述为两个变量之间的相关关系,如"工业总产值比重越高,核心家庭比重越高"。研究者可以运用直接检验或间接检验来验证假设(林南,

1987:71)。

直接检验顾名思义就是收集足够的经验资料去直接验证假设。对于"工业总产值比重越高,核心家庭比重越高"这个假设,研究者如果能收集到各个国家的工业总产值和核心家庭比重的数据,通过相关分析可以清晰判明两者之间是否具有相关关系。

间接验证则运用于调查研究只对总体中的一部分样本进行调查的情况。为了回答调查样本是否具有代表性、调查结论是否具有普遍性的问题,研究者通常运用统计检验的方法来间接验证。

间接检验的第一步是提出一个与研究假设相反的虚无假设,如"工业总产值比重与核心家庭比重不相关"。根据统计检验的原理,研究者可以依据由样本计算出的统计量在总体的范围内证明虚无假设是否成立,进而接受或拒绝虚无假设,相应地怀疑或接受与之相反的研究假设。需要特别说明的是,间接检验的前提是调查样本必须是从总体中随机抽取的,而且间接检验能够证实研究假设,但不能完全否定研究假设(袁方,1997)。

(2) 研究假设与理论解释

经验研究的意义不仅仅局限于检验理论,默顿写道:"经验研究远远超出检验理论的被动功能,它不仅仅是证实或反驳假设。研究在发展和形成理论方面至少发挥着四种主要的积极功能:创造、改进、反思和澄清理论。"(Merton,1957:103)对理论的改进、反思和澄清正是从反驳研究假设开始的,其方法主要有简单证伪法和理论证伪法。

简单证伪法是寻找否定研究假设的经验证据,说明研究假设在何种条件下都不成立,进而说明理论解释的局限和缺陷所在。理论证伪法是对多种理论解释进行检验,以便选择一种更有说服力的解释。例如,在前面的讨论中,我们提到过对于"女人比男人的宗教信仰程度更高"这一经验事实存在多种理论解释。如要判明哪一种解释更可信,就需要检验由负罪理论、剥夺理论、角色理论等各种理论解释推演出来的研究假设,这一环节也是理论证伪法相对于简单证伪法的区别所在。在许多个假设的检验中,如果某种理论解释比另一种解释得到更多更持久的支持,那么后者将逐渐失去可信性和解释力,最终可能被证伪。不过一般说来,一种理论不会轻易被完全推翻。由它推演出的研究假设即使被否定,也常常是促进理论的修改或补充(袁方,1997)。

(3) 检验的步骤

在本章的最后,当我们总结理论检验的方法与步骤时,有必要再回顾一下理论建构和理论检验的关系。两者并不是前后承接或互斥的关系,相反,理论检验几乎包含了理论建构的所有步骤,所不同的是在启动经验观察步骤之前,增加了推演假设的环节。之所以会增加推演假设的环节，源于波普等人为克服单纯归纳法和演绎法的局限而把二者结合起来，创立假设检验法的努力。"科学环"的图示也清楚体现了归纳逻辑与演绎逻辑的动态结合。

理论检验的全过程可简单归纳为如下几个步骤，例子可参考本章前述相关部分，在此不再赘述。

① 确定研究选题，明确表述待检验的理论。

② 从理论推导（演绎）出一组概念化的命题。

③ 用可检验的命题形式即假设的形式重述概念化命题，将命题"操作化"为假设。

④ 收集有关的资料。

⑤ 分析资料，判明假设。

⑥ 评价理论，进而思考、改进、澄清或发展原有理论。

在以上理论检验的全步骤中，理论建构与理论检验密不可分的交错关系是显而易见的。现实中许多研究既包括理论建构的成分，也包括理论检验的成分。社会学家在理论上将二者区分开来陈述只是为了更清晰地说明不同的研究逻辑（风笑天，2013；袁方，1997）。

第3章 定量研究的步骤

定量研究是我们认识社会现象的一种科学研究活动。作为人的一项科学认识活动,定量研究是有组织地、有计划地进行的。为了保证研究的顺利进行,必须按照人的认识规律,科学地安排定量研究的每项工作。

定量研究通常可分为准备、调查、研究与总结四个阶段。

▶ 准备阶段

人类社会的复杂多样使得可供选择的调查课题非常多。一般来说,社会研究都是从一定的问题出发,增进对社会某一方面的了解。准备阶段的主要任务是:确定课题、初步探索和总体设计。

1. 确定课题

合理确定定量研究课题是搞好社会调查研究的首要前提。科学研究始于疑问,但并非所有的疑问都值得进行科学研究,好的研究课题必须具有一定的研究价值同时可以由科学研究来解答。所谓研究课题即是社会研究所要了解、说明或者解决的社会问题。

选择一个好的研究课题对于整个研究过程具有重要的意义。

首先,好的研究课题决定社会调查研究的方向。现实生活中的每一研究课题都是针对某一社会生活中的某种特定社会现象或社会问题。通过对社会现象的考察指出社会问题的症结并提出解决方案,是科学的社会调查研究的根本。因此,需考察、研究的内容必须具有明确的目的性和方向性。同时,研究课题一旦确立,就决定了社会调查的方案设计,制约了社会调查的整个过程。不同的研究课题,其研究的对象、范围、内容和方法也就不同,调查的人员选择、调查队伍的组织、调查工作的安排也不相同。定性研究和定量研究是两种不同的研究方法,有的课题不一定适合作定量研究,这是我们选择研究课题的时候一定要多加注意的。

其次,好的研究课题体现研究者的水平。社会研究有层次深浅、质量高低的差别。课题选择的恰当与否,一定程度上反映了研究者的思想见解与专业知识水平。因为在这个过程中,既需用到研究者所掌握的专业理论知识与方法,又需研究者有较为开阔的视野和较强的判断力,还需研究者有一定的社会生活经验,才能找到恰当又有新意的课题。

最后,好的研究课题是社会认识发展的阶梯。从某一问题出发而构建的课题本身就具有认识的功能。在一定的社会历史条件下,社会研究就是研究社会生活中迫切需要解决的问题。提出这些问题,就为这些问题的解决开辟了道路,把人类对于社会的认识推上新的阶梯。适当而正确的课题,不仅可以带来新知识,而且还会吸引和推动人们去解决现实的问题。

正确选择好的课题,应该遵循以下一些原则:

第一,价值原则。研究课题的价值可以分为理论价值与应用价值两个方面。学术界公认的重要题目,如学科前沿的重大理论问题、"空白"问题等,就具有相应的理论意义和学术价值。应用价值也就是课题对于解决现实问题所具有的意义。有的课题完成后能对社会的发展产生积极影响,研究成果可以供政府或相关部门决策参考。应用价值并不局限于满足当前的需要,有些研究成果对社会的长远发展和长期规划也有很大的价值。

第二,创新原则。具有某种新的东西或具有某种与众不同的地方,又或是具有自己独特的地方就是创新的研究课题。最具创新性的课题当然是在现有的知识库中还无法找到的、前人从没有做过的课题,具有"填补空白"作用的课题。通过相对新颖的理论对一个已经被大量研究的问题给予全新的诠释,或者是采用一种新的方法对一个已经被研究的问题进行调查的课题也是具有创新性的。对于大多数的研究者来说,一项课题具有创新性,更多指的是该问题在研究思路或角度、依据的理论、研究的对象、采用的方法、研究的内容等某一或者几个方面与前人有所不同,有自己的创新性。创新是科学研究的生命,只有具有创新的研究才是有意义的。

第三,可行原则。在各种条件都能具备的范围选择调查研究课题即是选题的可行原则。一项研究的开展会遇到很多特定的主观、客观条件的限制。所谓客观限制即指进行一项社会调查所受到的外在条件或环境的限制。如社会环境的制约、所涉及单位或对象不能给予必要的支持,能够投入调查的人力物力财力的不足、相关的文献无法获取,研究问题与受访者的生活习俗、宗教信仰相违背等都是导致研究课题无法进行的客观限制。主观限制即指研究者自身条件方面的限制。如研究者的理论、方法、资料的掌握程度,研究者的生活经历,甚至还包括研究者的性别、年龄、语言等方面的限制。

不具备某些必要的条件,就不宜选择与这些条件相应的课题。因此,在选择研究课题的时候,仅仅考虑前两项原则是远远不够的。一个不具备可行性的研究课题,无论其多有价值与创新性,最多也只能是一个"伟大的空想"。

2. 初步探索

初步探索包括查阅有关文献和进行实地考察,其目的是在正式调查开始之前对研究对象有初步的了解,为提出研究假设、设计问卷及确定调查方案奠定基础。

(1) 查阅文献

文献可提供丰富的、与研究课题相关的资料。查阅文献不仅可以了解以往的研究成果,而且可以了解与研究课题相关的各种理论观点和研究方法,还可以了解研究对象的社会历史背景。面对浩如烟海的各种文献,如何才能做好查阅文献的工作呢?

查阅文献应当有目的、有选择。研究者可以利用图书馆和检索工具找出与研究课题相关的期刊论文和书籍等;除了国内的文献外,还可以查阅国外和其他专业领域的文献;浏览后筛选出重要的、有参考价值的文献,重点阅读这类文献或作相应的摘抄。当然,除了查阅文献外,我们还可以请教专家。所谓的"专家"即指熟悉这一研究课题的人。文献是被记录下来的过去的知识,我们并不能保证文献里的知识都是全面而真实可靠的。请教专家,征求他们的意见和建议,了解他们的经验和想法,可以更全面地掌握课题的背景、现状等内容。

(2) 实地考察

在正式调查前先到现场去走访、询问,以便明确调查的内容、确定调查方法、设计调查问卷就是实地考察。通过到基层去了解现场来发现问题,提出设想,并考虑解决问题的方法,而不是要作出最后的结论。实地考察是获取真实可靠的第一手资料最重要的办法,实地考察的人员不宜过多,考察的范围和对象不宜太广。在实地考察中需要努力把调查与研究结合起来,逐步设计出自己的调查方案。

3. 总体设计

调查方案对定量研究每个阶段的工作进行详细具体的安排。科学设计研究方案是保证社会调查取得成功的关键步骤。如果说解答问题是社会研究的最终目的,那么可以说确定解答问题的途径、策略、手段和方案是总体调查研究方案的任务。就定量研究而言,调查方案的设计主要包括明确调查目的、确定分析单位、制定抽样方案、设计调查问卷和制定实施方案五个方面的内容。

第一,明确调查目的。研究者在对特定的社会现象进行调查时其目的各不相同，但一般来说都可以归结为描述与解释两种。人们深入认识社会现象的基础就是了解和描述社会现象的状况。描述性研究的目的即描述社会现象是什么，它是如何发展的，它的特点和性质是什么，主要是从观察入手来了解并说明研究者所研究的问题。人们对社会现象的认识不可能只停留在了解其状况的层次上，还需要明白社会现象为什么会是这样。解释性研究的目的即要说明社会现象的原因、预测事物的发展趋势来解释社会现象的变化。

第二，确定分析单位。分析单位即调查对象，它是进行调查和抽样的基本单位。一般来说，分析单位等同于抽样单位，但有时候分析单位也可能与抽样单位不一致。社会研究中的分析单位主要有个人、群体、组织、社区和社会产物五类。社会科学中最常用的分析单位是个人，但其目的是解释由个人或者个人行为组合而成的社会现象，一般并不停留在个人层次。具有某些共同特征的一群人即为群体。群体特征与个人特征不同，但可由个人特征抽取而来。组织指具有共同目标和正式分工的一群人组成的单位，如学校、医院等。社区则是按地理区域划分的社会单位，如农村、城镇与城市等。分析单位还可以是各种社会活动、社会关系、社会制度和社会产品等社会产物。

第三，制定抽样方案。抽样涉及的是调查对象选取的问题，调查对象的代表性又决定了调查结果推广到总体的准确性，可以说抽样是决定调查质量的关键性工作。抽样调查可分为随机抽样和非随机抽样两大类，具体的抽样方法更是多种多样。抽样设计的任务就是根据研究课题的要求和调查对象的特点确定适当的样本规模及选择最佳的抽样方法。抽样方案首先要对调查对象和调查总体进行界定，选择合适的抽样方法；其次要确定样本规模的大小；最后研究者还要清楚调查的主要目的，因为具体的抽样方法的选择一定要符合调查目的的内在要求。

第四，设计调查问卷。量化资料的收集依赖于概念的操作化和问卷设计，问卷是社会调查研究中用来收集资料的主要工具，无论是自填问卷还是访问问卷都离不开问卷的使用。问卷以书面的形式将研究者想要了解收集的资料汇编成一份询问表。研究者通过问卷收集受访者的资料，为研究课题提供依据。有关问卷设计的具体方法和技术我们将在下面章节详细介绍。

第五，制定实施方案。研究设计的最终成果往往是一份详尽的研究计划书，它将调查研究的各种细节安排以文字的形式表现出来。一份规范的调查研究计划书必须包括调查课题的目的与意义、调查的内容、调查对象与分析单位、理论假设、调查方案、调查人员的安排及调查时间与经费七个方面的内容。

调查阶段

在这一阶段研究者要进入调查现场,与受访者直接接触。进入调查现场是收集资料的第一步。要顺利完成调查任务,研究者要认真做好如下两个方面的协调工作:一是要努力争取被调查单位或者地区的有关组织的积极支持和帮助,尽可能在不影响或少影响他们正常工作的前提下,合理安排调查工作的任务和进程;二是要尽可能与被调查者交朋友,努力争取他们的充分理解与合作。通过向当地政府或相关部门寻求帮助,或者通过社会组织领导或群众中有威信的人物作些解释说明,或者通过出示正式的单位介绍信及合法的身份证明等方法来获得受访者的信任,得到受访者的支持和帮助。进入调查现场后需尽快取得当地人的信任并建立友善的关系,才能从受访者那里得到真实可靠的资料。这就需要研究者尊重当地的风俗、生活习惯,同时需尽可能地参加他们的各种活动,在条件允许的情况下为受访者解决一些困难。

在进入现场之后就要开始资料的收集。研究者通过对社会现象的观察、测量与探究来获取社会信息的过程即是收集资料。定量研究在调查阶段使用的收集资料的具体方法有:问卷法、量表法、访问法、观察法、文献法及实验法等。要组织众多的调查人员按照统一的要求顺利完成收集资料的任务,就必须加强调查队伍的组织领导工作。定量研究更多使用问卷法与量表法收集标准化的资料。实验法不仅是收集资料的方法,而且也是一套具有特定程序的研究方式。

在调查阶段的初期,调查组织者应指导调查人员尽快打开调查工作的局面;在调查阶段的中期,应注意总结和交流调查工作的经验,及时发现和解决工作中出现的新情况、新问题;在调查阶段的后期,要注意对调查资料进行严格的审核和初步整理工作,以便及时发现问题,就地补充调查。

研究阶段

在收集完资料之后,接下来就是对资料进行整理和统计分析。

1. 整理资料

在社会学定量研究方法中,我们会收集到很多的数据。但是,这些数据并不能直接为调查研究人员所使用,只有对其进行加工整理,去除其杂乱粗糙部分,才能看到其内部的规律性,揭示出事物的本质。资料的整理和简化,就是对资料进行审核、编码和汇总,即通过去粗取精、去伪存真,使大量的原始资料条理化和系统化,为进一步的分析打下基础。

资料的审核主要包含审核资料的完整性、统一性和合格性三个方面的内容。

完整性即指资料总体的完整性与每份资料的完整性。例如，某次新社会阶层的抽样调查，所发出问卷最后回收的份数。如果回收的份数较少，则样本对总体的代表性就不够，可能使得最终的分析结果不具显著性。因此，我们必须考虑问卷回收率低的原因，找到解决的办法。每份资料的完整性指的是调查中受访者未回答某些问题而造成资料的不完整。造成每份资料缺失的原因可能是受访者疏忽、忘记、误解或者不愿作答等，这将直接影响数据分析的结果。不管怎样，我们对资料的缺失要引起重视。也就是说，我们在资料审核的时候应该处理这些缺失的资料。

统一性即指回收到的问卷上的数据与录入的数据是否在数量、度量单位及内容上保持一致。

审核资料的合格性应包括逻辑审核与计算审核两项内容。逻辑审核即资料的内容是否合乎常识与逻辑，内容的前后是否存在自相矛盾。例如，某位受访者填写的政治面貌是群众，却又填写具体的入党时间，或者某位年龄为11周岁的儿童填写政治面貌为党员，职业为高校老师，这些就是属于不符合常识与逻辑的部分。通过各种数字运算来审核计算是否有误，度量单位是否用错，前后的数字之间是否存在相互矛盾的地方就是计算审核。例如，某问卷中男职员的占比为57%，女职员占比为44%，这就是运算错误的数据。对于审核后发现的错误，可根据不同情况采用不同的方式加以解决。那些可以看出存在明显逻辑错误的，调查者可代为更正；一时难以判断或者存在明显错误与出入的地方，就要设法进行查证或补充调查；有些无法重新调查的就要把错误的剔除，作无效处理。

如果将社会调查所得的数据用计算机进行数据分析，这就要求我们把问卷中各种问题的答案转化为计算机能识别的数字符号。编码指的是把文字转换成数字的过程。因此，在问卷设计阶段就需要考虑编码问题，每一个编码只对应一个问题。

资料的汇总是指根据社会调查研究的目的，将所获得的所有资料中各种分散的数据汇总起来，以反映所调查单位的总体状况。社会研究的目的不同，其资料汇总的方式也不同，可以分为总体汇总和分组汇总两大类。总体汇总可以了解总体的情况和发展趋势，分组汇总可以了解总体内部的结构和差异。资料汇总技术主要有两种，即手工汇总和计算机汇总。

2. 统计分析

在定量分析方法中，统计分析是资料分析中最重要的和应用最广泛的。进行统计分析，就是运用统计学的原理和方法来研究社会现象的数量关系，揭示事物发展的规模、水平、结构和比例，说明事物发展方向和速度，为进一步开展理论研究提供准确而系统的数据资料。统计分析可对资料进行简化和描述,同时可对变量间的关系进行描述和深入的分析,还可以通过样本资料推断整体。

(1) 单变量统计分析

单变量统计分析是最简单也是最基本的统计,它是对某一变量的数量特征所作的分析。变量的分布可分为频数分布与频率分布两类。频数分布就是对变量每次取值进行统计汇总,频率分布就是每个变量的取值次数占总次数的比率,一般用百分比表示。为了更直观地显示变量的分布情况,通常采用统计表与统计图的形式。

集中趋势测量即用一组有代表性的数据来说明一组数据的共性和一般水平。最常见的集中趋势测量包括众数、中位数和平均数。众数即出现频率最高的变量值,用 Mo 表示;中位数即将数据按大小排列位于中央位置的数值,用 Md 表示;平均数即总体各单位数值除以个案数目所得之商。

与集中趋势测量相反,离散趋势测量则是用以概括描述数据间差异程度的统计指标。常用的离散趋势测量有异众比率、极差、四分位差和标准差。所谓异众比率就是指非众数的次数相对于总体的比率,用 VR 表示;极差即一组数据中最大值与最小值之差;四分位差即一组数据按序排列,头尾删除最大与最小 25% 的数据,所得的中央部分的资料来测其极差;标准差即一组数据与其平均数之差的平方和除以全部个案数目所得的平方根,用小写的希腊字母 δ 表示。

(2) 双变量统计分析

社会调查研究往往要涉及两个或两个以上的变量,而单变量分析的目的纯粹是为了描述,因此双变量或者多变量间的关系是统计分析更为重要的内容。

第一,列联表又称"交互分类表",指同时依据两个变量的值,将所研究的变量分类。第二,消减误差比例指的是一种对变量与变量之间关系的测定,简称"PRE"。第三,相关分析指用一个统计值表示变量间的关系,这个统计值称为"相关系数"。用于测量两个定类变量的相关系数主要用 Lambda 与 Tau-y 两种方法;测量两个定序变量间的关系,主要用 Gamma 系数、D_{xy} 系数和斯皮尔曼等级相关系数;测量两个定距变量相关系数最常用的指标是皮尔森相关系数;测量自变量为定类变量,因变量为定距变量用相关比率来测量;测量一个定类变量和一个定序变量时,采用 Theta 系数和 Lambda、Tau-y 系数,后者需要将定序变量作为定类变量处理。测量一个定序变量和一个定距变量时可采用相关比例测量法和 r 相关系数,前者需把定类变量看作定类变量,后者反之。

社会学研究除了进行单变量统计分析和双变量统计分析,还进行两个变量以上的多变量分析。多变量分析主要分为详析分析、多因分析及多项相关分析三部分。

(3) 推论统计

推论统计是抽样调查资料分析特有的内容，它是一门通过样本的统计值来估计总体参数值的学问。推论统计分为参数估计和假设检验两类。

所谓的参数估计，就是根据一个随机样本的统计值来估计总体的参数值。参数估计分为点估计和区间估计两类。点估计即用一个最适当的样本统计值来估计总体的未知参数值，区间估计即通过样本统计值来推测总体未知参数的可能范围。区间估计的一般程序是先确定置信水平，然后计算标准误差，最后根据样本统计值和标准误差确定置信区间。

假设检验则是先对总体的情况作出假设，选出一个随机样本，用这一样本的统计值来检验原先的假设是否正确。假设检验的一般步骤首先是建立研究假设 H_1 和虚无假设 H_0；然后规定显著性水平 α，据此确定拒绝域或接受域的临界值；接着由样本资料计算出检验统计量的具体统计值；最后将实际计算的用于检验的统计值与临界值比较，落其拒绝域则拒绝研究假设，接受虚无假设，反之则接受研究假设。

3. 理论分析

在对资料进行统计分析的同时，还要借助概念、逻辑推理、抽象和综合等思维方式，对经验材料进行理论分析。统计分析是对对象的数量方面进行分析，但它并不能说明事物为什么会具有不同的状况、为什么会存在相互联系。但是，理论分析能够对统计分析的结果作出说明和解释，能够对研究假设进行验证和论证，还能够由具体的、个别的经验现象上升到抽象的、普遍的理性认识。

理论分析是指在对调查资料进行整理和统计分析的基础上，借助抽象思维对调查资料进行加工制作，由感性认识上升到理性认识的过程。对调查资料进行理论分析没有统一的方式，但一般可以包括以下五个步骤：一是对资料进行审读和总体性思考；二是对个体的背景资料、行为和态度资料及典型事例进行理论分析；三是对分类资料和具体假设进行理论分析，大致可分为陈述分类资料、概括和结论性分析及论证具体研究假设三个层次；四是对全部资料和中心研究假设进行理论分析；五是对结论及其意义进行理论分析，研究结论可以是学术理论观点、实际工作建议及宏观决策的建议，都需要对现实意义和理论意义进行分析。

美国社会学家特纳在其《社会学理论的结构》一书中指出，理论的要素有概念、陈述、变量及格式，社会学理论中产生理论性陈述到格式有总体理论方案、分析方案、命题方案及模型方案四种探讨方法。理论分析方法有矛盾分析法、历史分析法、因果分析法、比较分析法、功能分析法及系统分析法。

总结阶段

总结阶段的任务是撰写研究报告、总结调查工作和评估调查结果。

1. 撰写研究报告

研究报告是调查研究成果的集中体现,是社会调查工作最重要的总结。定量研究的调查报告以一种书面规范的语言、专业严谨的逻辑呈现,并对研究过程、研究方法、政策建议以及研究中的一些重要问题或下一步研究设想等进行系统的叙述和说明,是社会研究者与该领域的其他研究者进行交流的工具。

总的来说,可以认为调查报告就是整个定量研究的缩影。先通过对前人研究的文献进行梳理和总结,提出自己想要的研究课题;同时,需要介绍与研究课题相关的理论,为研究设计中的研究假设提供理论依据;最后重点简洁地阐述反应变量之间的关系或者变量之间变化的研究假设。研究报告的形式可根据社会调查的对象、范围、具体内容及阅读对象等不同而划分为不同的类型。总的来说,可以分为综合性研究报告和专题性研究报告、应用性研究报告和学术性研究报告等。报告结构依次应该包括标题页、致谢、目录、图表索引、摘要、导言、文献回顾、研究方法、研究结果、讨论、结论、注释、参考书目、附录。学术性研究报告一般可分为导言、方法、正文以及结论和讨论四个部分。研究报告的撰写步骤依次是确立主题、材料取舍、拟定提纲、撰写研究报告及修改研究报告和作必要的补充调查。

2. 总结调查工作

对调查工作的总结有助于积累成功的经验和吸取失败的教训,为今后更好地进行社会调查打下基础。

尽管每次调查面对的是不同的话题、不同的群体,但是就定量研究而言,实地问卷调查始终是最主要的资料收集方法,因此在定量研究中对调查工作的总结实际上就是对问卷调查实施过程的总结,包括问卷设计、进入现场和开展调查三个环节。首先对于问卷设计而言,尽管研究者根据前人的研究与自己的经验,会在问卷设计中尽可能包含自己感兴趣的问题,但是"智者千虑,必有一失",社会的发展变化和调查对象的变化始终会带来新的话题和新的思考,这些在问卷设计中是难以涵盖全面的,所以只能说通过每次调查工作的经验积累来减少日后问卷设计的疏漏。对于研究者而言,顺利进入调查现场意味着问卷调查工作成功了一半。当前社会的信任感存在一定的缺失,要直接接触调查对象,说服调查对象参与调查是很困难的,所以研究者开展调查工作总是会借助各种社会力量,通过这些力量间接接近被调查者。因此,有必要对每次进入现场、接触被调查者的经验进行总结，为日后类似的调查工作的开展减少障碍。在开展调查的过程中，如何取得被调查者的信任、如何让被调查者如实地回答问卷中的问题，考验着每一个调查员的沟通能力，同时也讲究很多沟通技巧。所以，在总结调查工作时，有必要考虑与被调查者沟通的问题，总结沟通过程中的有利经验。

社会调查工作发展到今天，其科学性、准确性和可靠性都在不断地提升，这得益于各个时期的社会研究者在其开展社会调查工作中对经验和教训的总结，使后人开展社会调查可以少走弯路，使调查结果更能够反映研究的问题，极大地提高了调查工作的质量。

3. 评估调查成果

对调查成果的评估主要从科学性和研究价值方面进行系统分析，检查一项调查研究在方法、程序、数据、统计分析、逻辑推理、研究结论等方面是否有错误，对调查成果的理论价值进行客观评价。

由于建立在社会统计基础之上的社会学定量研究被越来越普遍地运用，加上社会调查研究初期需收集和阅读各种有关文献和研究报告，那么，如何判断所获得的资料是否可靠？美国著名社会学家拉扎斯菲尔德创建并倡导了社会学研究的评估方法和技术。社会学评估的最终目的是为了更好获取所需证据，运用这些证据去解释、检验理论或构建新理论。

对调查成果的评估需要回顾整个研究开展的过程，包括理论基础、理论命题、研究设计、研究实施和研究结论几个方面。理论基础是研究的基本出发点和检验对象，因此需要检验调查成果是否基于理论又回归理论。理论命题即研究问题的假设，需要说明调查成果是否回应了研究假设，即肯定或者否定研究假设。研究设计包括样本选择、变量操作化、资料收集方法和资料分析方法等。研究设计的科学性和合理性是确保调查成果有效性的关键。要说明研究成果是否有效，就要说明研究中是否选取了合适的调查对象，是否将变量转化为合适的调查问题，以及是否采取了合适的调查方法和分析方法。研究实施的过程包括研究者如何进入研究现场，如何与被调查对象接触，以及如何进行现场记录，这是研究者能否获取准确资料的关键。研究结论是通过对资料的摘编和分类处理获得的，其核心问题是研究者如何建构理论或者作出解释。如果研究结论能够有效说明研究的问题，说明此次调查的过程是科学合理的，调查成果是有价值、有意义的。

对整个研究过程的回顾，有助于清晰了解一项研究的基本要素及其相互关系以及研究的展开情况，从而可以在具体的逻辑环节上对调查成果进行评估，说明调查有效性情况。

第二编

研究设计

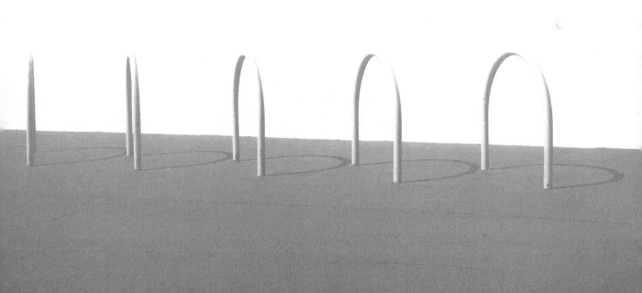

第4章 研究问题与课题设计

学者经常在不同的意义上使用"研究设计"这个术语。本书将在较为宽泛的意义上使用这个概念,即研究设计既包括对整个研究工作的规划(后面将称为"课题设计"),也包括在资料收集之前的一些执行问题,如研究问题的操作化与社会测量,以及抽样等具体环节。在本章,我们将主要关注前者,即力图为一项定量研究提供基本的架构设计原理,以明确应该收集什么类型的资料来回答提出的研究问题,这也是制订后续具体研究计划的前提。我们接下来将分四个部分展开介绍:一是研究问题的概念及其作用;二是研究问题的提出和聚焦;三是着重介绍几种课题设计的类型;四是研究计划书的写作。

▶ 研究问题及其作用

任何一项社会研究都是从选择研究问题开始的。只有研究问题确定了,后续的研究工作才有基本的方向。研究问题在一项研究中的重要性不言而喻。本节将主要介绍研究问题的概念及其具体作用。

1. 什么是研究问题

所谓研究问题,指的是一项社会研究所要回答的特定问题,且它应是一个可以通过运用社会科学方法来研究的问题。一般来说,一个好的社会学研究问题,要么是有新的材料或数据,要么是有新的理论视角。换言之,好的研究问题需要满足以下两个条件之一:

第一,发现了一种新的社会现象,或者收集到了新的材料。比如,近些年兴起的网络直播现象,如果目前学界相关的规范研究还比较少,那么它就是一个新问题。我们可以对这种现象进行描述性研究,或者在此基础上进一步寻找已有的理论视角来解释。另外一种情况是,对于问卷调查而言,如果对研究问题的测量指标比以往研究更加细致,从而能够更加全面地反映研究问题的本质,那么它也是一个好问题。比如,在一项有关经济发展对村委会选举影响的定量研究中,前人测量村委会选举使用的指标仅仅是是否举行过选举和是否为差额选举等这些过于简单化的测量指标(Shi,1999;Oi & Rozelle,2000),而胡荣(2005)则通过深入的前期调查,将村委会选举是否规范进一步操作化为15个项目,包括了候选人如何提名、正式候选人如何产生,以及选举投票的程序等综合性指标。虽然二者研究的问题是相同的(都是村委会选举),研究视角也是类似的(都是从经济发展角度来分析),但是后者通过这种更细致的问卷测量指标收集到的数据资料无疑能反映出更多新的有价值的信息,因此它是一个好的研究问题。

第二,针对同样的或不同情境下的经验现象,运用新的理论视角去解释或验证。这里面分为两种情况,一是从现有的材料逻辑出发,建构新的理论解释。以周雪光等(2012)的一项研究为例,他们以基层政府在执行政策时采取的相互矛盾的行为和策略为观察起点(即基层官员一方面在政策执行过程中表现出"压力型体制"和"层层加码",另一方面又经常采取各种应对策略来敷衍或弱化政策实施),发现以往的理论只能解释一方面,因而对于这种悖论性现象急需新的理论解释。他们由此借鉴经济学相关理论视角,提出了一个中国政府内部权威关系的"控制权"理论,即不同维度的控制权在中央政府、中间政府、基层政府间的不同分配模式会导致迥然不同的政府治理模式,从而诱发相应的政府行为,这就为上述经验观察中所发现的悖论性现象提供了一个新的理论解释。这是从材料的逻辑悖论所形成的研究问题。二是从新的理论逻辑出发,寻找经验材料的验证。以边燕杰(1997)的一项研究为例,他从格兰诺维特(Mark Granovetter)的"弱关系力量"理论出发(其核心论点是弱关系分布范围很广,比强关系更可能充当跨越社会界限的桥梁,因而个体更能通过弱关系而非强关系得到与之相匹配的工作),认为该理论在中国社会可能并不适用,进而利用在中国社会的调查数据对该理论进行了验证。数据结果证明了他的猜想,即中国人更经常地通过强关系而非弱关系寻找工作渠道,从而在此基础上拓展了之前的理论,提出要"找回强关系"。这是从理论的逻辑出发,发现它与其他情境下经验事实不相符所形成的研究问题。在定量研究中,研究问题大多属于第二种情况,即理论检验型研究问题。

2. 研究问题的作用

爱因斯坦等(1962:66)曾说:"提出一个问题往往比解决一个问题更重要,因为解决问题也许仅是一个数学上或实验上的技术而已。而提出新的问题、新的可能性,从新角度去看旧的问题,却需要有创造性的想象力,而且标志着科学的真正进步。"自然科学如此,社会科学也是同样的道理。具体而言,研究问题的作用主要体现在以下三个方面:

第一,它决定了资料收集的方向和目标。研究问题一旦确定了,才会找到资料收集的边界,即哪些人、哪些事情该进入你的资料收集范围都是由你的研究问题决定的。例如,一项关于民众政治态度的研究,研究者首先需要确定的是何种政治态度,是政治信任还是政治效能感,又或是政治价值观,这三者之间是有区别的。其次要考虑的是面向的对象,是全国民众,还是单独的城市或农村的居民,又或是纵向的历史比较等。只有弄清楚这些问题,研究者才会基本明确资料收集的方向。

第二,它会影响研究方法的选择。有些研究问题是比较适用于用量化方法来分析,比如有关社会网络的问题,而另一些研究问题则较为适合用定性方法来研究,比如基层政府内部行为。因此,我们往往说,一旦研究问题确定了,你所能选择的主要研究方法也就基本确定了。

第三,它还会影响到研究质量和研究结果(仇立平,2008:66—67)。这一方面表现为一个不适当的研究问题本身就意味着它的研究质量不会很高,它的研究结果和结论可能是重复的;另一方面表现为,如果研究问题的选择与研究者能力、社会生活的经验积累以及客观条件不相符合,研究者是很难把握的。

▶ 研究问题的提出和聚焦

上一节介绍了研究问题的概念及作用,本节将主要关注研究问题的提出和聚焦过程。研究者在进行课题设计之前必须先要提出并清楚界定自己的研究问题,尤其是要将比较宽泛的研究领域变成某个研究领域中特定的研究问题。举例来说,如果将研究题目定为"我国环境污染问题研究",这个问题在内涵上就过于宽泛,焦点不够集中。需要进一步追问的是:我是想了解环境污染的程度、地理分布状况、产生原因或导致的后果还是其他方面?我关注的又是哪个时期的何种类型的环境污染?如果在研究问题尚未被清楚界定之前就开始进行课题研究并收集数据,可能会导致收集到的数据是不适合的。因此,研究问题的明确化非常重要。具体到定量研究,一般存在着两种类型的研究问题,即描述性研究问题(发生了什么)和解释性研究问题(为什么会发生),我们接下来分别看这两种类型研究问题的提出和聚焦过程。

1. 描述性研究

描述性研究一般旨在通过对某些总体或某种现象进行描述,以发现总体在某些特征上的分布状况(风笑天,2009:66)。一般而言,描述性研究是下面要介绍到的解释性研究的前一阶段,因为对某种社会现象的全面描述往往可以激发出人们提出"为什么"的问题。对于一个宽泛的研究主题,我们可以从时间跨度、空间位置、所描述现象的普遍性程度、所涉及的维度和抽象程度以及分析单位等六个方面来进一步明确要描述的研究问题(de Vaus,2002:28,32)。下面以犯罪率为例,我们可以通过以下问题来聚焦研究主题:

(1) 我们所感兴趣的现象的时间跨度是什么?即我们是想了解当下的犯罪状况,还是过去的,或者想了解过去三十年犯罪状况的变化趋势?

(2) 我们所感兴趣的现象的地理位置在哪里?即我们是想了解国家内部某个地方的犯罪状况,还是整个国家的,或者是其他国家的?再或者,如果我们的研究兴趣是作不同国家间的比较研究,那么这包括哪些国家呢?

(3) 我们的研究兴趣是宽泛的描述,还是通过比较详细阐述不同群体的犯罪模式?比如,我们就是想简单地了解全国的犯罪率,还是想进一步看看不同性别、不同职业、不同家庭、不同的受教育程度等特征群体之间的犯罪率有何不同?

(4) 我们对这个研究主题的哪个方面感兴趣?是犯罪率、犯罪的不同类型、犯罪原因,还是犯罪对整个社会的影响?

(5) 我们所感兴趣的现象的抽象程度如何?是事实本身还是它们在更抽象意义上所代表的意涵?比如,我们的研究兴趣仅仅是犯罪率,还是它所可能揭示的社会整合程度?如果是后者,我们就需要收集一些与测量社会整合相关的数据(比如个体的集体荣誉感、自杀率等)。但如果仅仅是犯罪率本身,那么我们只需要收集和这个主题相关的信息即可。

(6) 我们的分析单位是什么?分析单位是指我们在收集和分析资料时所使用的单位。在问卷调查中,分析单位一般是个人,即我们可以收集不同个体的犯罪信息。除此之外,分析单位也有可能是任何地区(国家、省份、城市等),这样我们就可以观察不同地区的犯罪率;时间或时期同样可以作为分析单位,以比较不同年份的犯罪水平差异;我们还可以收集不同类型犯罪的数据,这时"事件"即是我们的分析单位;一个群体或组织(比如犯罪团伙)亦可成为分析单位。①

2. 解释性研究

解释性研究指的是那种探寻现象背后的原因或结果(或者同时),揭示现象发生或变化的内在规律的社会研究类型(风笑天,2009:67)。它主要关注的是"为什么"的问题,比如在描述性研究中发现了近三十年我国的犯罪率不断上升,我们可能要问其中的原因是什么,这就变成了一个解释性研究问题。在了解解释性研究之前,我们先对一些术语进行介绍。首先是"变量"。变量即具有多个类型或多个取值,比如,性别就是一个变量,它有男性和女性两种类型;收入也是

---

① 在实际研究中,与分析单位有关的两种常见错误是:区群谬误和简化论,详请参照风笑天(2009:77)。

一个变量,它有从零到几千乃至上万这样连续的取值。接着,有关"原因"和"结果"的术语,我们一般用因变量、自变量和中介变量来区分。

因变量:因果模型中被认为是结果的变量一般称为"因变量"(用 Y 表示),它是一个随其他变量变化而变化的变量。

自变量:因果模型中被假定为原因的变量则通常称为"自变量"(用 X 表示)。比如,如果我们想了解性别是否会影响收入,那么收入即为因变量,性别即为自变量。

中介变量:它位于自变量和因变量之间,是指自变量影响因变量的具体方式或手段(用 Z 表示)。在前面举的关于性别与收入关系的例子中,我们可以作这样的解释:不同性别的人收入之所以不同,是因为职业可能存在性别隔离,即性别先影响了人们所从事的职业,进而影响到了收入水平,这里的"职业"即为中介变量。我们可以用一个示意图来表示上述三个变量之间的关系(见图 4-1)。

性别 (X) ——→ 职业 (Z) ——→ 收入水平 (Y)

图 4-1 自变量、中介变量和因变量示意图

弄明白上述术语后,我们再来具体看解释性研究的问题提出和聚焦过程。一般来说,对于解释性研究,我们需要重点关注以下四个问题(de Vaus,2002:31):第一,我试图要解释的是什么现象(即因变量是什么);第二,该现象产生的可能原因有哪些(即自变量有哪些);第三,我想要解释的是哪一种可能原因(即该研究的主要自变量是什么);第四,这种因果关系的可能机制是什么(即中介变量是什么)。具体来说,根据其关注焦点的不同,解释性研究可以包括两种类型或者说两个阶段:首先是宽泛的原因结果分析,其次是某个确定的因果模型验证。

(1) 宽泛的原因结果分析

这种类型试图把某种具体现象(比如改革开放后犯罪率的上升)所有可能的原因或导致的结果都找出来,它是解释性研究中聚焦程度最低的一种类型(参见图 4-2 和 4-3)。一般而言,寻找某种现象的原因和结果有以下几种方法:

第一,阅读相关文献。当我们对研究问题有了初步想法后,就可以去查阅前人相关研究的文献,看看他们在这个主题上有何发现,尤其是从不同的视角作了哪些解释。在此过程中,我们一般十分关注这些研究的不足之处以及一些尚未解决的争论,它们能够帮助进一步聚焦研究问题。

第二,根据个人经历与直觉。每个人特定的人生经历都会为他观察现实生活提供一种独特的视角,尤其是当他发现了和自己日常经验不相符的地方。

第三,尝试去找一些相关的专业人士了解情况。某一领域内有着丰富实践知识的“内部知情人员”往往可以给我们提供一些有价值的信息。

不过，我们也不能拘泥于上述某种方法，而是要利用各种灵感来源进行全方位的思考，以尽可能全面地认识某现象的原因和结果。在这之后，我们就需要收集信息去验证所有的原因，或者仅仅聚焦一到两个可能的原因，而这就是下面要介绍的内容了。

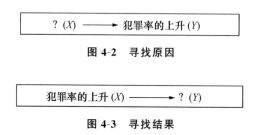

? (*X*) → 犯罪率的上升 (*Y*)

图 4-2　寻找原因

犯罪率的上升 (*X*) → ? (*Y*)

图 4-3　寻找结果

（2）某个确定的因果模型验证

这种提出解释性研究问题的方法比上一种要更加聚焦，即它并不是直接问哪些因素导致了不断上升的犯罪率，而是更加具体地提出：“*X*（比如收入差距的扩大）导致了不断上升的犯罪率（*Y*）”（见图 4-4），接下来的研究就聚焦于这个具体问题。更进一步，如果我们发现收入差距的扩大的确会导致犯罪率的上升，从而想进一步了解其中的作用机制，即为什么收入差距的扩大会导致犯罪现象的增多？我们能在二者之间建立起一种联系吗？如果可以，我们对犯罪率上升这种现象就有了一个更深的理解。比如，我们可以假设“收入差距的扩大导致了人们社会心态的失衡，进而影响到犯罪率的上升”。基于这一假设，我们就可以使用经验数据来验证这个因果模型。其实，根据对犯罪率上升的多种原因的探讨，我们还可以发展出更加复杂的模型，即加入更多可能的中介变量，其原理与前面相同，在此不再赘述。

收入差距的扩大 (*X*) → 犯罪率的上升 (*Y*)

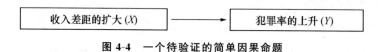

图 4-4　一个待验证的简单因果命题

总结来说，上述两种不同类型的研究问题往往代表了一项研究的不同阶段。最初，我们可能感兴趣的是对一种现象进行简单描述，接着就会提出“为什么”的问题，即哪些原因导致了它的发生，随着探讨的深入，我们可能会聚焦到某一个特殊的原因上，并开始针对这个特殊的原因提出更复杂的问题。由此可以看出，澄清研究问题是一个渐进的过程，并非是在一项研究开始的时候就能一步到位。因此，在提出和明确研究问题的过程中，也要注意不应该让最初关注的焦点使我们忽略了一些其他未期望的问题，尤其它们也许比最初的研究问题更加重要和更具有可操作性。同时，在后续收集和分析数据的过程中，我们的研究问题也会更加细化,并且可能会出现新的研究问题。

课题设计的主要类型

不管是描述性研究还是解释性研究,我们需要做的并不是简单地报告研究结果,而是要提供一个可供比较的参考架构来帮助解释研究结果(de Vaus,2002:33)。不同的课题设计常常以不同的方式进行比较,我们将主要介绍解释性研究的几种课题设计类型。在这之前,我们先看下描述性研究的课题设计需要注意的地方。

1. 描述性研究

对于描述性研究结果的解释,我们尤其需要一个可供比较的参考架构来借此理解特定的发现。一般而言,对于描述性研究的结果可以采取横向比较或纵向比较的方法。所谓横向比较,即将所观察的这组数据和其他组的数据进行比较;而纵向比较是指将观察到的这组数据与同一组不同时期的数据进行比较。这种比较能够为我们在分析单一数据的时候提供一个参照背景,从而避免作出错误的结论。例如,当了解到"某城市现在的平均房价为每平方米2万元"时,单纯给出这个数字,我们可能并不知道这个城市的房价是高了还是低了。为了获得对这个数据的认知,我们需要知道它和其他城市或该城市其他年份的房价相比如何,即我们需要一个理解该数据的参照物。因此,当我们在收集数据时,需要同步收集有关数据背景的资料。另外一个例子,假定我们已经收集了离异家庭孩子犯罪情况的数据,并发现这些离异家庭的孩子有较多的犯罪行为。这表明什么呢?如果仅仅看这个,我们能得到的信息很少。但是,如果我们能将在该类孩子身上发现的情况和一些其他群体(比如完整家庭的小孩的犯罪情况)进行对比,将非常有助于我们理解这个问题。如果没有这些比较,我们很难从一个单一的发现中得出可靠的结论。当然,如果条件允许,我们还可以比较父母离婚前后孩子的犯罪行为,通过观察同一群体不同时间的变化能够提供一个可比较的基点,以此帮助理解离异家庭孩子高犯罪率的现象。

2. 解释性研究

一般而言,解释性研究旨在发现变量背后的因果关系,而我们课题设计的目的就是要提高因果推断的质量。要判断两个变量之间存在因果关系,主要需要满足以下三个条件(巴比,2009:93—94):第一,共变。即首先这两个变量之间必须存在实际的关系——相关,也就是一个变量的改变会影响到另一个变量的改变。第二,时间顺序。对于存在因果关系的两个变量,一定是原因在前,结果在后。比如，我们一般会说父母的受教育程度影响了子女的受教育程度，而不是子女的受教育程度影响了父母的受教育程度，后者显然不符合常识。第三，非虚假相关。即两个变量之间的共变不是由其他变量引起的。比如，病人的住院次数和死亡概率之间存在正相关：病人的住院次数越多，死亡的概率也就越大；反之亦然。但是，住院次数和死亡概率二者之间并没有什么直接关系，这里的第三个变量是病人的病情，即病人的住院次数和死亡概率都是由病情所决定的。所以，当遇到有关因果推断的研究问题时，我们相应的课题设计应力图满足以上三个条件，尤其是最后一个条件，它一般最难确定。具体来说，如果提出一个"X导致Y"的因果模型，我们需要尽可能保证的确是X，而不是其他因素导致了Y。这就要求在课题设计的过程中，我们必须尽可能确保模型中其他可能的解释变量已经被消除（控制），从而让我们对有关因果过程的结论更加有信心。下文将基于斯托福（Stouffer, 1950）和德沃斯（de Vaus, 2002）的讨论，简单介绍定量研究中常见的三种课题设计。

（1）实验设计

我们先来重点看下实验设计，虽然它对于绝大多数社会科学问题来说不具有实际操作性，但是，它的设计最完整，其他的各种类型研究设计都只是它的一部分，而且它体现了许多统计技术（如应用最为广泛的截面研究设计中多元回归分析所使用的"统计控制"）背后的逻辑，从而在探寻变量间的因果关联方面是最有效的。所以，我们不妨以它为基准，在与它的比较中引出其他类型的研究设计，并进而指出其他设计的缺陷。

最经典的实验设计主要涉及三对基本元素：

第一，自变量和因变量。在实验设计中，自变量又称为"实验干预"，通常为二分变量，即只有两个取值"有"或"无"，它是研究者在实验组前测和后测之间引入的干预因素；而因变量就是我们研究所关注的变量。一般而言，实验设计的目的就是观察出现干预和不出现干预所导致的因变量的差异。

第二，前测与后测。在经典的实验设计中，一般需要对因变量进行前后两次测量，第一次是在实验干预之前，即为"前测"，而第二次是在实验干预之后，称为"后测"。因变量在前测和后测之间的差异被视为实验干预（自变量）的影响程度。

第三，实验组与控制组。实验组是接受实验干预的那一组，而控制组则是没有受到实验干预，但其他各方面都和实验组相同的一组对象。通过引入控制组，研究者可以发现实验本身的影响，从而可以更准确地判断实验干预的作用。

接下来，我们简单介绍下实验设计的操作原理。根据某种理论，我们认为变量X和变量Y之间可能存在因果关系，即X会导致Y。为了验证这一假设，我们一般会在加入变量 X 的干预之前和之后分别对变量 Y 进行测量,然后对两次测量的结果进行比较。如果结果发生了变化,我们就可以初步判断,这种变化是由于外在干预即变量 X 的作用。但是,该变化也有可能是其他因素导致的,比如单纯随着时间的流逝而发生的变化、前测行为本身对后测结果的影响等。为了排除这些外在环境因素对结果变化的影响,我们很有必要加入一个控制组。对于控制组而言,它同样要接受实验前和实验后两次测量,而且它和前面实验组的对象在实验前应该是完全相同,只是在实验中不会接受变量 X 的外在干预。同样,我们可以测量到控制组的因变量 Y 在实验前后的数值,从而知道随着时间的变化它所发生的差异。这样,我们将实验组前后两次测量的变化减去控制组前后两次测量的变化,即可以得到变量 X 对变量 Y 的单独影响。当然,如前所述,这个结论的成立是有条件的,即两个组在实验前必须完全相同,且在实验过程中也是完全一样对待(除了实验组接受干预)。为了保证两组对象在开始时是基本相同的,我们可以通过随机分配实验组和控制组的方法来实现。然而,保证他们在实验过程中有着相同的外在环境实在太困难,这也是实验研究经常在实验室进行的原因之一。

这里,我们通过一个例子来看一下实验设计的大致操作流程,以及它的三对基本元素在其中的体现。假定我们要验证这样一个假设:新的教学方式将会提高中学生的数学成绩。首先,我们要选择两个在各方面都差不多的班级(一个为实验组,另一个为控制组),在学期初对这两个班级的学生进行同一份数学试卷的测试,并记录下实验组和控制组学生各自的平均得分(即前测,分别记为 E_1 和 C_1);其次,在作为实验组的班级采用新的教学方式(即实验干预),而控制组班级的教学方式不变;最后,在学期末,我们再对这两个班级的学生进行同一份数学试卷的考试,同样记录下实验组和控制组学生各自的平均得分(即后测,分别记为 E_2 和 C_2)。这样,实验组和控制组在实验前后各自的变化就很容易计算出来,分别记为 $E_变$(即 $E_2 - E_1$)和 $C_变$(即 $C_2 - C_1$)(见表 4-1)。假定两次测量得到以下结果:

$$E_1 = 85, \quad E_2 = 93, \quad C_1 = 85, \quad C_2 = 86$$

则

$$E_变 = E_2 - E_1 = 93 - 85 = 8, \quad C_变 = C_2 - C_1 = 86 - 85 = 1$$

从而得出,新的教学方式所产生的作用 $= E_变 - C_变 = 8 - 1 = 7$,也就是说,新的教学方式的确显著提高了学生的数学成绩。

总结起来,通过设计有前测、后测和实验组、控制组的研究,我们能够得到有关变量间因果关系更加准确的结论。但是,需要再次提醒的是,想把实验设计应用到社会科学研究中是极其困难的,除了上述提到的在现实生活中控制实验环境的困难,还会出现大量其他问题。比如,在很多情境下,我们不太可能获得对同一个小组的重复测量,从而不可能得到前后两次的测量结果。还有,不少研究想要找到控制组也是非常困难的。另外,有时因为现实和伦理的考虑,我们想施加实验干预也是不太可能的。比如,我们前面提到的父母离婚对孩子犯罪行为影响的例子,很明显,我们不能将人们随意分成两组,其中一组以某种方式使他们婚姻破裂,而另一组作为控制组。针对以上这些缺陷,后面要介绍的纵向设计和截面设计在不同程度上对实验设计的操作进行了简化,使其更有可行性,但这是以牺牲因果推断质量为代价的。

表 4-1 实验设计

分组情况	前测(因变量)	干预(自变量)	后测(因变量)	变化
实验组	E_1	是	E_2	$E_变 = E_2 - E_1$
控制组	C_1	否	C_2	$C_变 = C_2 - C_1$

(2) 纵向设计

纵向设计指的是在多个时间点上收集资料,用以描述某种现象的发展变化,以及解释不同现象前后之间的联系(风笑天,2009:79)。它主要包括三种不同的类型:标准纵向设计、准纵向设计和追溯性纵向设计。

① 标准纵向设计

和上面的实验设计相比,标准纵向设计只涉及了实验设计表格的一部分,即只有实验组,缺少控制组(见图 4-2)。它主要测量同一组的个体(完全相同的样本)在前后两个不同时间节点上的结果,在这两个时间点之间,我们可以对其进行实验干预,这些干预既可能是积极的,也可能是自然的(即并非由研究者引发的事件,而是随时间的推进自然发生的)。这样,通过观察前测和后测之间结果的差异,我们就可以发现所关注的因变量随时间所发生的变化,或者某个干预自变量与因变量之间可能的因果关系。

表 4-2 标准纵向设计

分组情况	前测	干预	后测	变化
实验组	E_1	是	E_2	$E_变 = E_2 - E_1$

举例说明,我们想研究某个学校同一组学生在教学方式改革之前(高一)和改革之后一年(高二)的自我效能感变化状况,其中的实验干预就是新的教学方式(主要措施是调动学生课堂参与的积极性)。如果这组学生的自我效能感在一年之后有所提高,标准纵向设计一般会假定这主要是由于新的教学方式的作用。但是,实际上,我们不能用该设计得出此结论。我们还需要知道,那些没有进行

此项教学改革的同类型学校学生的自我效能感从高一到高二这一年有何变化。最好是能找到一个符合条件的控制组,否则我们并不能得出新的教学方式对学生自我效能感的改变存在因果影响的结论。

② 准纵向设计

准纵向设计和标准纵向设计非常类似,只不过它在两个不同时点上收集的数据并非来自完全相同的样本(见表4-3)。这种设计是为了避免随着时间的变化再去追踪同一批人所存在的困难。同样使用上面的例子,该设计要求先在教学方式改革之前(高一)询问一批学生的自我效能感,然后在实施教学改革一年后的高二再询问一批学生的自我效能感。需要注意的是,后面调查的这批学生和高一时参与调查的并非同一群人,但是,我们会尽可能保持和最初的样本在所修的课程、性别比例、宗教背景、阶层地位等方面相接近。

这项设计同样有上述标准纵向设计在得出有因果影响的结论方面的问题(缺少控制组),更重要的是,它不能做到在时间点一和时间点二的样本完全一样。这会导致我们所观察到的前测和后测之间的差异可能的确是由于新的教学方式的影响,但也有可能是第二次的匹配样本自身的问题所致(即和第一次样本在因变量上本来就有差别)。所以,我们甚至不能确定真的测量到了变化,而关于这一点上面的标准纵向设计至少是可以做到的。

表 4-3　准纵向设计

分组情况	前测	干预	后测	变化
实验组	E_1	是	E_2^{*} [①]	$E_{变} = E_2^{*} - E_1$

③ 追溯性纵向设计

如上所述,前两种类型的纵向设计实施起来面临的一大困难是:要随时间变化去追踪样本,而且有时不得不等待很长时间再去收集样本数据。但是,随着时间的变化去追踪一个群体经常是不可行的,而且研究过程中样本的流失率会产生一些更加严重的问题,比如会对前测和后测之间观察结果的比较产生影响。一个替代的方法是,只关注研究中的一个时间维度,即只在最后一个时间点收集数据,但是向被访者询问两个时间点的信息,这样我们就可以发现在这两个时间点之间所发生的变化(见表4-4)。因此,结合上述例子,此项设计要求在教学改革一年后的高二询问学生的自我效能感,并让他们回忆在一年前未实施教学改革的高一时其自我效能感状况。

很明显,除了纵向设计所存在的固有缺陷,该设计还有"选择性记忆"的问

---

① 与前测并非严格的同一样本。

题,并且人们还有可能根据当下的状况重新解释过去的事。即使该研究能够捕获很多"变化",我们也不能确定这些变化是真实的,还是仅仅是被访者自己感知的。

表 4-4 追溯性纵向设计

分组情况	前测	干预	后侧	变化
实验组	E_1^* ①	是	E_2	$E_{变} = E_2 - E_1^*$

(3) 截面设计

在定量研究中应用最为广泛的研究设计要属截面设计(见表 4-5)。该设计需要我们在同一个时间点收集至少来自两个群体的数据,并比较这两个群体在因变量上有多大程度的差异。具体而言,截面设计具有三个明显的特征(德沃斯,2008:147—149):第一,无时间维度,即截面设计的数据不同于前述的实验设计和纵向设计有前测和后测之分,它是在同一个时间点收集的;第二,在建立因果推论时,它着眼于因变量的既存差异,而非引入干预变量后所产生的变化;第三,它根据既存差异而不是随机分配来分组,样本根据其碰巧所属的自变量类别被划分成各个研究组。

表 4-5 截面设计

分组情况	前测	干预	后侧	变化
"实验组"②	无	不同于参照的特征(如经历了一年新的教学方式)	E_2	变化 $= E_2 - C_2$
"控制组"	无	参照的特征(如没有经历过新的教学方式)	C_2	

在我们的例子中,我们将分别测量某个学校两组学生的自我效能感状况,一组是经历过一年新教学方式的学生,另一组是没有经历过新教学方式的学生。如果我们想把这两类学生在自我效能感上所有差异的原因都归结到是否经历了一年新教学方式,这显然会犯错误。因为这两类学生在其他很多方面也都是不同的,比如他们可能在年龄、性别、阶层等已被知晓和自我效能感密切相关的其他特征上就是不同的。所以,在我们作出是否经历过一年新的教学方式对学生自我效能感影响的结论之前,需要将其他可能的解释排除掉(这可以通过一些统计上的技术做到,本书后面章节涉及)。换句话说,如果我们能匹配到两个群体,除了在我们关注的自变量(是否经历过一年新的教学方式)上不同外,其他特

---

① 是指在后测时回忆的结果。
② 这里加引号的意思是,截面设计中的实验组和控制组不能和实验设计相应的元素完全等同。

征都相同,那么他们在因变量(自我效能感)上的不同一定是受这个自变量的影响。所以,虽然截面设计没有时间维度,但它可以通过控制两个群体之间除自变量外的其他差异来尽可能确定变量之间的因果关系。

不过,最后要说明的是,我们无法保证存在各个方面都完全匹配好的两个群体,或者说控制住了所有可能对群体被观察到的差异起作用的全部因素。我们只能尽可能努力控制住一些我们已了解的或之前研究发现是相关的因素。不能控制住所有可能影响变量的问题和在非实验室环境下实验设计所遇到的问题是同一个道理,即我们很难确定两个小组在实验前后除了实验干预外受到了完全相同的影响。

其实,截面设计也可以加入时间维度,即重复截面设计(德沃斯,2008:150)。需要注意的是,在不同时间点上所进行的若干次截面研究都必须用完全相同的问题来考察,否则就无法进行比较。目前,国内已有不少调查就是这种研究设计的例子,比如中国综合社会调查(CGSS)2003年和2013年的数据就有若干完全相同的问题,我们可以通过对两次调查结果的比较来分析我国社会发展某个方面变化的趋势。

研究计划书的写作

在研究设计阶段,除了需要考虑上述思路性的工作外,另一个重要的任务就是设计和撰写研究计划书,即对整个研究工作的步骤、手段、工具、对象、经费、时间等进行规划,以形成一份完整的、切实可行的实施方案。本节将主要介绍研究计划书的组成部分,并以一个实例来说明。

1. 研究计划书的组成部分

总的来说,一份研究计划书一般包括以下几方面的内容:一是说明研究问题和研究目的。即你要研究的问题是什么、它为什么值得研究、它在理论上或实践上有什么样的意义。二是文献回顾与研究假设的提出。文献回顾是为了了解前人在这个研究问题上已经做的工作,进而指出在现有的知识范围内有关该问题的研究可以进一步拓展的地方。比如,你可以在文献回顾中指出目前有关该问题的研究结果所存在的相互矛盾的发现,进而指出你的研究就是为了解释这种悖论性现象。在文献回顾的过程中,你也要相应提出你的研究假设。三是确定分析单位和抽样方案。明确研究问题的分析单位,可以使研究者有针对性地收集研究所需的资料,同时也可以避免犯层次谬误和简化论的错误。而抽样常常涉及研究对象的选取问题,在具体抽样方案的设计中,我们需要说明:第一,研究的总体是什么,即对研究对象所取自的总体进行界定;第二,采用什么样的抽样方法和程序进行抽样;第三,样本规模的大小及样本准确性程度的要求等(风笑天,2009:84)。四是说明资料收集方法。即是采用实验法还是问卷调查法,又或是深入的田野访谈法,还是多种资料收集方法兼用。如前所述,这和研究问题的性质,以及研究者的人力、物力是否充足等综合性因素有关。五是说明资料分析方法。一般来说,资料收集的方法在很大程度上决定了资料分析方法,比如你采用问卷调查法收集资料,那么你主要依赖的分析方法就是双变量与多变量分析、多元回归,以及其他一些更为复杂的统计分析方法。六是确定具体实施方案。这包括研究人员的组成及培训安排,还有研究的时间进度和经费使用计划等。需要指出的是,在实际撰写研究计划书时,不必拘泥于以上的方案步骤,只要基本的内容包括即可,具体的计划书撰写格式可以结合自己研究问题的特征来决定。下面以一个实例来介绍研究计划书的写作。

2. 一个实例

例子来自厦门大学胡荣教授的一项社科基金项目申请书的课题论证部分。课题名称是"新农村建设与农村社区公共物品的供给"。

(一)研究现状述评及研究意义

所谓农村公共物品,是相对于由农民或其家庭自己消费的私人物品而言的,是由当地农村社区居民参与共享的产品,与一般公共物品一样具有非竞争性和非排他性的基本特征。长期以来,在城乡二元体制下,农村社区的公共物品供给严重不足。近年来,国内学者对农村公共物品的供给问题进行了广泛的讨论,有的认为农村公共物品存在着供给与需求的矛盾(申米玲,2005;姜炳寅、张晓光、李惠,2005),有的探讨税费改革后农村公共物品供给出现的新问题(宋巨盛,2005;巫蓉、吴君民、毛薇,2005),有的分析决定农村公共物品投资的因素(张林秀、罗仁福、刘承芳、Scott Rozelle,2005),还有一些研究者分析公共物品供给与地方财政的关系(如冯海波、郑婷婷,2005;李秉龙、张立承等,2003),更多的研究者则分析通过制度创新等途径改进农村公共物品的供给(如高峰,2003;雷晓康、贾明德,2003)。但是,现有研究有许多不足。首先,大部分的研究只停留在宏观层面的讨论和分析上,很少有较为深入的实证分析和研究。其次,分析的视角大部分都是经济学的,只探讨经济因素对公共物品供给的作用,很少从社会学的角度来分析社会因素对公共物品供给所产生的影响。

实际上,社区公共物品的供给不只是一个经济学的问题,因为社区公共物品的供给不仅与政府的财力和当地的经济发展相关,而且还与社区的整合和动员能力有着密切的联系。近年来,国外的一些研究也已经关注到社区公共物品的供给与社会因素的关联(如 Habyarimana and Humphreys,

2006；Anderson，Mellor and Milyo，2006）。与现有的研究不同,本项研究打算探讨社会资本与农村社区公共物品供给之间的关系,并在此基础上提出促进社区社会资本建设从而增进农村社区公共物品供给的对策。

"社会资本"的概念最初由法国学者布迪厄（Pierre Bourdieu）于20世纪70年代提出。1988年美国社会学家科尔曼（James Coleman）在《美国社会学学刊》发表了《作为人力资本发展条件的社会资本》一文,在美国社会学界第一次明确使用了"社会资本"概念,并对此进行了深入的论述。科尔曼认为社会资本具有两个特征:第一,它们由构成社会结构的各个要素所组成;第二,它们为结构内部的个人行动提供便利(Coleman,1990:302)。美国学者帕特南（Robert Putnam）则把社会资本定义为"社会组织中诸如信任、规范以及网络等特点,它们可以通过促进合作的行动而提高社会的效率"(Putnam,1993)。帕特南用"社会资本"的概念解释为什么意大利北部许多地方政府的表现都比南部城市好。他发现在社会资本建构比较好的北部城市,市民热衷参与社团和公益事务,社会充满了互信和合作的风气,使得地方政府在政府的稳定、财政预算的制定、法律改革、社会服务的推行、工农业改革等方面都较其他社会资本较低的地区要好。虽然"社会资本"的概念也从国外介绍到国内,一些学者还进行了一些实证的研究,但这些研究主要是对构成社会资本重要组成部分的关系资源的研究。例如,有的探讨求职过程中社会网络的作用(Bian,1997；边燕杰、张文宏,2001),有的分析城市家庭或居民的社会网络资源(徐安琪,1995;边燕杰、李煜,2000;胡荣,2000)以及企业家(石秀印,1998;唐翌,2003)、进城农民工(李培林,1996)、海外移民(王春光,2000)、下岗职工(赵延东,2003)等不同群体的社会网络,目前唯一在帕特南所说的意义上使用"社会资本"的概念进行实证研究的只有本项目负责人(胡荣,2006)。

本项研究通过探讨社会资本与农村社区公共物品供给的关系,具有重要的现实意义和理论意义。从现实层面看,立足于中国社会的现实情况,通过经验研究的数据分析社会资本与农村社区公共物品供给的关系,并据此提出相应的政策建议,将有利于改进农村公共物品的供给和加快社会主义新农村的建设,从而有助于缩小城乡差距与和谐社会的建构。另外,通过研究中国特定国情下的社会资本与公共物品供给的关系,将可填补国内在这一领域研究的空白,丰富和发展社会资本的相关理论。

(二)研究的主要内容和基本思路

传统的中国农村社区属于熟人社会,比较容易建立互信和合作。在集体化时期,虽然传统社区中的社会资本在很大程度上受到破坏,但国家通过对生产资料的集体所有制而建立的垂直控制,可以在很大程度上保证公共物品的提供。但是,在农村实行生产责任制以后,一些地方的公共物品不能有效供给(曹锦清,2000)。还有的学者观察到,有的村庄的村民虽然已经脱贫多年,却没能够组织起来修复"大跃进"时候挖的水塘和兴修道路(潘维,2003:157)。所以,社区公共物品的供给不仅仅是一个经济的问题,更主要的还是社区的组织和整合问题。同时,目前在制度安排上,与城市社区的情况不同,农村社区的公共物品主要靠农民自己供给,这就使得农村社区的组织和动员能力在公共物品的供给中显得十分重要。本项研究以行政村为分析单位,探讨社会因素在动员和整合社区资源以促进公共物品供给方面的影响和作用,研究的内容包括如下几个方面:

第一,村级社区公共物品供给的现状。农村公共物品一般分为农村生产性公共物品和农村非生产性公共物品。农村生产性公共物品主要包括农用水利基础设施、农村道路和公共性运输工具、部分大中型农用机械设备、公共性农产品贮藏加工设备和用于生产其他产品的公共物品等。农村非生产性公共物品主要包括邮电通信设施、医疗卫生设施、学校设施、能源供给和自来水供应设施、福利设施、娱乐设施等。目前一些农村基础设施存在设施老化,新建和更新改造投资不足等问题(雷晓康、贾明德,2003;宋巨盛,2005)。长期以来,在国家重城轻乡的政策背景和挖农补工的非均衡发展战略下,农村公共物品供给的资金来源受到极大制约。这主要表现为,城市公共物品供给一直由国家负担,而农村内部公共物品的短缺却主要是农村自己解决,由各种"费"来弥补的,无形中将一部分本应由国家负担的农村社会保障的超额负担转嫁给农民。农村税费改革一方面减轻了农民负担,另一方面却加剧了农村公共物品供给的困境。本项研究将通过抽样调查,较为全面地了解行政村一级社区目前公共物品供给的现状及存在的问题。

第二,农村社区社会资本的测量。社会资本是本项研究的重要预测变量,对其进行科学和准确的测量是本项研究的重要内容。虽然不同的学者对社会资本的理解不尽相同,相关的经验研究对社会资本的操作定义也存在差异(Lochner, Kawchi & Kennedy, 1999; Onyx & Bullen, 2000; Barayan & Cassidy, 2001),但是我们还是可以根据帕特南等人定义中的主要内容对社会资本进行测量。在帕特南所讲的社会资本中,社会成员之间相互关联的网络是一项重要内容,其他许多研究也谈到这一点(Putnam, 1993; Portes, 1998; Woolcock, 1998)。我们将设计一系列问题来测量受访者的社会交往网络和社团参与情况。相关文献中谈到的社会资本的第二个方面是互惠。帕特南把互惠分为均衡的互惠和普遍的互惠,前者指人们同时交换价值相等的东西,后者则在特定的时间是无报酬和不均衡的,现在己予人,将来人予己。我们将在问卷中测量社区成员之间的互助情况以及被访者是否为公益事业捐过款。社会资本的第三个方面是信任。我们将通过一个里克特量表测量受访者的信任度。社会资本的第四个方面是规范,帕特南(1993)和科尔曼(1988)都提到这一点。社会规范提供了一种非正式的社会控制,从而减少了对正式制度制裁的依赖。社会规范通常是不成文的,但为社会成员所普遍理解和接受。科尔曼(1988)和帕特南(1995)都认为,在社会资本丰富的社区,犯罪和越轨行为少,不需要太多的警力维持治安,社会成员因而也有更多的安全感。在本研究中,我们将通过一些问题来测量居民在社区日常生活中的安全感。

第三,影响行政村公共物品供给的各因素分析。行政村的公共物品的供给,是由多种因素所决定的。除了行政村的社会资本在其中起重要作用外,其他许多因素都会对村庄公共物品的供给产生影响。例如,村集体财产的多少会直接影响到公共物品供给的能力(冯海波、郑婷婷,2005),村委会民主选举的程度将关系到村民在公共物品偏好的选择方面是否有畅通的管道(胡荣,2006)。因此,为了较为全面地了解影响村级公共物品供给的各因素,我们打算建立一个多元回归模型。在这个模型中,村级公共物品的供给是因变量,社会资本的各因素是主要的预测变量,此外其他影响村级公共物品供给的因素作为控制变量也放到回归模型中。回归模型和相关统计分析的目标是:1)弄清社会资本的不同构成要素是否对社区公共物品的供给产生影响;2)如果社会资本确实对社区社会资本的供给产生影响,那么社会资本的不同因素的影响是否存在差异;3)社会资本的不同因素是通过什么样的机制对公共物品的供给产生影响的。

第四,促进农村社区社会资本建构和改进行政村公共物品供给的政策建议。本项研究不仅要弄清农村社区的社会资本与村级公共物品供给的关系,还打算在此基础上提出促进社区社会资本建构和改进公共物品供给的政策建议。通过全面测量农村社区社会资本构成的上述诸方面的情况,我们将有针对性地提出如何进一步构建基层社区的社会资本。传统农村中原有的一些社会资本的元素,诸如农忙时的义务帮工(胡荣,2006)和邻里间的守望相助等,如何在建设新农村中加以发扬光大,原有的建立在血缘和地缘之上的"差序格局"网络(费孝通,1985[1947])如何能够在城乡流动加剧的情况下增加新的内容,传统的家族力量(王铭铭,1997;周晓虹,1998)如何在社区的整合和公共物品的供给中发挥作用,都是我们试图回答的内容。另外,通过回归模型弄清了社会资本及其他因素对村级社区公共物品供给产生的影响,我们将就此为改进农村社区公共物品的供给向政府相关部门提出政策建议。

本项研究将主要采用定量的问卷法收集资料。课题组打算在不同省份选取样本，拟调查200个行政村，入户调查2000户农民。样本采用多阶段方法抽取：先在不同省份选取经济发展程度不同的10个县，而后再从每个县选取4个乡镇，每个乡镇调查5个行政村，每个行政村再随机抽取10户村民，共调查200个行政村，访问2000户村民。问卷分为村民调查问卷和村庄调查问卷，前者主要是调查村民与社会资本相关的一些变量，后者主要了解村级公共物品的供给状况。除了问卷法外，本项研究还将辅之以实地观察和深度访问。

本项研究的关键问题是做好社会资本的测量。虽然国外学者作了许多经验研究，有不少社会资本的问卷和量表可供我们在研究中参考，但目前在中国对社会资本进行测量的经验研究还非常少。中国的社会制度和文化与西方社会有较大不同，如何结合中国社会的实际，设计出一些比较切合中国国情的问题用于测量社会资本，是我们此项研究要解决的关键问题。

本项研究的最大特色是把社会资本的理论运用于公共物品领域的研究，试图探讨社会资本的各因素与社区公共物品供给的关系。如前所述，虽然"社会资本"的概念已经被介绍到中国，但目前还很少有人运用这一概念和理论进行经验研究，更没有人运用社会资本理论在中国研究公共物品供给问题，所以本项研究将可以填补国内学术界在这一领域的空白，把社会资本理论与中国社会的特殊国情和文化传统结合起来，从而丰富和发展社会资本理论的研究。

（三）前期研究成果

本项研究的负责人近年来一直从事农村问题的研究，在中国香港地区、日本和美国等地的重要刊物发表了一系列研究农村问题的文章，并且出版了两部有关村委会选举的专著。专著《中国大陆村委会选举的制度实施》获教育部第四届中国高校人文社科研究优秀成果三等奖（2006），论文《社会经济地位与网络资源》在2005年获得厦门市第六届社会科学优秀成果一等奖。此外，研究者还主持过多项国家社科基金课题的研究，具有丰富的在农村地区进行实地调查的经验。主要相关成果如下：略。

（四）参考文献

略。

第5章　课题的操作化与测量

定量研究的过程实际上就是用一定的工具手段测量研究对象的过程。在本章中,我们将探讨课题的操作化与社会测量。

测量的概念与层次

1. 什么是测量

一杯水烫不烫?我们会用手去感受一下,皮肤的感觉会告诉我们,烫还是不烫。一个双手长满老茧的人或许会告诉你,这杯水不烫,他觉得温温的,但一个双手娇嫩的人却告诉你,这杯水太烫了!最后,有人会拿一个温度计去测量,得出"这杯水的温度是50℃或者122℉"的结论。但是请注意,这个"50℃"或者"122℉"只是赋值给这杯水的一个方面——温度,而不是这杯水本身。比如,我们可以测量一个人的身高、体重、智力、态度、信任等,但并不是测量这个人本身。

那么,什么是测量?对于一个概念来说,如果不加界定,其含义就会模棱两可、混淆不清。在对测量的定义中,史蒂文斯(Stevens,1951、1959、1968)提出并细化的定义较为突出,他将"测量"定义为"依据规则或习惯把数字分配给对象或事件的不同方面"(Stevens,1951:850)。但正如上面的例子表明的那样,测量中所使用的数字是用于赋值给对象的不同方面,而不是对象本身。

在此基础上,我国学者对"测量"的含义进行了更全面的解释。袁方(2004:165)认为,在社会研究中,"测量就是对所确定的研究内容或调查指标进行有效的观测与量度",具体来说,"测量是根据一定的规则将数字或符号分派于研究对象的特征(即研究变量)之上,从而使社会现象数量化或类型化"。风笑天(2001:89)提出了类似的定义,"所谓测量,就是根据一定的法则,将某种物体或现象所具有的属性或特征用数字或符号表示出来的过程。测量的主要作用,在于确定一个特定分析单位的特定属性的类别或水平"。

2. 测量的四个要素

上述关于测量的定义中包含了四个必不可少的要素,分别是:测量客体、测量内容、数字和符号、测量标准。为了更好地理解"测量"这个概念,我们有必要对这四个要素进行说明。

(1) 测量客体

测量客体就是测量的对象,它是世界上客观存在的事物或现象,是我们用数字或符号进行表达、解释和说明的对象。例如,我们测量一杯水的温度时,这杯水就是我们测量的客体或对象;我们测量一块石头的质量时,这块石头就成为我们测量的客体或对象。

在社会研究中,最常见的测量客体是各种各样的人,以及由人组成的群体、组织、社区等。

(2) 测量内容

事实上,虽然我们测量的是一个客体或对象,但测量的内容却不是这个客体或对象本身,而是这个客体的某一属性或特征。比如上文中,一杯水是我们的测量客体,但这杯水本身并不是我们的测量内容,只有这杯水的特征,如温度、重量、体积等,才构成测量的内容。所以说,测量内容指的是测量客体的某种属性或特征。同理,社会中的人,以及由人组成的群体、组织、社区等并不是测量的内容,它们的各种特征,如个人的社会资本,群体和组织的管理模式,社区的硬件、软件设施,才是测量的内容。

但我们测量的这些内容,绝大部分是研究者虚构出来的,而且变量几乎没有完备的、清楚的定义。如"社会资本",首先,它只是研究者构建出来的名词,并出于某些目的赋予它特定的意义;其次,"社会资本"并不是一个简单的概念,它包含了许多不同方面的内容,如我们熟悉的社会信任、社团参与。因此,要测量社会资本,就必须先进行概念化和操作化,这在下一节中会涉及。

(3) 数字和符号

用来表示测量客体属性或特征结果的工具就是数字和符号。比如,50℃或122°F 是测量一杯水的温度的结果,正极(+)、负极(−)是对电池两极的表示。在社会科学中,测量结果很多也会用数字和符号表示。比如,研究对象的出生年份、收入、消费等用数字表示;研究对象的性别(男性、女性)、民族(汉族、回族、蒙古族……)、政治面貌(共产党员、民主党派、群众……)等用文字表示。需要注意的是,用文字表示的测量结果在实际统计分析过程中会转换成数字,但这些数字并没有算术中数字的含义,只能作为表示类别的符号。

(4) 测量标准

测量标准指的是用数字和符号表达事物各种属性或特征的操作规则,它指导研究者如何进行测量。在社会研究中,研究者往往采取问卷的形式进行调查,问卷中各个问题对应的选择均有自己的规则。例如,测量政治信任时,根据人们对各级政府信任的强弱分成五个选项,数字1对应信任程度最弱,数字5对应信任程度最强。

由此可见,有些变量比较容易测量,如年龄、身高、体重;有些变量却很难测量,如人的态度、兴趣、满意度等;还有一些变量如失范、异化等不能被直接观察到,就需要分成多个维度进行测量。因此,测量标准需要根据测量内容的不同而作相应的改变,力求准确。

3. 测量的层次

由于社会研究中涉及的现象具有不同的性质和特征,所以对不同变量的测量也就需要使用不同的测量层次和测量标准,就好比需要用温度计测量水温、用刻度尺测量书本的厚度。在这里,我们将讨论四种不同的测量层次:定类测量、定序测量、定距测量和定比测量,测量的结果形成四种类型的变量,分别对应定类变量、定序变量、定距变量和定比变量。其中,定类变量也称为"定性变量",后三种都称为"定量变量"。

(1) 定类测量(nominal measurement)

定类测量也称为"定性测量""类别测量"或"定名测量",它是测量层次中最低的一种,其数学特征是"="或"≠"。定类测量本质上是一种分类体系,根据研究对象的不同属性或特征加以区分,标以不同的符号或名称,确定其分类,如性别、民族、政治面貌、宗教信仰、职业、婚姻状况等。在社会研究中,这些变量被研究者划分成不同的类别,如"男性与女性""汉族、回族、藏族……""共产党员、民主党派、群众……"等。被研究者只能属于或不属于其中某一类别。

因此,在定类测量这个层次,变量只有完备性和互斥性特征。完备性是指测量标准必须能包括研究变量的各种状态或变异。如对于"宗教信仰"这个变量,如果只设置"佛教""基督教"和"伊斯兰教"三个选项,就不具备完备性;如果设置为"佛教""基督教""伊斯兰教"和"其他",就具备了我们所说的完备性。互斥性是指每一个观测对象(或分析单位)的特征和属性都能且只能以一个数字或符号来表示。如对于"职业"这个选项,如果我们设置"工人""农民""工厂职员"等,则是不具备互斥性的,因为工人和工厂职员并不是互斥的。

(2) 定序测量(ordinal measurement)

定序测量又称为"等级测量"或"顺序测量",它能够根据变量操作定义所界定的明确特征或属性进行逻辑排列，其数学特征是">"或"<"。如对人的受教育程度的测量，可分为文盲、半文盲、小学、中学、大学、研究生及以上六类，并分别用数字1、2、3、4、5、6来表示。根据定序变量，我们可以说，一个人比另一个人更怎么样，如A的受教育程度是4(中学)，B的受教育程度是3(小学)，那么我们就可以说，A的文化程度比B更高。

定序测量不仅能够区分事物或现象的不同类别，而且还能反映事物或现象在大小、高低、强弱等在等级顺序上的差异。所以说，定序测量的测量层次要高于定类测量，所得到的信息也比定类测量更多。

但同时需要注意的是，定序变量中数字的使用仅仅是为了表示不同的等级顺序，并不具备数学中数字的含义和功能。这些数字不能进行运算，也不代表等级之间有相同的间隔。

（3）定距测量(interval measurement)

定距测量也称为"等距测量"或"区间测量"。它的测量层次比定序测量又高一级，其数学特征是"+"或"－"。定距测量不仅能够将社会现象或事物进行分类、排序，还能够确定不同属性之间的实际距离和数量差别，而且它要求变量相邻属性之间的距离是相等的，可以用来相加或相减。

比如，通过测量，发现今天厦门气温为14℃，北京气温为7℃，漠河气温为－14℃。我们可以了解：首先，厦门与北京、漠河的气温不同(定类测量的结果)；其次，厦门的气温最高，北京的气温次之，漠河气温最低(定序测量的结果)；最后，今天厦门的气温比北京高7℃，比漠河高28℃，北京的气温比漠河高21℃(定距测量的结果)。但我们不能说漠河的气温比没有温度低14℃，因为0℃并不表示没有温度。在这里，0是有意义的。同样道理，我们可以说"社会中的定量研究方法"这门课程的期末成绩为90分的同学对这门课的掌握程度比得0分的同学要好，但不能说得0分的同学没有成绩。

（4）定比测量(ratio measurement)

定比测量也称为"等比测量"或"比例测量"。它的测量层次在四个测量层次中是最高的，除了包含定类测量、定序测量和定距测量的特征之外，还有很重要的一个特征，就是具有实在意义的真正零点。因此，定比变量能够进行"+""－""×""÷"，其运算结果也都具有实在的意义。比如，社会科学研究中对人们的收入、年龄、在某地居住的时间、一定时期内换工作的次数、社区的人口密度等所进行的测量。

是否具有实际意义的零点，是定比测量与定距测量的唯一区别。但一般来说，符合定距测量的大部分社会科学变量，也会符合定比测量的基本要求。

以上这四种测量层次的特征如表5-1所示。

表 5-1　测量层次的比较

层次	数学性质	平均量度值
定类测量	=,≠	众数
定序测量	>,<	中位数
定距测量	+,−	算术平均数
定比测量	+,− ×,÷	几何平均数

▶ 概念化和操作化

在社会研究中,要测量的变量许多都是十分抽象的概念,如"权力""地位""社会资本""政治参与"等。所以,要测量这些抽象概念,首先需对其进行具体化和操作化。操作化是社会研究过程中最为困难和最为关键的步骤之一,它关系着随后测量方式的可行性、测量质量的信度和效度。为了更好地理解操作化,有必要先对"概念""变量""指标"等概念及其关系作一个说明。

1. 概念、变量与指标

(1) 概念

我们对周围世界有自己的感知并与周围的人相互交流,概念最初就是在日常生活中形成的。例如,我们观察到,有些人无论在什么情况下总是相信自己有足够的能力来承受和减少生活中的负面事件,而有些人却无法做到这一点。这时,就会用一个大家都能够接受的词,如"心态"来表示这种现象。不同的人根据自己日常生活中的观察和经历,形成对"心态"的不同印象,但仅凭存在于头脑中的印象是无法交流的。为了相互交流,我们会使用一系列表达这个印象的术语,这些术语以及存在于头脑中的资料标签都是所谓的"观念"(conception)。最后,就标签的含义达成共识的过程,就是"概念化"(conceptualization),达成共识的结果就是"概念"。

由此可见,概念是人们对现象复杂感受的抽象,它是对一类事物的属性在人们主观上的反映的概括。在日常交往中,人们都大致明白这些概念指的是什么,但又不明确它们的含义,人们根据自己的观察、经历来形成自己的理解。概念的抽象程度有高有低,抽象层次高的概念往往包含多个抽象层次低的概念,并且概念的抽象层次越高,其特征就越模糊,也就越难以直接观察和描述。

(2) 变量

变量,是指具有一个以上取值的概念。而那些只有一个固定值的概念,则叫作"常量"。

（3）指标

用来表示一个概念或变量含义的一组可观察到的事物，称作这一概念或变量的"指标"。概念是抽象的、主观的、无法辨认的想象，而指标是具体的、客观存在的及可观察的事物。通过指定一个或多个指标，概念化赋予了概念一个明确的意义。

例如，"村级经济发展"是一个抽象概念，通过操作化，我们使用一组指标来测量它，包括年人均集体收入、人均家庭收入和村民相对生活水平。指标的取值即一个指标下的子类别，在村民相对生活水平这个指标中，"与所在乡镇的其他村相比，受访者所在村的村民生活水平如何"这个问题可分五种情况，即"好很多""好一点""差不多""差一点"和"差很多"，表示五种不同的取值（胡荣，2005）。

2. 操作化的含义与作用

操作化是指将抽象的概念转变为可测量的指标的过程，它能够明确地说明如何测量某个概念。

操作化在整个社会研究过程中处于十分关键的位置。由于抽象的概念无法直接测量，存在于研究者头脑中的各种概念、假设、变量，只有经过了操作化，才能形成具体、精确的指标在现实社会中进行测量。除此之外，在定量取向尤其是解释性的社会研究中，操作化也是假设检验的一个必要前提。因此，操作化是沟通社会研究中抽象概念和具体经验、抽象理论和具体实际的"桥梁"，通过操作化，我们才能在实际生活中去测量抽象概念。

3. 操作化的方法

概念的操作化，就是要给出抽象概念的操作定义，它指向经验观察。这种定义能够为我们制定测量指标提供明确的范围和依据，使得指标能够确实测量出研究者想要测量的东西，收集到充分且有针对性的信息。操作化过程主要包含两个主要方面的内容：一是界定概念；二是发展指标。

（1）界定概念：真实定义、名义定义和操作定义

混淆概念与真实是社会研究的大忌，要避免这种情况的出现，首先必须对概念的定义进行区分。概念是对一类事物的属性在人们主观上的反映的概括和抽象。关于概念的定义可以分为真实定义、名义定义和操作定义。

真实定义反映了术语的具体化。从传统逻辑来看，"真实的定义并不是刻板地判断某些事物的意义，而是概括事物的'基本特性'或实体的'基本属性'"（Hempel，1952）。然而，"基本特性"或"基本属性"过于模糊，对实际研究而言根本无法使用。在实际中，一般使用名义定义和操作定义帮助我们理解、测量

概念。

名义定义是指概念被赋予的含义。这个含义无须真实,是可以被任意指定的。但一般来说,名义定义是关于如何使用某一概念的共识或者惯例。

操作定义则是指研究者通过使用可供验证的和可测量的语言对研究课题和研究假设中的概念的特征、性质所作的一种界定,是用一些可观测的项目来说明如何测量一个概念。它明确、精确地规定了如何进行测量,更接近于名义定义,但比名义定义更加具体、精确、具有可操作性。例如,"青少年"是指青年和少年,或者说年轻的男女。这是名义定义,我们大致明白了青少年的含义,但无法对其作出精确测量。它的操作定义可界定为"12岁至30岁的男女",这样,我们就能准确地在人群中选择出"青少年"这个群体。

如何将一个含义模糊不清的术语转化成结构化科学研究中的具体测量?图5-1说明了这个过程的步骤:

图 5-1　概念的操作化

(2) 发展指标

在将一个抽象的概念转化成具体、明确的操作定义之后,我们需根据这个操作定义制定一系列能够体现其内涵的经验指标进行现实研究中的测量,具体包括以下四个方面:

第一,变异的范围和精确程度。对概念进行操作化时,都必须清楚知道变量的变异范围。这并不是说,在任何情况下,都需要测量变量全部的变异,而是说在自己的研究中,测量的内容是否涵盖了所需的变异情况。

例如,在测量人们收入的时候,被访者中年收入最高的可能达到几百万元,远远高于平均水平。但这些人在整体研究对象数量上可能只是极少数,而且对于研究目的来说,并没有必要划分一个这么高收入的范围。因此,在实际研究中,我们会根据研究对象的整体情况划定一个比最高收入低的上限,比如50万元及以上。在测量有关人们对某一问题的看法时,也会遇到类似选择变异范围的情形。假如我们要研究人们对推广垃圾分类的看法，在前期观察或者访谈中会发现，一些人非常赞成垃圾分类，认为这是在为环境保护做出自己的贡献，也有一些人可能对此持无所谓的态度。但如果把人们对推广垃圾分类的看法局限在"非常赞成"到"无所谓"之间，就会漏掉那些根本不赞成垃圾分类的人的看法。因此，变量的范围也应当涵盖所有这些内容。

变量的精确程度也取决于我们的研究需要。例如，在探讨婚姻对人们生活满意度的影响时，对于"婚姻"这个变量的测量，是只要知道这个被访者结婚与否，还是需要知道他是已婚、未婚、离异、丧偶？显然，这与我们的研究目的有关，研究者需要根据文献与自己的研究假设来选择。

第二，变量的维度。许多概念往往具有不同的维度，它对应着现实生活中一组复杂的现象。因此，我们在操作化的时候，要清楚概念具有哪些维度，且哪些维度对自己的研究更重要。否则，我们可能会忽略研究所需的信息，或者选择了与研究目的不符的资料。

例如，在研究人们的政治效能感的时候，我们需要考虑的维度可能包括内在效能感和外在效能感两个维度，具体项目包括：

① "政府的工作太复杂，像我这样的人很难明白"；
② "我觉得自己有能力参与政治"；
③ "如果让我当政府干部，我也完全能胜任"；
④ "我向政府机构提出建议时，会被有关部门采纳"；
⑤ "政府官员会重视我们对政府的态度和看法"；
⑥ "我对于政府部门的建议/意见可以有办法让领导知道"。

第三，界定变量和属性。变量是一系列属性的逻辑集合。例如，常见的"性别"变量包含了"男性"与"女性"两个属性。

每个变量都应包含两个要素：第一，变量的属性要具有完备性；第二，变量的各个属性之间应具有互斥性。完备性是指组成一个变量的属性应当涵盖所有经验能够观察到的情况。如果在研究中把"政治面貌"这个变量的属性设计为"共产党员"和"群众"，那么就忽略了一大批的共青团员和民主党派人士，这对于研究可能会造成影响。此时，可以增加"其他"选项来达到这个变量属性的完备性。互斥性是指在一个变量的多个属性之间应当是分明的，每一种观察结果能够对应到唯一的属性。

第四，指标选择的多样性。界定了变量及变量的属性之后，我们就需要为变量确定具体测量指标。在社会科学研究中，变量大致可分为两类。一类是具有相当明确的测量方式的变量，这类变量通常只有单一的指标，如"性别"通常只被分为"男性"和"女性"两类，一个人的出生年月也只对应一个日期，一个公司正式雇员的数量也是可以得到的。

另一类变量则复杂得多。我们知道，有些抽象概念很难在具体现象中找到对应的指标，而且不同的人对相同的概念往往有不同的解释，且每一种解释都有多种指标。就一项经验研究来说，测量所得的资料是其数据分析的基础，不同的测量方式和测量指标关系着一项研究的结果。因此，我们在确定概念的操作定义，并对其进行操作化的过程需十分谨慎。

评估测量质量的标准

1. 信度

信度(reliability)即可信度，指的是测量方法的质量，采用同样的方法对同一对象重复进行测量是否可以得到相同的资料。比如说要测量一本书的厚度，一种方法是叫两个人来目测估计，其中一个人估计这本书厚3 cm，另一个人则估计6 cm，那么我们可以认为，让人来目测估计书的厚度不是一种令人信服的办法。我们可以采取另一种方法，用尺子去测量这本书的厚度，如果第一次和第二次测量的结果相同，那么可以说，用尺子去测量一本书的厚度比目测估计更为可信。

（1）信度的类型

信度系数的计算以变异理论为基础，通常以相关系数(r)表示。一般来说，测量所得到的最后结果受到系统误差和随机误差两部分的影响。一方面，由于系统误差总是以相同的方式影响测量值，也就不会对测量结果造成不一致；而另一方面，随机误差是随机因素造成的非系统变异，就可能导致不稳定性，从而降低信度。因此，信度是测量结果受随机误差影响的程度。

由于测量中误差变异的来源有所不同，因此不同信度系数体现了信度的不同层面。在实际应用中，信度系数可分为如下三类：

一是重测信度。重测信度也称为"稳定性系数"，它使用同一测验，在不同时间对同一群体测量两次，这两次测量分数的相关系数就是重测系数。如果预期获得的信息不应该有变化，那么重复测量的结果应该是一致的。这种信度能够表示两次调查的结果有无变动，反映了测量的稳定程度。

重测信度的优点在于两次测量所采用的方法、使用的工具完全一样，操作起来比较方便，但缺点在于这种方法容易受到时间因素的影响。如果两次测量间隔的时间太短，那么被访者还清楚地记得上一次回答的内容，所以测量的是他的记忆而不是现在的真实情况；而如果两次测量间隔的时间太长，中间发生的一些事件、活动有可能影响被访者的观念，导致后一次测量的结果客观上发生改变，也会影响测量的准确性。因此，研究者要根据自己的经验和对具体情况的理解选择合适的时间间隔。

二是折半信度。一般来说，对于社会科学研究中复杂的社会概念，需要多作几次测量。但有时候由于各种原因，测验没有复本且只能实施一次，我们通常要采用对分法以估计信度。对分法是将研究对象在一次调查中所得的结果，按照题目的单、双数分为两组，计算这两组之间的相关系数，这种相关系数就叫作"折半信度"。

比如，用一个包含20个问题的量表测量受访者的政治信任，当采用对分法时，可以将这20个问题按题号单、双数分成两组，每组有10个问题，每一组的问题都应该能很好地测量受访者的政治信任，两组问题的测量结果也应该一致。如果两组问题的测量结果不同，那么我们就要思考测量的信度问题了。

通常情况下，研究者为了采用对分法检验测量的一致性，需要在量表设计时增加一倍的测量项目，这些项目与前半部分项目在内容上是一致的，只是表达形式有所不同。

三是复本信度。复本信度采用的是另一种思路：在一项调查中，被访者接受问卷调查时也接受问卷复本的调查，然后根据调查结果计算相关系数。但需要注意的是，使用的复本必须是他人使用过的、经过检验的、十分可信的测量方法，它在题数、内容、形式、难度等上面要与原本一致。这类似于考试中的A、B卷。复本信度的高低也反映了这两套测验工具在内容上的等值性程度。

复本调查可连续或相距一段时间进行，连续进行的复本信度称为"等值系数"，相距一段时间进行的复本信度称为"稳定与等值系数"。

复本信度的主要优点在于：① 能够避免重测信度的一些缺点，如记忆效果、练习效应等；② 适用于进行长期追踪研究或调查某些干涉变量对测验成绩的影响；③ 减少了辅导或作弊的可能性。但复本信度也存在局限，主要表现在：① 如果测量的行为易受练习的影响，则复本信度只能减少而不能消除这种影响；② 有些测验的性质会由于重复而发生改变；③ 有些测验很难找到合适的复本。

（2）影响信度的因素

影响测量信度的因素多种多样，不仅受到调查问卷本身的影响，还受到调查双方的影响，主要表现在：

第一，调查问卷本身的因素。调查问卷必须对整个内容具有代表性；问题设计时应尽量避免容易引起误差的题型；问题难度要适中，具有较高的区分度；问卷长度要恰当，即要有一定测题量；问题的排列按先易后难的顺序。

第二，测验实施中的干扰因素。诸如被访者在测验时的兴趣、动机、情绪、态度和身心状况、健康状态以及是否充分合作与尽力而为等，都会影响其在调查中的反应。还有调查者的专业能力,如是否按规定程序和标准提问,是否有意无意影响被访者,是否认真做笔记等,都会影响被访者在调查中的反应。

第三,调查环境和调查时间。如场地的布置、材料的准备、调查场所有无噪音和其他干扰因素等。

第四,样本团体。一般而言,接受调查的样本团体异质性高,会高估信度;反之,则会低估信度。

2. 效度

测量的效度(validity)也称为测量的"有效度"或"准确度",它被用来衡量一个指标是否准确地测量到了想要测量的东西。一项测量结果如能准确显示测量对象的真正特征或属性,我们就说这一测量具有效度;反之,则认为这一测量不具有效度。也就是说,"我们不是验证一个测验,而是验证对来自特定程序的数据的一种阐释"(Cronbach,1971:447)。

在实际生活中,我们想测量的东西往往是不能直接观察到的,比如"工业化"这样抽象的概念,所以要对它进行具体化、操作化——建立一系列具体的指标,使概念从抽象层次下降到经验层次。这样以工业化为例就会编制出一系列指标,比如每户家庭拥有的汽车数、工业产值占GDP的比例等,但是这些东西能不能测量到"工业化"这个概念却是个大问题,很有可能作出的指标跟要测量的概念风马牛不相及,所以需要"效度"这样的概念来监督。

一种有效的测量工具可以被不同的研究者用来测量同一个概念或同一种现象,这样才能保证测量的内容具有一致性和可比性。对效度的检验可以保证不同的研究者对某一概念有着一致的理解。效度是任何科学的测量都需具备的条件。因此,研究者在设计问卷、量表时,首先要考虑效度的问题,要考虑所设计的问题是否真的能够有效、准确测量我们想要知道的东西。

测量的效度具有四种不同的类型:

第一,表面效度(face validity)。表面效度是指测量题目"看起来"是否与测量目标一致,它只考虑测量题目与测量目标之间明显的、直接的关系。这个"看起来"一般是就外行人或者说一般读者而不是专门的研究者而言的。

表面效度会对受访者的回答产生影响。比如,为了测量人们的政治信任,我们一般会设计一个量表,里面包含了中央政府、省级政府、县/市级政府、乡镇政府等一系列相关机构,询问被访者对这些机构的信任程度。我们认为,人们对于这些机构的信任程度与他们的政治信任有关。但如果研究者用人们对垃圾分类的看法去测量其政治信任,被访者就会感到疑惑,因为这个测量看起来没有任何表面效度。但表面效度很容易和下面的内容效度混淆。

第二,内容效度(content validity)。内容效度是指测量内容或测量指标在多大程度上涵盖了所测量概念的意义范畴。在评价一种测量的内容效度时,首先必须明确被测量的概念是如何定义的,其次需知道测量所涉及的信息是否与这个概念的定义密切相关,并且是否足够。

比如"社会资本"这个概念,帕特南是这样定义的:"社会资本是指社会组织的特征,诸如信任、规范以及网络,它们能够通过促进合作来提高社会的效率"(帕特南,2015:216)。这个定义包含了关系网络、互惠、信任和规范这几个方面的内容。在评价一项对社会资本的测量时,也应从这几个方面入手,看测量收集的信息是否与其密切相关、是否足够。胡荣(2005,2006,2007,2008)是我国较早使用帕特南的"社会资本"概念进行研究的学者。例如,在《社会资本与中国农村居民的地域性自主参与》这篇文章中,他使用 23 个项目对农村居民的社会资本进行测量,这些指标涵括了社会成员之间相互关联的网络、互惠、信任以及规范四个方面(胡荣,2005),是一个社会资本测量很好的例子。

第三,准则效度(criterion validity)。同一种概念可能有不同的测量方法或指标。准则效度指的就是用不同的测量方式或指标对同一概念或变量进行测量时,将原来的测量方式或指标作为准则,并用新的测量方式或指标得到的测量结果与适用原有准则的测量结果进行比较。如果新的测量方式或指标的结果与原有准则的测量结果具有相同的效果,则认为这种新的测量方法或指标具有准则效度;否则,则认为不具有准则效度。

第四,建构效度(construct validity)。建构效度涉及一个理论的关系结构中其他概念或变量的测量,通过利用现有的理论或命题来考察当前测量工具或手段的效度。建构效度的基础就是变量之间的逻辑关系。比如两种具有一致方向的变量,是否在测量的结果中也表现出一致的方向性。

例如,研究者设计了一种测量方法去测量农村村民在村级选举中的参与,为了评价这种测量方法,我们需要用到与"农村村民在村级选举中的参与"有关的理论命题或假设中的其他变量。我们假定:农村村民在村级选举中的参与与选举的规范程度有关。那么,如果在实际测量中,选举规范程度与村民在村级选举中的参与具有一致性,则说明这种测量方法具有建构效度。而如果在不同选举规范程度下,村民在村级选举中的参与都是相同的,则说明这种测量方法的建构效度不足,需要重新思考和选择。

3. 信度和效度的关系

对于研究者来说,往往希望自己的测量兼具信度和效度,这两者也是科学的测量工具所必须满足的条件,但是信度和效度之间经常存在张力。

测量的信度和效度之间存在着某种既相互联系又相互制约的关系。一方面,测量的信度很低,其效度必然也低;但高信度的测量并不意味着同时也是高效度的测量,它的效度可能很低。另一方面,低效度的测量,其信度有可能很高;而高效度的测量,其信度必然也高。信度是效度的必要条件,但不是充分条件。也就是说,一个测量工具没有信度就没有效度,但是有了信度不一定有效度。具体可见图 5-2。

		效度	
		低	高
信度	低	√	×
	高	√	√

图 5-2 信度和效度的关系

但在实际研究中,研究者常常面临信度与效度之间的平衡问题——为了获得效度而舍弃信度,或者为了增加信度而牺牲效度。例如,我们使用结构式问卷测量"生活满意度",通过使用问卷中的问题反复询问同样的对象,这样就可以得到相对较高的测量信度。但是,这种测量方法的效度往往会比较低。因为人们对于生活满意度的感知并不局限于问卷上所列的这些项目,现实中,人们往往有更多更复杂的感受。如果我们对每个研究对象进行深入的观察、访谈,那么所得资料的效度会比较高。但是,这种方法不可避免地损失了信度。

第6章 抽　　样

理论上,研究范围内的每一个对象都应该被调查,但全面调查将会耗费巨大的人力、物力和财力,且耗时耗神。因此,社会科学研究通常采用从总体中抽取部分分子进行调查,然后通过对这些分子的调查来获得所需材料和信息。如何从总体中抽取这些分子就是本章将要介绍的内容。

▶ 抽样概论

狭义的抽样即为概率抽样(又称"随机抽样"),它是指"按照随机原则从全部调查对象(总体)中选取一部分单位进行调查,并依据对该部分单位的调查所获得的数据,对总体的情况和特征做出具有一定可靠性的估计和判断的方法"(张友琴、胡荣,1995:41)。虽然概率抽样能够从少量的样本推论到更大的总体,但社会科学研究也常常遇到无法使用概率抽样而只能采用非概率抽样的情形(如对流浪者、艾滋病患者等特殊群体的研究)。尽管非概率抽样无法对总体的情况进行推论,可是它具有典型性,是探索性研究中常用的样本选择方法。而抽样的本质就是选择调查对象的过程。因此,从广义上看,抽样方法包含了概率抽样和非概率抽样两大类。

1. 抽样在社会调查中的使用

抽样方法的使用大大推动了社会科学领域的调查活动,它既节省了研究资源、缩短了研究时间,又提高了研究资料的准确性和可靠性。在社会科学研究中,抽样调查的发展与政治选举中的民意测验息息相关。在1920年的总统大选民意测验中,美国《文学摘要》(*Literary Digest*,以下简称《文摘》)杂志曾利用电话簿和汽车车牌的登记名单,通过向6个州的部分民众邮寄明信片的方式来询问他们的支持对象,且根据反馈回来的明信片,该杂志准确预测出获胜者,使得抽样调查的重要性初见端倪。在此后的诸多政治选举中,民意测验成为各位候选人是否当选或者选民支持率的重要参考。不过,《文摘》在1936年的民意测验中却给出了完全错误的预测。1936年的大选前,《文摘》将1000万张调查选票寄给了从电话簿和汽车车牌的登记名单挑选出来的调查对象,并收到了超过

220万张的反馈。根据调查结果,该杂志预测共和党候选人阿尔夫·兰登(Alfred "Alf" Mossman Landon)将以57%的得票率击败民主党候选人罗斯福(Franklin D. Roosevelt)而当选为新一任总统。但选举的结果却是罗斯福以61%的得票率获得第二届总统任期。与此同时,盖洛普(Gallup)则利用配额抽样,准确地预测了选举结果。虽然《文摘》的错误预测部分原因在于该次调查的回收率较低,只有22%。但问题的症结更在于调查抽样框只包含了不成比例的富人样本:电话用户和汽车拥有者。尽管在前几次选举中,该抽样框也准确地预测了选举结果,但当时的社会背景完全不同。在1929年以前,下层社会的穷人基本上不参加投票,因此这种抽样框的偏差对前几次预测的影响不大。然而,1929年开始的经济大萧条,使得大量的人口被抛入下层社会,选民结构发生了较大的变化,与此同时,罗斯福新政得到穷人的大力支持,下层民众是罗斯福的重要支持者。因此,在这样的社会背景下,排除了穷人的抽样框显然无法作出正确的估计。由此可见,预测的准确性并不是完全取决于样本数量,而在于样本是否具有代表性,是否能够真实地反映总体的情况。只有在抽取的样本能够很好地代表总体情况时,抽样调查才能发挥其省时省力的优势。

2. 重要概念

(1) 总体与分析单位

总体就是指满足研究条件和要求的全体研究对象。而总体中的每一个分子或者元素,即为分析单位。例如,我们要对厦门市居民的生活质量进行调查,那么居住在厦门市的所有居民(包括农村居民和城镇居民)就构成了该项研究的总体,而每一位厦门居民就是研究的分析单位。当然,分析单位可大可小,它可以是一个人、一个家庭,也可以是一个团体、一个组织或者其他单位,这取决于调查的需求。

(2) 抽样框与样本总体

抽样框是指包含总体所有分析单位的列表清单,它与实际的总体在数量上必须是一致的。在上述的厦门市居民生活质量调查中,该研究的抽样框即为包含每一位厦门居民的花名册。前面已经介绍过,抽样就是按照一定的原则从抽样框中选取部分具有代表性的分子,这些被选中的分子就是所谓的"样本"。一定数量的样本就构成了研究的样本总体。不同于总体所指的全体研究对象,样本总体是指由每一个将要被调查的具体对象所组成的集合,而调查的目的就是通过对这个集合的观察来了解总体的情况。当然,经过科学抽样方法所得到的样本信息,只适用于描述构成抽样框的各分子所组成的总体,不能随意扩展。同一个总体经过多次抽样可以产生多个样本总体,每个样本总体内的样本数量则称为样本容量。同一总体的多个样本容量可以相同也可以不同。

(3) 抽样误差

尽管我们一直强调科学的、随机的抽样方法的重要性,但无论采取哪种方法,所抽取的样本都不可能毫无偏差地代表着总体的所有特质。经由任何抽样方法所得的样本,都只能近似地反映总体的情况。我们只能说抽样方法越科学合理,所抽出样本的代表性就越强,与总体的相似程度也就越高。因此,误差不可避免地存在于样本和总体之间。研究中的误差大致可以分为调查误差和抽样误差两种。调查误差主要是在调查过程中由于技术原因或人为因素所造成的,而抽样误差则是指用样本指标来估算总体指标时所存在的不可避免的偏差,也被称作"代表性误差"。在抽样调查中,抽样误差不仅是可以精确计算出来的,也可以通过适当的抽样方法将其控制在调查所允许的误差范围内。控制抽样误差的途径主要有两种:一是扩大样本规模,大样本比小样本产生的抽样误差更小,因为样本数量越多,在其他条件不变的情况下,对总体的代表性越强;二是增强总体的同质性,从同质总体中抽取样本比从异质总体中抽取样本所产生的误差更小,如果总体的各分子高度相似(同质性极强),那么任何一个样本都能很好地代表总体的情况。例如,总体中有99%的个人赞成某项行为,那么从中任意抽选一个样本,其个人态度严重偏离总体态度的可能性极小,但如果总体中只有50%的个人赞成某项行为,其个人态度偏离总体态度的可能性就大大增加了,抽样误差也就更大了。

(4) 置信水平与置信区间

置信水平是指总体参数值落在样本统计值某一既定区间的概率;而置信区间则指估测总体参数值的范围。例如,研究者可以声称有95%的把握保证样本统计值(如上例50%的个体赞成某项行为)会落在与总体参数值相距正负一个标准误的范围内。置信水平表示区间估计的把握程度,置信区间的跨度则是置信水平的正函数,即置信区间越大,置信水平越高。不仅如此,置信水平和置信区间还提供了决定样本规模的基础,研究者可以根据允许的抽样误差范围来计算出调查所需的样本量。

3. 抽样的原理

抽样方法所依据的数学原理主要是大数法则和中心极限定理。大数法则是指大量的随机现象具有稳定的性质,即随着样本量的增加,样本平均数有接近总体平均数的趋势。为了更好地说明大数法则和中心极限定理,我们引入一个假设抽样分布。假设一个总体有且仅有10人,这10人对某项政策的满意度分别为0—9分,即其中1号个体的满意度为0分,2号个体的满意度为1分……10号个体的满意度为9分。通过计算可得,总体的平均满意度为4.5分。前面已经介绍过,同一个总体可以抽出许多相同样本容量的不同样本集合,而每一个样本集合通过调查都会产生各自的样本平均数。当我们从以上的10人总体中抽取不同的样本数量时,样本均值的分布如图 6-1 至图 6-6 所示(巴比,2009:192—194)。

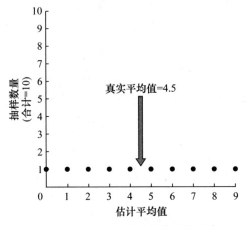

图 6-1　样本量＝1 时的样本均值分布

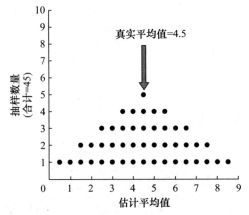

图 6-2　样本量＝2 时的样本均值分布

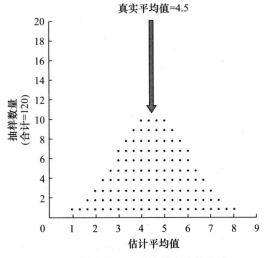

图 6-3　样本量＝3 时的样本均值分布

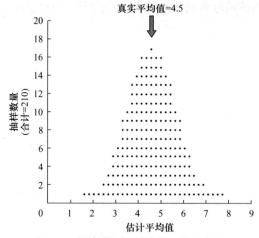

图 6-4　样本量＝4 时的样本均值分布

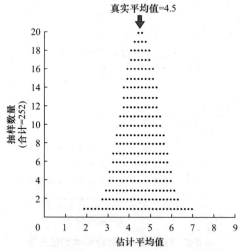

图 6-5　样本量＝5 时的样本均值分布

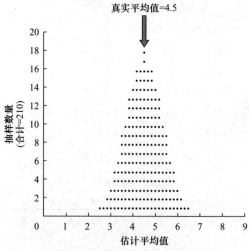

图 6-6　样本量＝6 时的样本均值分布

从以上 6 幅图中可以发现,随着样本容量的增大,样本平均数将会更加趋近于总体平均值,且样本平均数的分布趋向于一个"两头小、中间大、左右对称"的"钟形"分布,即所谓的正态分布。在此正态分布中,两端分布的极不准确的估计概率较低,大量样本平均数都会集中地、对称地分布于总体平均值附近。此即中心极限定理:如果样本容量足够大,所有样本平均数将呈正态分布,而正态分布的平均数(即为样本平均数的均值)就等于总体平均数。如图 6-7 所示,在正态分布中,其中心轴为总体平均数(M)。不仅如此,根据抽样分布中 M 和 SE(抽样分布的标准误),可以计算出有 68.26% 的样本均值在"M±(SE)"这两个数值之间,95.46% 在"M±2(SE)"这两个数值的范围内,而将有 99.73% 落在"M±3(SE)"这两个数值的范围内。落在某个数值范围内的概率就是所谓的置信水平,而这个数值范围即为置信区间。这样的抽样分布特征,在统计推论时具有重要意义。

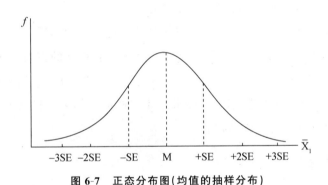

图 6-7 正态分布图(均值的抽样分布)

4. 抽样设计的原则和步骤

(1) 抽样设计的原则

抽样设计就是指确定抽样方法和步骤的过程。在抽样的总体设计上,需要坚持如下两个原则:

第一,随机原则。抽样调查的基础是样本,因此抽样设计首先必须保证总体中每一个分子都有已知的、同等的被抽取为样本的概率。

第二,抽样效果最大化原则。在一定的调查经费条件下,选取抽样误差最小的设计方案,即在给定精确度要求下,力争实现所选取的样本最具代表性、最省时省力。

(2) 抽样步骤

从总体中选取样本时,必须尽量减少抽样误差,保证样本的代表性。为实现这一目标,抽样历程需要分为以下五个步骤:

第一，界定总体。明确全体研究对象的范围，包括时间、地点和人物。如调查厦门市居民的生活质量，可将总体的范围详细界定为 2018 年（时间）厦门市（地点）所有年龄介于 18—70 岁之间的居住者（人物）。由样本所得的研究结果，只能对以上所界定的总体范围进行推论。

第二，制定抽样框。将所有符合总体定义的分子名单一一列表，保证抽样框的完备性和准确性。

第三，决定样本大小。正常情况下，样本规模越大越具代表性，但研究者所付出的代价也越大。因此，在决定样本规模时，必须同时考虑抽样误差和研究代价两个因素，其一般准则为：根据所能承受的研究代价最大限度地抽取尽可能多的样本。

第四，设计抽样方法。抽样方法多种多样，当然不同的抽样方法可能造成的抽样误差也有所差别。研究者需要权衡各种因素，并根据研究目的从中选择一种最适合的方法，从抽样框中选取所需数量的样本。

第五，评估样本之正误。任何抽样方法都可能存在抽样误差，因此在选中样本后，研究者需要根据从样本中收集到的资料来评估样本的正误。样本的评估，可以选择一些在总体和样本中都比较容易找到的资料或特征（如年龄、性别、居住地、受教育程度等）来进行对比，如果总体与样本在越多的特征上具有相近似的分布，则该样本具有较强的代表性。

概率抽样

社会科学研究关心的是总体的情况，但囿于全面调查所需要的巨大人力、财力和时间等条件限制，研究者常常从总体中选取一定数量的具有代表性的样本。当试图利用这些样本来精确地、统计性地描述和推论大型总体的情况时，比如全国总人口中失业者的比例、民众对某项具体政策的满意度等，概率抽样是最科学的样本选择方法。当然，如果要对总体进行有效的推论，则要求从该总体中抽选出来的样本必须包含总体的各种差异特征。因此，概率抽样的前提是要明确总体的范围，从而能够在已知总体数量和构成情况的基础上，根据确切的精确度（即抽样误差）要求来计算样本数量并按照随机原则抽取调查样本。常用的概率抽样方法主要有简单随机抽样、系统抽样、分层抽样、整群抽样、GIS 地图抽样和将以上几种方法结合使用的多阶段抽样。

1. 简单随机抽样

简单随机抽样是概率抽样中最基本也最易于操作的方法。在抽样时，无须对总体中的分子或分析单位进行分组或排列，而是将它们进行充分的混合，使得总体中的任何一个分子都有同等的机会被抽取,然后按照随机原则直接从总体中抽取既定数量的分子作为样本。进行简单随机抽样的关键是对总体中的每个分子都进行编码(即编号)以制定出完备的抽样框。最常用的方法是抽签法或者抓阄法,即把每个个案都进行编码并写在大小相同的卡片或者纸片上,然后将它们放入一个容器中充分搅动使其均匀混合,最后再从容器中任意抽出所需数量的纸片,那么这些纸片所代表的个案即为一个简单随机样本。以这种方法来选取样本可以保证每个分子都有被抽中的可能性,且被抽中的机会或者概率相同。而这个相同的机会或概率即为抽样比例 $f=n/N$。例如,要在 200 位参与者中抽取 20 位幸运观众,则每位参与者被抽中的概率都是 10%。

抽签法的操作方式一般只适用于规模较小的总体。如果总体的规模较大、构成数目众多,则多采用随机数表来抽取样本,该表中所有数字的出现和排列都是根据随机原则而来的。使用随机数表抽样时,一般先将总体中所有的分子都进行编码,然后在随机数表中任选一个数作为起点(任意一行或一列),以任意固定的顺序或方向(左、右、上、下或者对角线)开始抽取,既可以选取相连的数字,也可以每隔若干个数字才选取一个,直到选满既定数量的样本数,而被选中的号码所对应的分子即为调查样本。例如,要从一个包含 10000 人的总体中抽取 100 人进行调查,我们可以从 00001 开始编码,直至 10000 号,使得每个个体都有一个独一无二的五位数号码,然后以随机数表中的第三行第六列为起点,从左往右抽取号码,选取随机数的最后四位来代表被抽中的号码(如果总体较小,可以选择随机数中的前两位或者后三位等方式来代表被抽中的号码),则选中的第一个号码是 1008,第二个号码为 2751,以此类推,直到选满 100 个号码,这些号码所对应的人就是此次调查所选中的样本。如果选中的某个号码没有相应的分子或者与之前的号码重复了,则另找一个号码补上。当然,除了这种最原始的方法以外,研究者也可以运用电脑软件来随机选取号码构成一个调查样本。

2. 系统抽样

尽管简单随机抽样是最基本的方法,但在实际研究中并不常见。如果以人工方式操作的话,遇到规模较大的总体,这种方式就相当烦琐耗时。通常情况下,如果研究者能够拿到一份包含总体各个分子的名单,即拥有一个完备的抽样框,他们更倾向于采用系统抽样的方法。系统抽样又称"等距抽样",是事先将总体的各个分子按照一定的标志或特征排列起来,然后按照固定的顺序和间隔来抽取样本的方法。具体操作步骤如下:先将总体各分子按标志排序并编码,然后根据抽样比例计算出抽样间隔 $K(K=N/n)$,再在第一个间隔内随机选取编码 i 为第一个样本编号,最后依照间隔 K 依次选取第 $i+K,i+2K,i+3K$ 等号码,直至选满既定样本数量,这些号码所代表的分子即为被选中的样本。为了避免可能的人为偏差,必须以随机的方式选取第一个号码。如上例中要从10000人中抽取100位进行某项调查,需要先将他们按某种标志(如以姓氏笔画或姓氏拼音为序)进行排列,抽样间隔 $K=10000/100=100$,即每隔100人选取1人。可在第1—100号中用随机方法(如随机数表)抽取一个号码作为第一个样本,假定选择36,则名单上的第36、136、236…9936号依次被抽选为调查样本。

需要特别注意的是,名单中各分子的排列方式可能导致系统抽样产生严重偏差,这种排列方式问题通常被称为"周期性问题"。即如果总体中各分子恰好是以一种与抽样间隔一致的循环方式排列的,那么系统抽样方法就很可能会得到一个具有重大偏误的样本。例如,在一个有关学生学习态度的研究中,按照抽样间隔,研究者需要从全校学生名册中每隔50人抽取一名学生进行调查。然而,碰巧的是,全校学生名册是以班级为单位排列的,每班刚好50人,且班级内的名单又是按学习成绩排序的。如此一来,系统抽样方法可能抽取到的全是每个班级某一固定名次的学生,假定都是各班第一名或者各班第30名,那么这样的样本就会产生严重的偏误,如果对他们进行学习态度调查,尽管采取了概率抽样方式,研究结果的代表性仍然十分有限。因此,如果要对一份名册进行系统抽样,首先必须严格考察名册的基本特征,确保各分子的特定排列顺序不会导致样本偏误,以排除样本的周期性问题。

3. 分层抽样

分层抽样又称"类型抽样",它不直接从总体中抽取样本,而是先按照一定的标志把总体划分成若干个具有某种共同特征的类别或层次,再在各类别或层次中按照随机原则抽取一定数量的分子构成样本。具体步骤是先把总体 N 划分为 K 组,使 $N=N_1+N_2+\cdots+N_k$,然后再用随机方法从每组 N_i 中抽取 n_i 个单位构成样本总体(每组抽取的样本数量不一定相同),使得 $n=n_1+n_2+\cdots+n_k$。分层抽样在确定各层样本数时,既可采用等比抽样方法也可选择不等比例抽样的方法。等比抽样是指在每组中都按照其在总体中所占的比例(即抽样比例 f)用简单随机方法或者系统抽样方法来选取样本,单位数量多的层多抽,数量少的层则少抽,每组的抽样比例都相同。但如果在总体中某些组的单位数量很少,该组按照相同比例抽取的样本数量在样本总数中就特别少,极有可能影响统计分析的准确性,在这种情况下,研究者就可以采用不等比例抽样的方法,使得单位数量较少的层也能获得相对较多的样本。例如,研究者要对职工的收入进行调查,并按照职工的受教育程度将其进行分组,假定某大型企业的职工总数为

10000人，其中高中及以下学历5000人，大专学历3000人，本科学历1800人，研究生及以上学历200人。等比抽样和不等比例抽样的各层样本数如表6-1和表6-2所示。

表6-1 职工收入调查的等比抽样

受教育程度	每组单位数	抽样比例(%)	样本数
高中及以下	5000	5	250
大专	3000	5	150
本科	1800	5	90
研究生及以上	200	5	10
合计	10000	—	500

表6-2 职工收入调查的不等比例抽样

受教育程度	每组单位数	抽样比例(%)	样本数
高中及以下	5000	4	200
大专	3000	3.3	100
本科	1800	5.5	100
研究生及以上	200	50	100
合计	10000	—	500

尽管采用不等比例抽样方法可以保证每组都有一定数量的样本，在某种程度上能够提高统计分析的准确性，但由于各组的抽样比例不同，在资料分析时就需要对所获结果进行修正，以避免偏误。修正的方法主要有加权修正法和相对量修正法两种。假定在上例（按不等比例抽样）所选取的500个样本中来调查他们对某项政策的态度，高中及以下学历者有50人赞成，大专学历者有60人赞成，本科学历者有70人赞成，研究生及以上学历者有70人赞成，合计赞成者250人，占样本总量的50%。但我们并不能用50%来推论总体，因为这个值是按照不等比例抽样方式测算出来的，还未对其进行修正。如果用加权法来修正，则需要以某一层或一组为基数，然后计算出其他各层的权重，最后将各层的调查结果与该层所对应的权重相乘得到修正值。这里我们以研究生及以上学历者为基数，各层的权重及修正结果如表6-3所示。将加权后的结果除以加权后的样本总数可以看到，修正后的赞成人数占样本总数的44.5%(2225/5000)，而不是未经修正的研究结果50%。相对量修正法如表6-4所示，修正后的相对量仍然是44.5%，表示总体中有44.5%的人赞成该项政策。

表 6-3 不等比例抽样调查结果的加权修正

受教育程度	样本数	抽样间隔（K）	权重（f）	样本调查结果（赞成数）	加权后结果	加权后样本总数
高中及以下	200	25	12.5	50	$50 \times 12.5 = 625$	$200 \times 12.5 = 2500$
大专	100	30	15	60	$60 \times 15 = 900$	$100 \times 15 = 1500$
本科	100	18	9	70	$70 \times 9 = 630$	$100 \times 9 = 900$
研究生及以上	100	2	1	70	$70 \times 1 = 70$	100×70
合计	500	—	—	250	2225	5000

表 6-4 不等比例抽样调查结果的相对量修正

	高中及以下	大专	本科	研究生及以上	合计
1. 总体：					
a. 绝对量	5000	3000	1800	200	10000
b. 相对量(%)	50	30	18	2	100
2. 样本：					
c. 绝对量	200	100	100	100	500
d_1. 赞成人数	50	60	70	70	250
d_2. 赞成比例(%)	25	60	70	70	—
3. 修正量：					
e. 绝对量 $a \times d_2$	$5000 \times 25\% = 1250$	$3000 \times 60\% = 1800$	$1800 \times 70\% = 1260$	$200 \times 70\% = 140$	4450
f. 相对量 $b \times d_2$ (%)	$50 \times 25\% = 12.5$	$30 \times 60\% = 18$	$18 \times 70\% = 12.6$	$2 \times 70\% = 1.4$	44.5

分层抽样方法将总体划分为若干个同质性较强的次级集合，使得各次级集合间的差异增大，然后再从每个次级集合中抽取适当数量的样本。这样的方法在总体差异性很大的情况下，既因为考虑到了在总体中起决定作用的标志或特征，可以提高样本的代表性，又由于在每个同质性较强的次级集合中抽取样本，还可以减少可能的抽样误差。当某些分层标志在研究中具有十分重要的意义而在总体中所占的比例较小时（如上例中的研究生及以上学历者），则需要采用不等比例抽样的方法，使得各层在样本总体中都能得到适当的表现。通过不等比例抽样方法得到的研究结果需要经过修正后才能对总体进行推断。

4. 整群抽样

相比前面三种方法，整群抽样更简便易行。它是先将总体划分为多个次级集合，再随机地抽取若干集合，并对抽中的集合中所包含的所有单位进行调查，即该集合中的所有分子都是调查样本。各个集合所包含的分子数量可以相同也可以不同。这种抽样方法尤其适用于大规模的、调查对象分布非常离散的研究，可以节省许多人力、物力和时间等资源。例如，研究者要对全省的农村青年进行某项研究，就可以在全省范围内随机抽取若干村，然后对这些被选取的村中的所有青年进行调查。

虽然整群抽样和分层抽样都需要对总体进行划分,但两者划分的意义大相径庭。分层抽样划分群是为了增强群内的同质性而扩大各群之间的异质性,但整群抽样恰好相反,它划分群是为了扩大群内的差异,使得不同类型的分子尽量集中在同一个群中。虽然整群抽样更为简便,但其以群为基本单位,调查对象相对集中,有可能会对样本在总体中分配的均匀性产生影响。因此,与其他随机抽样方法相比,在样本容量相同的情况下,其抽样误差更大,样本的代表性也较低。尤其是在利用自然类聚群体(如村委会、居委会、街道、城市等)时,如果这一群体的同质性较高(如学校生活区、拆迁安置区),那么以此群体为样本的话,其代表性就更低了。理论上,可以通过增大样本容量来减少抽样误差从而解决整群抽样的代表性问题,但这样会导致样本容量接近总体数量而丧失了抽样调查的意义。所以,研究者必须在提高整群抽样的代表性和保持该抽样方法的优势间进行权衡取舍。

5. GIS 地图抽样

地图抽样法是中国综合社会调查(CGSS)项目①结合我国国情从国外引进的一种更为精确的抽样方法,它以住宅类建筑为载体,将各类建筑物绘制在图纸上并对实际住户(排除无人居住的房屋,有效避免了空户的现象)进行编号,并借助于户籍、门牌等信息而形成某个较小区域(村委会或居委会)的完整抽样框,然后再按照随机原则抽取一定的住宅户并在户内按随机原则抽取特定的个人而构成样本。它是目前世界上公认的较为精确的抽样方法,具体操作步骤主要分为以下四步:第一步先确定某个区域的边界(经纬度);第二步按比例绘制出区域内的所有建筑物(包括建筑物的排列顺序和朝向);第三步按照某种既定顺序并借助门牌和户籍等信息制作住户清单列表且对各住户进行编号;第四步依据随机原则抽取一定的住宅户,并在户内进行随机抽样(随机数表或者抽签法)以确定具体的调查对象。我们以 2010 年 CGSS 在福建省的调查为例来详细说明地图抽样法的每个步骤,见图 6-8、6-9、6-10、6-11、6-12 所示。

6. 多阶段抽样

以上多种概率抽样方法,在很多调查中是可以结合起来使用的。当总体规模很大且调查对象又十分分散时,直接从总体单位中选取调查样本在技术上难度较大,在这种情况下,一般将抽样过程分为多个阶段进行。具体步骤为先将总

---

① 调查具体情况可访问"中国综合社会调查网站"(http://cgss.ruc.edu.cn/)进行了解。

088 定量研究方法

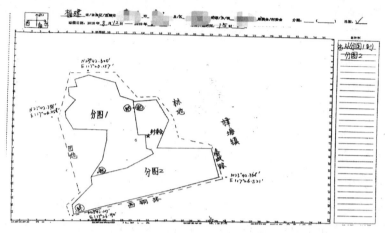

图 6-8　步骤 1：确定绘图边界

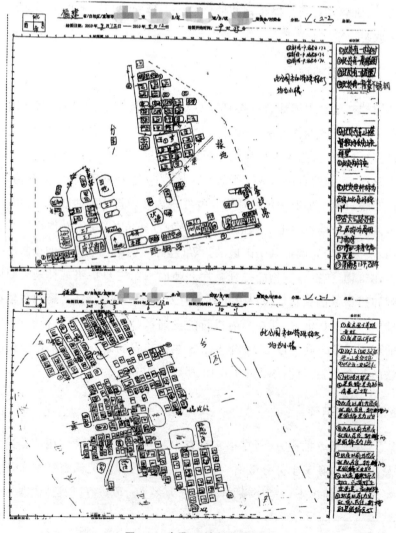

图 6-9　步骤 2：绘制建筑物

图 6-10 步骤 3:制作住户清单列表

图 6-11 步骤 3:对各住户进行编号

图 6-12 步骤 4:随机抽取住宅户(户内抽样略)

体划分为多个不同的次级集合，然后从中随机抽取若干大群，再在选中的大群中用随机方法抽选若干较小的单位，以此类推，直至抽足最基本的调查样本。可见多阶段抽样实际上是分层抽样与整群抽样的结合。就中国综合社会调查来说，该调查在第一阶段首先利用简单随机抽样，在全国范围内抽取100个县（区），加上北京、上海、天津、广州、深圳5个大城市，作为初级抽样单元。其次，采用整群抽样方法与分层抽样相结合的方式，在每个抽中的县（区），随机抽取4个居委会或村委会；而在北京、上海、天津、广州、深圳这5个大城市，总共抽取了80个居委会。然后利用GIS地图抽样法，在每个居委会或村委会选取25个家庭；而在每个抽取的家庭中，再用简单随机方法抽取一人进行访问。其中，在抽取初级抽样单元（县区）和二级抽样单元（村委会和居委会）时，利用人口统计资料进行纸上作业；在村委会和居委会中抽取要调查的家庭时，则采用地图法进行实地抽样；在家庭中调查个人时，或利用随机数表（KISH表，2015年及以前使用纸质问卷时）或使用电脑软件（2015年后使用电子问卷系统时）进行实地抽样。①

虽然在地域分布广泛的大规模调查中，使用多阶段抽样可以节省很多资源并降低研究代价，但由于每个阶段的抽样都会有一定的误差，经多级抽样而来的样本其误差也会相应增大。因此，在使用多阶段抽样时，一方面为增强群的代表性，在划分各个子群时需尽量增大群内差异而减少群与群之间的差异；另一方面，为使样本分布更加均匀，在第一阶段抽取群时应尽量扩大群的分布范围并增加抽取的群数。

▶ 非概率抽样

概率抽样能够利用样本的研究结果来推测总体的情况，是当前社会科学研究中选取代表性样本的主要方式。但由于概率抽样的前提是要明确总体的范围，要求具有一个包含所有潜在样本的完备抽样框，而有些研究显然无法满足以上要求。例如，在探索性研究或者前测研究中，研究者对总体的情况不甚了解，无法知晓总体的边界，不可能完成概率抽样；又如，要研究同性恋者，由于种种现实原因，很多同性恋者不会公开甚至刻意隐瞒自己的性取向，因此研究者不但没有一份包含所有同性恋者的现成名单，也不可能制作一份这样的名册。在这种研究情境中，概率抽样既不可能也不适合，而非概率抽样就可以发挥其重要作用了。不过，一般来说，在非概率抽样过程中，样本被抽中的概率是未知的，导致其无法对总体的情况进行推论。但它在很大程度上具有典型意义，可以使研究者

---

① 调查的具体情况可访问"中国综合社会调查网站"（http://cgss.ruc.edu.cn/）进行了解。

对个别事件有深入的了解和分析,仍然是社会调查中十分有用的抽样方法。具体而言,常用的非概率抽样方法主要有以下几种:

1. 偶遇抽样

偶遇抽样又称"就近抽样",是研究者将其恰巧遇到的人作为样本进行调查的方法。常见的方式为在街道或者其他场所拦下路人进行访问,如电视台和报社记者进行的街头采访即为偶遇抽样。通过偶遇抽样调查收集信息既快捷又方便,但研究者无法知道这些样本是否能够代表总体。除此之外,此方法还忽视了时常出现在该调查地点的人可能具有相同或相似的意见,是一种极其冒险的抽样方法。只有在研究的目的旨在了解某一特定时间内,通过特定调查地点的路人的一些特征时,或者采取其他更少冒险性的抽样方法不可能时,偶遇抽样才具有合理性(巴比,2009:184)。尽管如此,偶遇抽样调查结果也代表了相当一部分人的意见,仍然可以反映出局部地区存在的问题。

2. 判断抽样

判断抽样是在研究者对总体构成要素和研究目标的充分认识的基础上,依靠对潜在调查对象的主观判断来确定样本的抽样方式。样本是否具有代表性主要取决于研究者对所调查问题的熟悉程度与既往的研究经验。由于主观判断的抽样误差,使得研究结果的准确性难以确定,因此不能代表任何有意义的总体。但在问卷的设计阶段,判断抽样有助于研究者尽量选择多元化的总体来检验问卷的题目,从而有效地暴露出问卷设计中可能存在的缺陷。特别地,在一些研究中常常会出现"奇异值",即异常案例,研究者可以通过对这些异常案例的深度考察来树立"典型",从而加深对某种现象或结果的认识和理解。在这种研究情境中,判断抽样就具有重要意义。例如,要研究学生们对学校某项政策的看法,在大多数学生都持肯定态度的情况下,调查那些小部分持否定态度的学生或许能够帮助研究者从不同的角度更好地理解该政策。

3. 滚雪球抽样

在探索性研究中,滚雪球抽样是最适合的一种抽样方法。当有关总体构成要素的信息不足时,或者当特定总体的成员难以找到时,研究者可以从总体中的少数成员入手,通过他们的介绍逐步扩展符合条件的样本数量。滚雪球抽样的具体步骤是:首先收集目标群体少数成员的资料,调查和访问这些具备所需研究特征的个体,然后再向他们询问相关信息,依靠他们的介绍和引见去访问更多符合调查条件的人,最后再由这些符合条件的人帮助研究者去寻找更多的总体成员。如此类推下去,调查样本就会像雪球一样,越滚越大。因此,所谓的滚雪球抽样,就是指根据既有研究对象的介绍和引见从而找出更多研究对象的累积过程。譬如要对具有宗教信仰的人群进行研究,由于研究者事先并不能完全掌握所有具有宗教信仰的人员名单,因此可以先从经常参加教会活动的个体入手,通过对他们的访问来收集信息并找到他们认识的其他成员进行调查。在总体规模较小的情况下运用该方法,可以找到与总体数量相近的、具有相同性质的群体成员。但在"雪球"没有滚到的那一部分成员中,也可能包含某些重要的研究价值,对该部分成员的省略可能会使研究结果产生偏误,因此这种方法产生的调查样本其代表性仍然存疑。

4. 配额抽样

配额抽样实际上是与分层抽样相对应的一种非概率抽样方法,它也强调样本的代表性。在这种抽样方法中,研究者首先需要依据一定的标准来确定调查对象,并将样本数按照这些标准在不同的子群体中进行分配,使得每一层或者每个子群体的对象都有同等比例的样本配额;然后根据主观经验和判断在每一层中抽取既定数量的样本,在此过程中,无须具备完整的抽样框,只要找到符合条件的人就可以将其作为样本进行调查。例如,在全国范围内对高校教师的教学技能进行调查,要求样本量为1000,东部、中部、西部的人员比例为5∶3∶2,教师老、中、青的构成比例为2∶3∶5,技能优秀、良好和合格的人员比例为3∶5∶2。要在同一个样本中同时实现上述要求,就需要建立一个描述目标总体特征的交叉表格(如表6-5所示)。

表 6-5　高校教师教学技能调查配额抽样的样本数分配

	优秀			良好			合格			合计
	东部	中部	西部	东部	中部	西部	东部	中部	西部	
老	30	18	12	50	30	20	20	12	8	200
中	45	27	18	75	45	30	30	18	12	300
青	75	45	30	125	75	50	50	30	20	500
小计	150	90	60	250	150	100	100	60	40	1000
合计	300			500			200			

例如,要计算教学技能优秀(以下简称"优秀")的东部老年教师人数:首先计算优秀的教师比例1000×0.3=300,其次计算优秀的东部教师比例300×0.5=150,最后计算优秀的东部老年教师比例150×0.2=30,则表格第一行第一列填入30,其他各格同理。需要特别注意的是,虽然配额抽样也强调各类样本的代

表性,但它在选取具体的调查对象时,并不对潜在的样本进行编码或者编制包含所有潜在样本的完备抽样框,而是只要找到符合研究特征的人就可以进行调查,因此难以排除研究者的主观影响而容易产生偏误,这也是配额抽样和分层抽样的主要区别。

第三编
资料收集

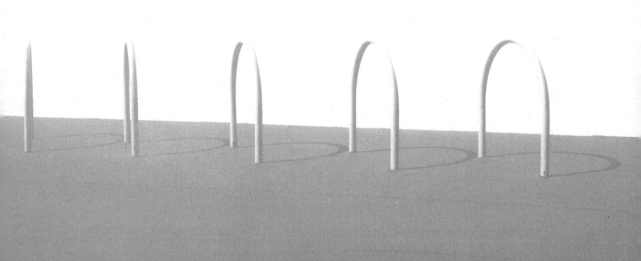

第 7 章 问 卷 设 计

问卷是社会学者在研究中用来收集资料的常用工具,美国社会学家艾尔·巴比将问卷喻为"社会调查的支柱"。问卷是一种高度结构化的数据收集技术,通常是根据研究设计的问题,以文字发问的形式,向被调查者征集来自日常生活的第一手资料,然后通过数据处理和分析,以此了解人们的行为、态度和社会特征,探索社会生活的客观规律。研究者在编制问卷的过程中,必然将自己的主观预测体现在各项问卷中。因此,理论、操作化、问卷设计技巧和方法是构成问卷设计的三大要素。

由于在第 5 章中已经详细讲述了研究问题的操作化与社会测量,本章将重点放在对问卷结构及问卷设计的步骤、方法和技巧等方面的探讨。

▶ 问卷的类型与结构

1. 问卷的主要类型

调查研究中所用的问卷,按照获得问卷的方法的差异,通常可分为两种主要的类型:自填调查问卷和访谈调查问卷。

自填调查问卷是由被调查者自己独立填答的问卷,依据发送到被调查者手中的方式的不同,自填调查问卷可分为邮寄问卷、发送问卷与网络调查问卷。邮寄问卷是指通过邮政系统将事先设计好的调查问卷寄给被调查者,由被调查者根据要求填写后再寄回;发送问卷是由调查员将问卷直接送到被调查者手中,等被调查者完成后再由调查员收回;新技术为社会研究者提供了更多的机会和选择,网络调查问卷正是利用互联网的新技术,由被调查者通过访问问卷调查网站的方式获取问卷,进行填答。邮寄问卷的调查面广,涉及的工作人员通常较少,但回答率和回收率普遍较低。网络调查问卷的成本较低、回收快速,不过其重要的缺点在于在线回答的人很难代表更有一般性的总体。相比之下,发送问卷的方法往往调查者在场,能够"监督"被调查者独立填写问卷,这样可以提高回答率和回收率。

访谈调查问卷则是由访问员与被调查者直接接触,根据被调查者的回答填写的问卷,这种方法不是让被调查者亲自阅读并填答问卷,而是由调查者口头提问,记录被调查者的回答。访谈调查问卷的特点是不完全依赖被调查者而可以发挥访问员的主动性。典型的访谈调查问卷通常是以面对面访问或电话(含电脑辅助电话技术)访问的方式进行。面对面访问中访问员不但能问问题,还能够通过观察被调查者获取一些额外的资料,如观察和记录被调查者的居住条件、穿着打扮、言行举止、回答问卷的反应、自己与被调查者的互动等。电话访问比面对面访问更为便捷、安全,通过电话沟通,可以减轻面对面交流给被调查者带来的压力,降低访问员影响被调查者的情况,但这种方法的拒访率也较高,问卷结果的代表性较差。

自填调查问卷和访谈调查问卷使得大样本的调查具有可行性,二者虽然都是社会调查研究中收集资料的工具,但也存在区别。自填调查问卷的优点在于经济、迅速,不因访问员而产生偏差,因为较具匿名性与非公开化,可促使被调查者更为诚实地回答敏感问题。但其突出的缺点表现在问卷的回答率和回收率较低,特别是邮寄问卷和网络调查问卷无法控制填答过程,调查结果的信度和效度难以保证和检验。相较之下,访谈调查问卷的优势在于能对一些容易混淆的问卷项目提供指导,减少调查中的遗漏,提高问卷调查的质量,适合用来调查较为复杂的问题。但其缺点在于:一方面,访问员在一定的时间内只能访问数量有限的被调查者,样本越大,收集资料的成本越高;另一方面,访问员的一切表现可能会影响被调查者的回答,因此对访问员的要求较高。

因此,研究者必须衡量不同问卷类型的区别和优缺点,根据调查目的、调查者和被调查者的数量、调查的经费和时间,选择符合自己的研究的问卷类型。

2. 问卷的基本结构

一份完整的问卷包括封面信、指导语、问题和答案、编码及其他材料等内容。

1) 封面信

封面信是一封致被调查者的短信,它的作用是向被调查者介绍和说明调查单位或调查者的身份、调查的内容、调查的目的和意义等。封面信虽然篇幅短小,但能够让被调查者尽快了解问卷的情况,这在很大程度上决定了调查者能否获取被调查者的信任,从而使其接受问卷调查。由此可见,封面信的质量十分关键。封面信通常包括以下几方面的内容:

第一,介绍进行该项问卷调查的组织单位或研究者个人身份。这种身份既可以在封面信正文中直接说明,比如"中国综合社会调查由中国人民大学联合全国各地的学术机构共同执行",也可以通过落款注明具体的单位来体现,比如落款为"中国人民大学中国调查与数据中心",切记不能只写"××问题研究调查组"这类的含糊署名,这样有可能引发被调查者的疑虑。如果能够附上单位的地址、电话号码、邮政编码、联系人姓名等具体信息更好,从而体现出调查的正式性和组织性。

第二,说明调查的大致内容和范围。封面信中要用一两句话简洁地概括本次调查的大致范围和内容,比如"我们正在全市居民中进行政府工作满意度方面的调查"。对调查的内容的介绍需要注意以下两点:一是不能欺骗被调查者,切忌在封面信中说调查甲类问题,而在具体的问卷内容中却是调查乙类问题;二是对内容的介绍不能含糊不清,但也无须过分详细地去介绍调查的具体内容。

第三,解释调查的主要目的。对于调查目的的介绍是向被调查者解释为什么做该项调查,这是封面信中一项十分重要的内容。在调查目的的介绍中,要尽可能地对调查作出合理的解释,不要只写调查开展的科研学术目的,更重要的是说明调查对整个社会、政府,特别是对被调查者在内的人民群众的实际意义。比如,"调查目的是通过定期、系统地收集中国人与中国社会各个方面的数据,总结社会变迁的长期趋势,探讨具有重大理论和现实意义的社会议题,推动国内社会科学研究的开放性与共享性,为政府政策决策与国际比较研究提供数据资料"。

第四,解释被调查者的选取方法和说明调查结果的保密措施。为了消除被调查者对问卷调查的戒心,通常需要在封面信中说明被调查者的选取方法和资料保密的措施,这样有助于获取被调查者的信任与支持,提升问卷的回答率和问卷质量。比如,"从2003年开始,每年对全国各地一万多户家庭进行抽样调查。经过严格的科学抽样,我们选中了您家作为调查对象";"对于您的回答,我们将按照《中华人民共和国统计法》的规定,严格保密,并且只用于统计分析,请您不要有任何顾虑。根据《中华人民共和国统计法》的规定,我们会对您所提供的所有信息绝对保密。我们在以后的科学研究、政策分析以及观点评论中发布的是大量问卷的信息汇总,而不是您个人、家庭、村委会/居委会的具体信息,不会造成您个人、家庭、村委会/居委会信息的泄露。请您放心"。

除了上述的主要内容外,在封面信的结尾处一定要感谢被调查者的合作与帮助。下面是2010年中国人民大学主持开展的"中国综合社会调查"所使用的问卷中的封面信。

关于中国综合社会调查(CGSS)的说明

中国综合社会调查(Chinese General Social Survey,缩写为"CGSS"),是中国第一个全国性、综合性、连续性的大型社会调查项目。目的是通过定期、系统地收集中国人与中国社会各个方面的数据,总结社会变迁的长期趋势,探讨具有重大理论和现实意义的社会议题,推动国内社会科学研究的开放性与共享性,为政府政策决策与国际比较研究提供数据资料。

中国综合社会调查由中国人民大学联合全国各地的学术机构共同执行。从2003年开始,每年对全国各地一万多户家庭进行抽样调查。经过严格的科学抽样,我们选中了您家作为调查对象。您的合作对于我们了解有关情况和制定社会政策,有十分重要的意义。为了获得准确的数据,请您依据实际情况,回答访问员提出的问题。如果因此而对您的生活和工作造成不便,我们深表歉意,请您理解和帮助我们的工作。

对问卷中问题的回答,没有对错之分,您只要根据平时的想法和实际情况回答就行。对于您的回答,我们将按照《中华人民共和国统计法》的规定,严格保密,并且只用于统计分析,请您不要有任何顾虑。根据《中华人民共和国统计法》的规定,我们会对您所提供的所有信息绝对保密。我们在以后的科学研究、政策分析以及观点评论中发布的是大量问卷的信息汇总,而不是您个人、家庭、村委会/居委会的具体信息,不会造成您个人、家庭、村委会/居委会信息的泄露。请您放心。

在(省、自治区、直辖市)的调查,由中国人民大学和(合作单位名称)联合进行。参与调查的所有访问员和督导员都佩戴有中国人民大学统一核发的证件,如果您对调查员的身份有任何疑问,欢迎您随时拨打电话010-62516896进行核查。

希望您协助我们完成这次访问,谢谢您的合作。

中国人民大学中国调查与数据中心
2010年

2)指导语

指导语是对问卷填写的方法、要求、注意事项等作一个说明,它的主要作用是指导被调查者如何正确填答问卷。指导语的编写要做到简明易懂。指导语分为卷首指导语和卷中指导语。卷首指导语一般设置在封面信之后、正式调查问题之前,以"填表说明"的形式出现。举例如下:

填表说明

1. 请在每一个问题后适合自己情况的答案序号上画圈,或者在_____处填上所选的答案序号。
2. 问卷每页右边的数码及短横线为计算机处理之用,您不必填写。
3. 若无特殊说明,每一个问题只能选择一个答案。
4. 填写问卷时,请自主填答,不要与他人商量。

卷中指导语是针对某些较特殊的调查问题的填答方式、问题内容所作出的特定说明,排除问卷中有可能成为被调查者填答问卷的障碍的地方。比如"请选出最符合的三个答案";"请按照重要程度排序";"若不是,请跳过第 5—8 题,从第 9 题开始答起";"家指的是与被访者在同一个户口本上的所有人"等。

3) 问题和答案

问题和答案是一份调查问卷中最核心的部分。从形式上看,问题可以分为开放式问题和封闭式问题两大类。

所谓开放式问题,是不为被调查者提供答案,而是只给一个题目由被调查者自由回答的问题,例如:

① 您认为自己目前的公平收入应该是每年多少元?

② 您家去年有劳动收入的家庭成员一共有几人(包括您自己)?

③ 您最近那份非农工作的单位或公司的具体名称和主要产品或服务是什么?

开放式回答的优点是,每个被调查者可以根据自己的情况进行填答,不受具体答案的限制,因而能够获得更真实、丰富的资料。但是,开放式问题的缺点是收集的资料难于编码和统计分析,可能对于被调查者的文字表达能力有一定的要求,填答所花费的时间和精力较多。开放式问题通常用于探索性的调查问卷中,适用于小样本的调查。

封闭式问题是在提出问题的同时,还给出若干个答案供被调查者选择,被调查者在所给的答案中选择一个或几个作为回答。例如:

① 未来 5 年,您是否计划到城镇定居?

是……………………………………………………1

否……………………………………………………2

已经在城镇定居……………………………………3

② 您认为有子女的老人的养老应该主要由谁负责?

主要由政府负责……………………………………1

主要由子女负责……………………………………2

主要由老人自己负责………………………………3

政府/子女/老人责任均摊…………………………4

封闭式问题与开放式问题的优缺点截然相反,封闭式问题的优点在于填答方便,省事省力,所得资料便于整理和进行统计分析,因此封闭式问题适用于大样本的调研。封闭式问题的最大缺点是无法获得生动、丰富的资料,因为给定的若干个选择答案往往会把复杂的问题简单化,无法反映出被调查者之间的细微差别。

开放式问题和封闭式问题的选择取决于许多因素,比如问题的内容、被调查者的类型、编码技术等。对于一些关键变量,可以综合使用开放式问题和封闭式问题来测量。

从内容上看,问题可以分为背景资料类、行为事实类和态度意见类。背景资料类问题主要是针对被调查者的基本情况的一些问题,比如性别、年龄、教育背景、经济收入、婚姻状况、职业状况等。行为事实类问题关注的是一些已经发生的或者正在进行中的客观存在的行为状况。比如,"上次居委会选举/村委会选举,您是否参加了投票"等。态度意见类问题反映了被调查者对客观事实的主观认知和感受,包括意见、情感、动机、价值观等。比如,"您认为大多数人是可以信任的还是您在与人交往的时候不得不小心谨慎""您认为以下哪种方式是能够让中国的公众及其家庭保护环境的最好方式"等。

4) 编码及其他材料

为了把被调查者的回答转换成数字以便于输入计算机进行处理和统计分析,往往需要对问卷里的问题和答案进行编码,赋予每一个问题及其答案一个数字作为它的代码。编码既可以在问卷设计的同时就设计好,也可以在问卷填答完成后再进行。前者称为"事前编码",后者称为"事后编码"。

除了编码之外,问卷中还需要在问卷首页印上问卷编号、调查员编号、调查日期、调查地点等有关资料。

▶ 问卷设计的主要步骤

问卷设计主要包含四个步骤:探索性工作、设计问卷初稿、预调查、修改及定稿。

1. 探索性工作

要设计出一份调查问卷,首先要围绕研究问题开展一定的探索性工作。作为问卷设计的第一步,探索性工作有助于研究者熟悉、了解一些基本的情况,为研究者设计出合适的问题和答案奠定了基础。

一般而言,探索性工作最常见的方式是文献查阅和实地考察。学术性的社会调查并不仅仅是为了反映民情,它还是研究者建构和验证理论的资料来源。作为理论与实践中介工具的调查问卷,在设计过程中需要高度重视研究问题的理论性与本土化。如何实现研究理论与本土关怀相结合,前期的探索性工作不容忽视。

一方面,通过文献查阅把握前人的相关研究成果和理论观点,有助于将观点操作化，提出具有效度和信度的测量指标。

另一方面，实地考察，即研究者围绕着所调查的问题，以自然、融洽的方式对各种类型的回答者进行非结构式访问，并观察他们的特征、行为和态度。透过实地考察可以对研究对象或研究问题形成初步的了解，从中获得关于设置问题和答案的第一手资料，这有助于掌握研究问题的本土语境。通过实地考察，尽可能避免在设计问卷中出现含糊不清、不符合客观实际的提法和回答。

在问卷调查中，预设是大量存在的。例如："您认为核电站对环境的危害程度是怎样的？"这个问题实际上是以两个预设为前提，即核电站对环境有危害；被访者了解核电站对环境的影响效果。该问题能否达到研究者预期的调查效果与预设的满足程度相关。一般来说，一个有经验的研究者会站在被访者的角度设计问卷，尽可能采取大众化的方式设计问题和答案，降低研究者与被调查者之间的知识语境的不对称。

从问卷中问题的设置来看，在实地考察中，一旦研究者提出的问题过于含糊、抽象或者不符合实际，被调查者要么会提出疑问，要么会作出文不对题的回答。透过被调查者的回答和行为判断，研究者才能发现问题预设中的不合理之处，不断改进问题的提法。从问卷中答案的设置来看，实地考察对于研究者把自由回答的开放式问题转变成多项选择的封闭式问题有着十分重要的作用。研究者通过与被调查者进行交谈，了解他们对某一问题所给予的具体回答，这样在后续的问卷设计中便可以将主要的回答内容作为问卷中所供选择的答案。

2. 设计问卷初稿

问卷设计的艺术包括了研究者对研究问题、研究概念的含义、数据分析的思考，从中反映出研究者对理论思考和数据分析的理解。在问卷设计过程中，研究者需要提前思考和预测哪些资料对研究至关重要，特别是要设置好研究的因变量、自变量、预测变量和个人背景资料变量。

以下方法可以帮助研究者设计所需的问题：第一，思考所关注的研究问题将涉及哪些概念。第二，设置的测量指标对回应研究问题起到怎样的作用。第三，探索变量之间是如何联系的，为了解释变量之间的关系，需要纳入哪些关键问题。第四，数据分析方法影响了资料的收集形式，如果收集到无法分析的资料将是令人沮丧的。第五，问卷调查的开展形式会影响到问卷内容的设计。如果是通过训练有素的调查员来进行访谈调查，那么就可以设置复杂的问题，因为调查员可以进行澄清、解释。如果是自填问卷，那么问题就要设计得清晰、简单。

经过探索性工作，研究者脑海中已经有了研究所涉及的主要问题和答案的初步设想，那么，就可以着手把这些零散的问题和答案组合成一份问卷。在实际设计过程中,研究者常常采用卡片法与框图法来辅助问卷初稿的设计。

卡片法的第一步是根据探索性工作所得到的认识,把每个问题及答案单独写在一张卡片上。第二步是按照卡片上的问题的主题内容,把相同主题的卡片放在一起,这样便将卡片分成了若干堆。第三步是在每一堆中,按合适的询问顺序将卡片前后排序。第四步是根据问卷的逻辑结构排出各堆的前后顺序,使全部卡片组合成一份完整的问卷。第五步是从被调查者阅读和填答的角度,反复检查问题的前后连贯性和逻辑性,对不当之处逐一调整和补充。最后把调整好的问题依次整理好,形成问卷初稿。

框图法和卡片法的思路截然相反。框图法的第一步是根据研究问题、研究假设的逻辑结构,画好问卷的各大组成部分及前后顺序的框图。第二步是具体地写出每一个部分中的问题及答案,并安排好问题的顺序。第三步是从被调查者阅读和填答的角度,对全部问题的形式、内容、顺序等方面从总体上进行修订和调整,形成问卷初稿。

卡片法和框图法的差别在于,前者是从具体问题着手,从部分到整体;而后者是从整体结构设计,再到各部分的排序,最后是具体问题的设计。在实际的问卷设计中,研究者可以结合使用这两种方法。首先,根据研究问题和研究假设,列出问卷各部分的内容,并排好前后顺序。其次,针对每个部分的内容,在卡片上逐一列出相关问题,并调整每个部分问题间的顺序。最后,从总体上对各部分卡片内容进行反复检查和调整,并附上封面信及其他资料,形成问卷初稿。

3. 预调查

问卷的初稿设计好之后,还不能直接用于大型的正式调查中,需要预调查以对问卷初稿进行试用和修改。通过预调查,研究者可以发现问卷初稿中的缺陷和遗漏,以便在正式调查前及时修改,由此可见,预调查是问卷设计中不可缺少的阶段。

预调查有客观检验法和主观评价法两种方法。客观检验法是将设计好的问卷初稿打印若干份,采用非随机抽样的方式选取一个小样本来进行预调查。最后回收预调查问卷,并认真检查和分析问卷初稿的问题和缺陷。需要重点检查和分析的方面有:

第一,回收率。回收率可以视为对问卷设计者的总体评价,如果问卷回收率低于70%,说明问卷的设计有较大的问题,必须作出较大的修改。

第二,有效回收率。有效回收率指的是扣除各种不符合要求、完成度较低的废卷后的回收率,它比回收率更能反映出问卷本身的质量。因为回收的废卷越多,说明问卷设计中的问题越多,导致被调查者无法顺利填写。

第三，填答错误。填答错误可以分为填答内容的错误和填答方式的错误。填答错误即是答非所问，这一方面可能是由于被调查者不知道问题所涉及的事实，另一方面可能是对问题含义不理解或者误解造成的，因此一定要检查问题的文本用语是否准确、具体、清晰，是否符合被调查者的认知能力，是否符合客观事实。填答方式错误主要是由于问题形式过于复杂，缺乏指示语或者指示语不明确等原因所致，因此要改进填答的方式。

第四，填答不完整。填答不完整是问卷调查中最常见的现象，这会对问卷的有效回收率和统计分析产生影响，因此要对问卷填答不完整的情形作具体分析。填答不完整的情形主要分为两类：一是问卷中某几个问题未作回答；二是从某个问题开始，后面的问题都未作答。对于前者，需要仔细研究这几个空白的问题，分析出被调查者未作答的原因；对于后者，要排除个人因素，找出导致填答中断的普遍原因。

主观评价法的做法是将问卷初稿打印出若干份，分别送给该研究领域的专家、研究人员及典型的被调查者，请他们直接阅读和分析，并根据他们的经验和认识对问卷进行评价，从不同的角度指出问卷的缺陷和不足，发表各自的意见。

4. 修改及定稿

通过上述预调查找到问卷初稿中所存在的问题后，逐一对问题进行分析和修改，形成问卷定稿。在对问卷进行印刷之前，要反复检查问卷版面、文字和符号，避免错误。

问卷的设计方法

1. 问题的设计

1) 问题设计的原则

问卷由问题组合而成，问卷设计是否有效、精良与提问方式密切相关。一些基本的提问原则和逻辑能够帮助研究者建构问题，避免收集到无用甚至误导的信息。

第一，选择合适的问题形式。提问和陈述都是问卷设计中最常见的问题形式，要根据不同类型的研究内容选取合适的问题形式。陈述的形式通常在获取态度意见类信息的时候使用，研究者通过相对简短的陈述来总结态度，并让被调查者回答是否同意或者是否赞成这些陈述。比如：

对于以下说法,您在多大程度上同意或不同意?

	完全不同意	比较不同意	无所谓同意不同意	比较同意	完全同意	无法选择
1. 私营企业是解决中国经济问题的最好途径	1	2	3	4	5	8
2. 缩小贫富差距是政府的责任	1	2	3	4	5	8

尽管"问卷"这个词意味着一组提问的汇总,但在一份问卷中,同时使用提问和陈述两种形式不仅会让项目设计更具有灵活性,也会让问卷更吸引人。

在提问时,研究者可以选择开放式问题或者封闭式问题。封闭式问题更容易操作,其所收集的资料便于整理,因此在问卷调查中使用广泛。开放式问题因为所收集的资料不好整理,所以在实际的问卷调查中使用较少。研究者可以权衡两种提问方式的特征、研究意图、研究规模等因素,选择合适的提问形式,以此来建构问卷的问题。

第二,问题要清楚。问卷中的问题必须明确、清楚。假如"提什么问题"属于研究者设计问卷前的理论思索,那么"怎样提问"却让研究者不得不顾及被调查者的自身条件。对被调查者而言,问题的清晰性非常重要。因为有很多意见和观点对于研究者来说可能是再清楚不过了,但是对于被调查者来说可能并非如此。比如,希望被调查者谈谈家中目前的劳动力情况,那么,家中的劳动力指的是常住的劳动力? 还是同一个户口本上的劳动力? 因此,问题必须问清楚,这样被调查者才能准确地知道研究者问的是什么。

当然,误解的可能性几乎是无穷的,因此研究者要仔细审视问题的参考框架是否明确。所谓参考框架,是指问题相对于什么背景而言,在什么范围内或对什么方面而言。参考框架不清楚,被调查者往往难以回答。比如研究者询问"你多久见一次你妈妈",研究者指的是过去一年见到妈妈的频率,还是最近一个月见到妈妈的频率,因此需要进一步明确这个问题的时间参考框架,才能正确回答。

第三,被调查者必须胜任的问题。研究者不要问被调查者不知道的问题。在要求被调查者提供信息的时候,研究者应该不断地问自己:他们是否能够提供可靠的信息? 所问的问题是否超出了被调查者的认知范畴? 如果研究者提问"您对政府的宏观经济政策是否满意",那么可能会有一部分被调查者无法回答这个问题,因为他们并不知道政府宏观经济政策方面的知识。人们对自己不了解、不熟悉的事物无法作出客观的评价。如果在一个儿童抚养的研究中,研究者询问被调查者几岁的时候学会同父母对话,大部分被调查者可能都无法回答,因为很难记住确切的时间。

第四,问题越短越好。被调查者通常都不愿意为了理解问题而去认真分析问题,因此问题的设计最好能够让被调查者迅速阅读、理解其内容,并且可以毫不困难地填答。研究者在能准确表达含义的前提下,问题要尽量简短、清晰,尽可能不用长句子,这样不容易产生含糊不清的误解。

第五,问题的语言要尽量简单。问卷是通过文字语言收集资料的,因此应该考虑到大多数被调查者的文化程度,尽量使用简单易懂的语言。一方面,不要使用生僻的字眼;另一方面,研究者也要避免使用专业术语或者抽象概念,比如我们在研究社会资本时,问卷中不应该出现"社会信任""社会秩序""关系网络"等术语,因为一般的被调查者并不了解这些术语的确切含义。

第六,避免否定性问题。问卷中的否定性问题极容易导致误解,所以问卷设计中要避免使用"不""禁止"等否定字词进行提问。比如,当被调查者被问及是否同意"不应该对富人征收更高的税"时,很多人往往容易漏掉"不"字,并在这种理解的基础上来进行回答。这样,有些人本来可能是反对的,但却选择了同意,而同意的人却选择不同意,这就造成了实际态度与所填答案相反的情形。

第七,避免带有倾向性的问题和词语。被调查者对问题的理解,很大程度上取决于措辞。如果问题的措辞具有一定的倾向性,那么将会影响被调查者作出真实的回答。所谓的倾向性,指的是鼓励被调查者以某种特定方式回答问题的特性。对享有声望的人或机构的态度的简单提及会使得问题具有倾向性。比如,"你同意不同意政府最近的决定……""医生认为抽烟是有害的,您的看法如何",这样的措辞有可能增加被调查者对这种观点的支持,因为人们会按照社会的期望或是顺从权威的标准来过滤他们的回答。因此,在问卷调查的过程中,研究者应始终保持客观中立的态度,要用中立的方式提问,避免提问方式、文本语言对被调查者形成诱导。

第八,问题应避免带有双重含义。双重含义的问题指的是一道题中至少包含两个或两个以上的问题。例如,被调查者被问及"一般多长时间会去探望父母",在这个问题中就包含两层含义:一是被调查者多久去探望父亲;二是被调查者多久去探望母亲。也许被调查者的父母并不居住在一起,因此分成两个问题来问比较合适。

2) 问题的形式

问卷的问题从形式上可以分为封闭式问题和开放式问题两种。下面是一些使用最为广泛的封闭式问题的提问形式:

(1) 两项式或是否式

问题的答案只有"是"和"不是"两种(或肯定形式和否定形式)。被调查者根据自己的情况选择其一。例如:

您是否患有慢性病或者有长期的健康问题？
是……………………………………………………………1
否……………………………………………………………2

（2）顺序填答式

这种方式是列出多种答案,要求被调查者按照一定的标准对选择的若干答案或全部答案进行重新排列。例如：

您认为下列环境问题在中国是否严重？（请按照严重程度给下列问题编号排序,最严重的为1,最不严重的为9）

空气污染（　）　　化肥和农药污染（　）　　水资源短缺（　）
水污染（　）　　　核废料（　）　　　　　　生活垃圾处理（　）
气候变化（　）　　转基因食品（　）　　　　自然资源枯竭（　）

（3）等级填答式

列出不同等级的答案,由被调查者选择其中一个进行回答。这种方式多用于态度意见方面的问题调查。例如：

您对环境问题有多关注？
完全不关心……………………………………………………1
比较不关心……………………………………………………2
说不上关心不关心……………………………………………3
比较关心………………………………………………………4
非常关心………………………………………………………5

（4）主观评分式

这种方式是根据问题的陈述,设定一个评分范围,要求被调查者根据自己的主观看法,在评分范围内进行打分,通过评分的差异以区分不同程度或等级。例如：

在我们的社会里,有些群体居于顶层,有些群体则处于底层。"10"分代表最顶层,"1"分代表最底层。

您认为您自己目前在哪个等级上？注意："10"分代表最顶层,"1"分代表最底层。记录：[＿＿|＿＿]分

您认为您10年前在哪个等级上？注意："10"分代表最顶层,"1"分代表最底层。记录：[＿＿|＿＿]分

您认为您10年后将在哪个等级上？注意："10"分代表最顶层,"1"分代表最底层。记录：[＿＿|＿＿]分

(5) 矩阵式、表格式

将同一个类型的若干问题集中在一起,构成一个矩阵式或表格式问题。表格式是矩阵式的变体,其形式与矩阵式相似。矩阵式或表格式不仅能节省问卷的篇幅,而且也能节省阅读和填答的时间。此外,这种格式还能提高回答之间的可比较性,被调查者可以通过比较他们在两个问题之间的态度的强度来决定他们的答案。例如:

矩阵式:

在购买大件商品时,以下因素在多大程度上会影响您的消费抉择?

	没有影响	很少	一般	明显	非常大的影响
价格水平	□	□	□	□	□
贷款方便程度	□	□	□	□	□
生活所在地水、电、路等基础设施	□	□	□	□	□
商品品牌	□	□	□	□	□
政府消费支持政策(补贴、减免税等)	□	□	□	□	□
购买过程是否舒适方便	□	□	□	□	□

表格式:

在购买大件商品时,以下因素在多大程度上会影响您的消费抉择?

	没有影响	很少	一般	明显	非常大的影响
1. 价格水平	1	2	3	4	5
2. 贷款方便程度	1	2	3	4	5
3. 生活所在地水、电、路等基础设施	1	2	3	4	5
4. 商品品牌	1	2	3	4	5
5. 政府消费支持政策(补贴、减免税等)	1	2	3	4	5
6. 购买过程是否舒适方便	1	2	3	4	5

不过,针对态度意见类问题的矩阵式和表格式很容易强化被调查者的回答模式,他们往往假定所有的陈述都代表了相同的态度倾向,因此用一个答案来回答所有的问题。为了避免这种情形,一方面,可以交叉放置不同倾向的陈述;另一方面,问题的描述尽量简短、清楚。

(6) 情景构想式

对于一些复杂的、敏感的问题,情景构想式的提问方式突破了以往的"问题—答案"的直入模式,将投射法运用于问卷设计中,通过情景构造,以故事带入,将抽象、复杂的问题具体化,拉近问题与被调查者之间的距离,以期得到较为真实客观的反映。例如：

> 张先生有一个非常好的创业想法，但他直到自己攒够了本钱才开始创业，因为他不喜欢冒险借钱。您认为他有多喜欢或者多讨厌风险？
>
> 非常喜欢冒险……………………………………………1
> 比较喜欢冒险……………………………………………2
> 有点喜欢冒险……………………………………………3
> 不算喜欢也不算讨厌冒险………………………………4
> 有点讨厌冒险……………………………………………5
> 比较讨厌冒险……………………………………………6
> 非常讨厌冒险……………………………………………7
>
> 如果你住的社区或村庄有玩耍的孩子在破坏花木或公共物品，你是否会阻止他们？
>
> 不会……………………………………… 1
> 不一定…………………………………… 2
> 肯定会…………………………………… 3

除了封闭式问题外，有时还会有开放式问题。开放式问题的形式很简单，在设计问题的时候，需要在问题的下方留出适当的空白作为填答的位置。要留出多大的空白，需根据问题的内容、被调查者的文化程度、研究者的提问意图等因素进行综合考虑。若是填答空白太小，将会限制被调查者的回答内容，导致填答不完整或简单应付。若是填答空白太大，将会增加整份问卷的篇幅。

3) 敏感问题的设计

随着经济水平的提升、生活的多元化和社会环境的日益复杂，被调查者在接受调查时的隐私观念和戒备心理也日益增强。社会调查中的某些特定议题会对被调查者造成一种主观障碍，引发其抵触心理，导致他们敷衍、虚假回答或者不回答。这些特定议题包括某些"令人难堪"的问题、"涉及敏感"的问题、"有威胁性"的问题和"有挑战可能"的问题。在实际调查中，关于收入、国家政策、政府评价和涉及主流价值观等问题，容易引起被调查者的警觉。

在现实生活中，个人收入或财富是敏感且秘密性的问题。因此，在调查过程中，当被问及收入、存款等信息时，有些被调查者会出现以下两种反应：第一，不愿意透露具体信息，被调查者往往通过"没怎么赚""问这个问题干什么"等答案来敷衍；第二，提供不符合实际的数字，一般来讲，这个数字是偏低的。

被调查者通常在回答敏感问题时，也会出现回避、抵触心理，导致调查资料偏离实际情况。因此，一些被调查者往往会掩饰自己的真实态度，采用主流的意见进行敷衍或者拒绝回答相关问题。

研究者在设计问卷时应该充分考虑敏感问题的提问技巧。第一,对于一些敏感的关键变量,可以从不同角度进行提问,通过对比不同回答来验证资料的真实性。比如调查者想要收集被调查者的经济收入信息,就可以从被调查者的家庭年收入状况及消费状况、个人的收入水平、工作和职业状况等多角度进行考察。第二,对于一些态度意见类题目,避免采用某些意识形态式的语气进行提问,多以贴近生活的话语去提问,将敏感问题生活化,这也是有效的方法之一。第三,在问卷量表中,往往通过提出一些陈述来总结态度,可以交替使用肯定句和否定句,降低被调查者的答题思维惰性,以此获取被调查者的真实态度。

4) 关联问题的设计

在问卷中,通常会存在一些问题只需要某部分被调查者填答,而另一些被调查者无须作答。这种情况往往出现在针对特定主题的提问中,比如研究者想要了解被调查者的婚姻状况,并且想了解其配偶的相关信息。如果被调查者还未结婚,那么他就可以不用回答关于配偶情况的相关问题。类似这种情形的后续问题就是关联问题,即后面的问题是否需要回答和被调查者对系列问题中的第一个问题的回答有关。

关联问题的设置可以采用多种格式。第一种是用一个方框格将关联问题框起来,独立于其他问题,并有一个箭头将系列问题中的第一个问题和关联问题连接起来。例如:

您平时使用大众传媒吗(包括报纸、杂志、广播、电视、互联网、手机等)?(   )

1) 使用

2) 从不使用 ⟶ 如果回答从不使用:
您从不使用大众传媒的原因是什么?(   )
① 没有时间
② 没有经济条件
③ 工作单位或住宿地点没有条件
④ 看不懂或不能理解媒体内容
⑤ 媒体内容不真实或不能反映自己的声音

在上面的图示中,只有那些回答"从不使用"的被调查者才需要回答关联问题,而其他被调查者跳过这个问题即可。

第二种是通过在系列问题中的第一个问题的答案后给出相应的说明提示,指明选择该选项需要跳至后续的关联问题继续作答,而没有选择该选项的被调查者就无须回答,跳过关联问题。比如,在下列问题中,选择"没有投过票"的被调查者需要跟随箭头后的指示跳至第3题作答。

1. 近三年,您是否在居(村)委会的换届选举中投过票?
   投过票 ………………………………………… 1
   没有投过票 …………………………………… 2→跳问第3题
3. 没有投票的原因是什么?(多选,此题只是适用于选举中没有投过票的人作答)
   不知道有选举这回事 ………………………… 1
   知道有选举,不知道怎么投票 ……………… 2
   不了解候选人情况 …………………………… 3
   还没有投票的资格,不让我投 ……………… 4
   不在家/没时间 ………………………………… 5
   不想投,觉得没意思 …………………………… 6
   其他(请注明) ………………………………… 7

由此可见,如果使用得当,关联问题的设置能够遴选出相关被调查者,使得其余被调查者不用回答那么多与他们不相关的问题,这样可以节约填答时间,提高填答效率。需要注意的是,有时候一套复杂的关联问题往往涉及多道问题,因此复杂的关联问题要设置得当,不要让被调查者觉得混乱,尽量设置清楚的提示,帮助被调查者免遭阅读之苦。例如:

1. 您目前的状况属于:
   正在外出务工 ………………………………… 1→跳问第3题
   外出务工,目前短期回家乡 ………………… 2
   曾经外出务工,目前长期在家乡 …………… 3
   从未外出务工,目前长期在家乡 …………… 4→跳问第5题
   不适用 ………………………………………… 5
3. 请问在您最近一次外出务工时,土地是如何处置的?
   部分耕种,部分闲置 ………………………… 1
   部分耕种,部分给别人种 …………………… 2
   自家全种 ……………………………………… 3
   全部闲置 ……………………………………… 4
   全部给他人种 ………………………………… 5
   没有承包的土地 ……………………………… 6
   其他(请注明) ………………………………… 7

5. 您每年从事农业生产的时间大约为多少天？

记录：|＿＿＿|＿＿＿|＿＿＿|天

如果填答的数字小于<u>90 天</u>，请跳问第 8 题

8. 您打算将来外出务工吗？

年内准备出去 …………………………… 1

打算 1—2 年内出去 ……………………… 2

打算 3—5 年内出去 ……………………… 3

5 年以后再打算 …………………………… 4

不打算出去 ………………………………… 5

不适用（目前在外务工）………………… 6

2. 答案的设计

1）答案设计的原则

封闭式问题的答案设计应该遵循两项结构要求。首先，答案的分类应该穷尽所有的可能性，也就是应该包括所有可能的回答。研究者常常通过增加诸如"其他（请注明：＿＿＿＿）"一项来保证穷尽。值得注意的是，如果一项问卷调查的结果中，选择"其他"一栏的被调查者人数相当多，那么，说明有一些比较重要的答案类别没有单独列出。

其次，答案的分类必须是互斥的。互斥性指的是答案互相之间不能交叉重叠或相互包含，对于每个回答者来说，最多只有一个答案合适他的情况。比如，下列的答案就不是互斥的：

您的职业是什么？

工人 ……………………………………… 1

农民 ……………………………………… 2

干部 ……………………………………… 3

专业人员 ………………………………… 4

商业人员 ………………………………… 5

教师 ……………………………………… 6

医生 ……………………………………… 7

其他 ……………………………………… 7

在上述的答案中，"专业人员"和"教师""医生"不是互斥的。

2）答案的格式

在最为常见的问卷中，被调查者要从一系列答案中选择一个。通常研究者都会选择盒式，为填答留足空间。研究者可以在问题后设置【 】□○让被调查者填答，这样使得问卷看起来更专业、整洁。

除了盒式选择之外，研究者还可以在每个回答旁边给出一个数字，让被调查者在所选答案的数字上画圈或打钩。采用这种方法，需要为被调查者提供清楚明显的说明。

3. 问卷中的问题数目与序列

1）问题数目

一份问卷应该包含多少个问题，这要依据研究内容、样本性质、分析方法以及拥有的人力、财力、时间等因素来决定。一般而言，为了提高问卷的回收率，一份问卷的问题不宜太多，通常以被调查者在20分钟以内完成为宜，最好不超过30分钟。问卷过长容易引发被调查者心理上的厌倦和畏难情绪，影响填答的质量和回收率。如果调查的问题是被调查者熟悉的、感兴趣的事物，或者研究者能够付给被调查者有吸引力的报酬或纪念品，问卷稍微长一点也无妨。

2）问题序列

问卷中的问题序列会影响到被调查者对问题的回答，甚至影响到调查的顺利进行。安排好问题的顺序一般有以下常用的规则：

第一，个人背景资料可放前面，也可放后面。个人背景资料通常是社会调查中最常用、最主要的自变量，如果一份问卷缺少这些变量，那么后续分析将难以展开。个人背景资料是事实性的资料，比较容易回答，只要不涉及敏感的问题，并在封面信作出说明和解释，这一部分可以放在问卷的开头。尤其是在访谈调查问卷中，访问员通过轻松的交谈，先收集个人人口学资料，营造一种融洽的氛围，为后续的问题开展做好铺垫。

一开始就提问除了姓名以外的其他主要个人信息，此时信任还未建立，部分被调查者会对这种设计不感兴趣，甚至产生排斥与敏感的心理。特别是自填式调查问卷，研究者可以将这部分信息放在问卷末尾。

第二，按照一定的逻辑顺序排列问题。随机的问题序列使得被调查者不得不时刻转换注意力来回答问题，从而影响填答的有效性。因此，研究者要按照一定的逻辑顺序来排列问卷问题。

从时间序列来看，一般按照时间先后顺序来提出问题。既不要颠倒，也不要打乱。从主题序列来看，把询问同一方面事物的问题尽可能地排在一起，否则会影响被调查者的思路。

第三，把简单易答的问题放在前面，把复杂难答的问题放在后面。问卷最开头的几个问题要简单，这样可以给调查者留下一种轻松、简单的感觉，激励他们继续填答下去。相反，如果一开始填写时，被调查者就觉得很费力，很难填写，那么就会影响他们的回答积极性，引发不良情绪。

第四，把能引起被调查者兴趣的问题放前面，把容易引起他们紧张、顾虑的问题放在后面。如果问卷一开头的问题能够吸引被调查者的注意力，引发他们的兴趣，那么问卷调查工作将容易获得被调查者的积极合作，问卷的填答质量也较高。如果问卷的开头部分便触及一些敏感性、复杂性问题，比如有关政治观点、伦理道德观念、个人私生活等问题，这就容易引发被调查者的反感心理，甚至拒绝与研究者合作，导致问卷调查无法进行。研究者可以将这些敏感性、复杂性问题放在问卷的后面，即使被调查者拒绝回答这些问题，也不至于影响整份问卷的质量。

第五，把行为方面的问题放在前面，把态度、意见方面的问题放在后面。由于行为方面的问题涉及的是客观、具体的时候，因此比较容易作答，可以放在问卷的前面。态度、意见方面的问题涉及被调查者的主观认识因素，态度意见多为人们思想上、内心深处的想法，不易在陌生人面前表露。如果一开始就询问这方面的问题，会引发被调查者心理上的反感情绪，因此，这部分内容宜放在问卷的后面。

第六，把开放式问题放在后面。由于开放式问题需要被调查者花费较多的时间思考，组织语言书写，所以回答开放式问题所用的时间要长一些。如果问卷一开始就提出开放式问题，被调查者在心理上就会产生一些压力，担心没有那么多时间和精力完成问卷，这样就会对后续问题的填答产生影响。

第8章 问卷调查

调查是运用最广泛的社会科学资料收集技术,具有多种不同的运用方式和形式,问卷调查就是其中重要的一种。简言之,问卷调查是指研究者运用事先设计好的问卷向调查对象了解其观念、意见、特质以及过去或是现在的行为,以获得相关的信息资料。问卷调查的结构化和标准化特征使其收集的资料更利于量化,适用于各种研究。尽管"建构主义"理论的产生使得这种研究方式的"科学性"受到质疑,但调查研究仍然是社会学经验研究最常用的研究方式。

▶ 问卷调查的特点及应用

问卷调查具有自身的优缺点,它既是非常有用、重要的资料收集工具,又不是唯一、万能的工具,因而在调查过程中应当根据调查的实际需要来选择合适的调查方法。

1. 问卷调查的主要优点

(1)具有较高的效率。从问卷调查的实施程序来看,它比传统的实地研究方法具有更高的效率。通过邮寄或网络发送问卷等方式,可以在较短时间内同时调查大量研究对象。同时,问卷调查还可以不受地理条件的限制,到达的空间范围十分宽广。

(2)结构化的问卷调查利于信息的简化,便于资料的收集与整理。问卷调查是一种结构化、程序化的调查,其调查问题的表达形式、提问顺序、答案设置等都较为固定,利于对资料进行编码整理。同时,问卷调查较少受研究者或调查对象的主观影响,能在较大程度上保证客观性。

(3)问卷调查获得的数据便于进行统计分析,可以兼顾到描述和解释两种目的。它既可以用来描述某一总体的概况、特征,以及对总体中各部分进行比较,也可以用来解释不同变量相互之间的关系,客观、准确地分析社会现象。

(4)问卷调查具有一定的匿名性。问卷调查的调查对象是具有思想意识和主观能动性的人,由于问卷填答时通常不要求调查对象署名,在有些情况下调查者和调查对象之间都没有直接联系,这在一定程度上能减轻调查对象的心理压力,其回答也更能客观地反映自己的思想、行为等社会现实。

2. 问卷调查的主要缺点

(1) 问卷调查中问题设置过多容易导致被调查者产生厌倦畏难的情绪,增加调查的难度,因而问卷调查在问题设置时往往注重全面性,强调覆盖面,很难深入探究某一问题及原因,导致调查的结果广而不深。对研究者而言,规模较大的问卷调查主要适用于探索性的、描述性的或者是解释性的研究。

(2) 问卷调查对被调查者的文化水平和表达能力有一定要求。在填写问卷过程中要求调查对象有一定文字理解和语言表达能力,能顺利阅读和正确理解问题的含义,领会答题的要求和方法,因而对文化程度较低者、有沟通障碍者等人群并不适用,应用范围受限是问卷调查难以克服的局限性。

(3) 在问卷调查过程中较难控制填答时的外部环境和保证填答的质量。问卷调查在很多情况下没有调查员在场,被调查者填答问卷的环境无法控制。他既可以同别人商量着填写,也可以和其他人共同完成,甚至完全由别人代填。同时,被调查者在填写问卷过程中遇到不清楚的问题时可能因无法向调查员询问,往往容易产生误答、错答和未答等情况,影响到调查资料的质量。

3. 问卷调查面临的挑战

问卷调查法在运用过程中会面对诸多方面的挑战:

一是问卷调查解释能力的挑战。问卷调查法对于描述一个较大规模的总体的状况有其特有的优势,但是对于阐释社会现象的原因却存在一定的局限。这主要是因为调查所收集的往往是社会现象在某个时间点上的横向资料。这种单时间点资料特征的一个直接后果是,调查研究被视为某种"相关性"的研究方式,而不是"因果性"的研究方式,即能容易发现不同现象间的"共变"特征,而较难发现直接的"因果"特征,因而无法了解具体的社会运行和社会行为过程,对其内在的作用机制的探究需依赖于研究者自身的研究能力。

二是调查对象在问卷填写过程中的言行一致性问题。自我报告式填答的可靠性所依赖的基础是:被调查者的回答是真实的,即对问题的回答与其行为是一致的。只有所有被调查者都如实向调查者报告他们的实际情况,调查所得到的资料才能用来反映社会现象。但是,现实生活中在许多情况下,被调查者因为多种原因在问卷之中并未如实填写自己的实际情况。例如,当被调查者对参与问卷调查持有抵触情绪时,因其只想尽快结束调查,可能会随意填写答案,或是在其遇到具有争议性或敏感性的议题时,可能会发生社会期望效应,即他们会给予不诚实的意见,好让自己能够符合一般的社会规范。另外,由于调查中经常会询问受访者过去的行为或事件,受访者在回答问卷调查问题时回忆过去的事件所需花费的时间,通常会超过我们给予受访者回答一个调查问题的短暂时间,然而其又必须明确回答,因而其答案与实际可能存在一定差异。

三是在调查的具体实施过程中,随着现代社会的发展,城市居住空间发生变化,封闭式小区越来越多,严格的物业管理制度导致入户问卷调查的难度日益增大,入户调查需要与当地居委会、社区物业管理公司进行联系,寻求其配合与帮助,这也会在一定程度上增加调查成本。同时,问卷调查方式的运用越来越普及,人们生活中会遇到各种商业性质的市场问卷调查,因数量太多,加上生活节奏又不断加快,人们普遍认为没有足够的时间和精力接受问卷调查,因而参与调查的意愿逐渐降低。此外,随着各种欺诈手段的层出不穷,人们的自我保护意识不断增强,出于对个人人身财产安全和隐私的考虑,对陌生人的调查戒备心理增强,拒访率逐渐增高。这些问题都为问卷调查的开展带来诸多挑战。

▶ 问卷调查资料的收集方式

问卷调查的核心部分就是通过问卷的发放与回收来完成资料的收集。依据填答主体的不同,主要可分为自填问卷法和结构访问法两种资料收集方式。

1. 自填问卷法

自填问卷法(self-administered questionnaire),顾名思义,主要是由调查者将调查问卷发送给调查对象,由调查对象自己阅读和填答,然后由调查者回收问卷。依据问卷送达途径的不同,可以分为个别发送法、邮寄填答法、集中填答法和网络调查法等。

(1) 个别发送法,即调查者将问卷印制好后,亲自或委派专人依据所抽取的样本名单,将问卷逐个发送至调查对象本人,待其填答完毕后当面回收问卷,或约定时间、地点和方式再回收问卷。在发放问卷时,调查者可当面向调查对象简要介绍该次调查的目的和意义,并告知问卷填答的方法和要求,但不必像访谈一样逐题讲解,导致交谈时间过长,因而较好地处理了质量与数量之间的关系。总体而言,个别发送法比较节省时间、经费和人力,且具有较高的回收率,但匿名性较低。

(2) 邮寄填答法,即调查者将问卷放入信封内邮寄给调查对象,然后由调查对象自行阅读问卷并写下答案,再将问卷寄回调查机构或调查者。这种填答方式具有较强的匿名性,成本较低,并能突破空间的距离,涵盖广泛的地理区域,调查对象可选择在空闲时完成问卷。但是,这种方法要求调查对象具有较高的受教育程度，而且许多人不一定会完成问卷并且把问卷寄回去，回收率较低。同时，邮寄地址是否准确也非常关键，因为调查对象的居住地址可能会发生改变，导致调查对象根本无法收到问卷。此外，研究经验表明，问卷的填答顺序会影响调查对象对待问题的态度，邮寄填答法没有调查者的监督，调查对象的答题顺序不得而知，这些都会最终影响到问卷质量。

（3）集中填答法，即调查者通过某些组织或机构将调查对象集中起来，每人发放一份问卷，然后由调查者统一讲解调查目的和填答说明，调查对象当场自行填完问卷后，再由调查者统一回收或其所在机构代收。集中填答法的特点就是发放集中、统一、快捷、简便，应答率较高，也可以节省调查费用和调查时间。但一般来说，只有当调查者隶属于某组织或部门时，才便于使用该方法。同时，调查对象集中不利于保证填答的匿名性，也容易产生调查对象间相互商量等问题。

（4）网络调查法，即调查者通过电子邮件、网络平台或手机软件等方式向调查对象发放问卷，通过公告板或新闻组邀请大家来参与调查，调查对象则通过电脑或手机进行填答后回复电子邮件或是提交到网络控制平台。网络调查法（包括电子邮件调查）非常迅速、简便，成本低。但网络调查法面临"数字鸿沟"问题，即网络使用方面存在不平等现象，年龄较大、受教育程度较低、居住在农村地区的居民接触网络的机会较少，因而可能会在一定程度上影响样本的代表性。

2. 结构访问法

结构访问法（structured interview）又称"标准化访问"，是指调查者未直接填写问卷，而是由调查者依据结构式的访问表或调查问卷，向调查对象逐一地提出问题，并根据调查对象的回答在问卷上选择合适的答案的方法。这种方法能够实现对调查全过程进行有效控制，因此比自填问卷法更能够了解和把握调查过程，从而能在较大程度上保证调查结果的可靠性。结构访问法主要包括当面访问法和电话访问法两种具体操作方式。

（1）当面访问法，是指由受过训练的调查者严格按照问卷的问题、问题的先后顺序、问题与选项的具体要求对调查对象进行面对面的访谈，并严格按照调查规定记录调查对象的回答。当面访问法的优点是：面对面的交往不仅可以避免调查对象由他人替代或与他人商量填写，还可以帮助调查者观察环境，能够在访问问题之外，对调查对象的态度、行为等进行仔细观察，从而分辨出调查对象回答问题的真伪，有利于准确评估调查资料的效度和信度。同时，当面访问法可运用非语言的沟通方式（如眼神、握手、点头等）与调查对象交流，受过良好训练的调查者能够询问许多类型的问题，便于使用问题稍多且复杂性较强的问卷。调查经验表明,当面访问法的回收率最高。但是,大规模的调查如果采用当面访问法,则需要大量访谈员,而且由于面谈时间往往比自填问卷所需时间较长,调查费用较高,这可能会导致因成本控制的需要而缩减样本量。此外,当面访问使匿名性难以保证,因而对敏感问题调查的可信度容易受到质疑。

(2) 电话访问法,是指调查者通过名单、电话号码本或是随机数码拨号(RDD)的方式抽出调查样本,通过电话的方式询问调查对象关于问卷中的问题,并将其答案进行记录。近年来,电话访问法与电脑结合起来,发展成电脑辅助电话访问(CATI)。当调查者开启电脑后,电脑按照已经设计好的程序通过随机方式选择电话号码并自动拨号,调查者戴着耳机和麦克风等设备坐在电脑前,念出显示在屏幕上的问题,并且直接将调查对象所回答的答案输入电脑。电话访问法的最大优点是简便易行,成本较低,尤其适合比较简单的问卷调查,并且具有较好的匿名性;缺点是调查的发生颇为突然,调查对象因没有时间或缺乏准备不愿接受调查,因而拒访率比较高。同时,即便调查对象愿意接受调查,时长也极为有限,不太适合学术性、研究性的调查。

3. 资料收集方式的选择

沃里克和利宁格(Warwick & Lininger,1975:5-6)指出:"每一种资料收集的方法,包括调查在内,都只是近似于知识而已。每一种方法都提供了对知识不同的一瞥,而且在单独使用时也都各有限制。在进行调查之前,研究者应该要衡量究竟哪种方法是研究该问题最适当的、最为有效的方法。"从效率来看,通常情况下,研究者是依据应答率来选择资料收集方式,而当面访问法往往被认为应答率最高。但实际上任何一种特定问卷调查的应答率都是多种因素共同作用的结果,例如,调查对象的不同、问卷设计质量的好坏、调查技巧的运用及其他相关因素等。迪尔曼(Dillman,1978:14-15)认为,当样本为普通人群时,关于某些议题的调查采用当面访问法、集中填答法等方式的应答率要高于邮寄问卷的方式,但如果调查对象为某些同质性较强的特殊群体时,邮寄问卷和其他方式一样具有较高的应答率。同时,如果邮寄方式得以恰当地运用,也能以较低的成本达到与当面访问和电话访问同样高的应答率。从时间来看,当面访问的问卷内容往往较多,接触持续时间较长,这虽然能利于调查者掌握更多相关的资料,但这也有可能成为其缺点,因为时间越长,调查对象可能越会产生疲倦和厌烦心理,从而影响到问卷答案的质量。此外,邮寄方式、网络调查或电话访问等方式能突破地域界限,为调查带来一定便利性,却并不能明确填写问卷者是否为调查对象本人,只有在个别发送法、当面访问法中调查者才能完全明确调查对象的身份。可见,各种资料收集方式各有利弊,并没有所谓最好的方法。在选择问卷调查的资料收集方式时,调查者应充分考虑各种方式的优缺点及其适用范围,根据调查样本、经费状况、研究问题及实际情况作出适宜的判断和选择。例如,可以根据调查对象的群体特征、调查主题的性质等来进行选择。例如,大学生群体受教育程度高而且集中,可选择在高校进行集中填答,而涉及较为特殊人群的敏感问题调查可选择匿名性较高的电话或网络调查的方式;针对主题较为复杂、难度较大的学术性问卷调查可选择当面访问法,而简短、易答的市场问卷调查等可选择邮寄填答法、网络调查法等。

问卷调查的组织与实施

1. 问卷调查前的试测

问卷调查的试测也称作"试调查",是指在正式调查之前,从目标总体中选择一个小规模群体进行前期的小规模实验性调查。试调查的目的是对问卷结构是否与研究主题相符,指标设计是否准确,问题及其答案的设置是否合理等问题进行检验。它既是可行性研究也是探索性研究。通过试调查可以让研究者发现问题,及时对问卷进行调整和修正。例如,如果出现了大量没有按要求完成的问卷,暗示着问卷中的指导语可能未表述清楚或问题设置不合适。因此,在大规模调查开始前进行试调查,可以避免造成不必要的人力、物力、财力方面的浪费。

2. 调查员的挑选与培训

在进行大规模调查时需要的调查员数量较多,必须仔细地挑选调查员,并为他们提供严谨的训练,以保障问卷调查的质量。在挑选调查员时主要依据以下标准:(1)调查员必须有较高的工作热情。问卷调查的实施不仅辛苦,而且是一项单调、重复的工作。如果没有较高的工作热情,很快就会感到枯燥乏味,丧失信心,从而影响调查工作。(2)调查员要有认真负责的工作态度。调查的真实可信是问卷调查中最基本的要求,如果没有认真负责的态度,在调查过程中敷衍了事,会严重影响到调查的质量。(3)具有较高的文化程度。问卷调查是以书面或电脑的形式进行,调查员必须具备较高的文化程度,才能深入理解问卷的内容、学习电脑操作技能,以及独立展开调查。当然,具有一定调研经验或相关专业基础者更佳。除此之外,需要指出的是,在挑选调查员时也会考虑调查员的外貌、年龄、性别、语言甚至是声音。有研究表明,在具有同质社会背景、受过训练的女性电话访员中,那些音调较高、声音较大、说话速度较快、发音清楚,而且声音听起来比较愉悦的访员被拒绝的次数明显较低(Oksenberg et al.,1986)。

在挑选出符合要求的调查员后,要组织调查员进行培训。培训内容主要包括:(1)职业道德教育。主要是要培养调查员严肃、认真的工作作风,摒弃弄虚作假、马虎了事的作风,并且在调查过程中严格遵守为被调查者保密的原则,具有良好的职业操守。(2)专业知识培训。问卷调查是一项专业性较强的工作,涉及的知识面较广。尽管调查员很难在短期内精通问卷调查技术,但应当在培训中简略介绍相关专业知识,让其有一般性的了解。另外,现代社会调查中经常会用到电脑,因而还需对相关电脑软件的安装与使用进行培训。(3)熟悉问卷内容。问卷中可能会出现语言上的多义性,难免让被调查者产生误解,因而在调查之前调查员不仅应当对本次调查问卷的内容及结构有一定的了解,还应仔细研究问卷中的每一个问题,对调查过程中可能出现的疑虑和问题要研究讨论解答的方法。(4)技能训练。在培训时应当教导调查员在调查时如何接近被调查者,以及如何取得其信任,在调查过程中又应当如何使用提问、追问、聆听等技巧,如何记录被调查者的答案等相关技能训练,此外还需交代在调查中所需注意的事项。

3. 问卷调查过程的管理

对调查进行过程管理是研究过程中的一个重要阶段。为保证问卷调查顺利、有序地开展,在调查过程中的协调与控制十分重要,应加强对其过程的有效管理。

(1)把握调查工作的进度。问卷的发放和回收要按照之前的计划逐步进行。在调查过程中,调查者应当记录问卷分发和回收的日期,将同一天收到的问卷集中起来,在问卷上记录下收到的日期,并记录下每天回收的问卷数量。一方面,这样可以统计回收问卷的进度,如果回收进度缓慢,调查者应当采取相应措施,如邮寄提示信,以保证应答率。另一方面,调查研究的经验表明,早回收的问卷与晚回收的问卷在填答上可能会有差别。事后可以把同时期收到的问卷作为一组,然后将不同回收日期的问卷进行组与组之间的对比分析,看它们在填答上是否存在差别,如果差别较大,就要进一步分析其原因。

(2)强调调查工作的分工与合作。一项大型的调查可能会相当复杂且昂贵,调查实施过程中会牵涉到调查步骤的安排、人员的调度、调查员的差旅安排、调查经费的发放与使用等诸多问题需要解决。这就要求研究者或问卷调查的组织者必须要具有良好的组织协调能力,如一项关于"全国大学生思想政治教育"的问卷调查可能需要多所高等院校的协作才能完成,研究者或组织者必须要做好信息沟通、人员协调等多方面的工作。

(3)发挥督导的作用。在大规模调查中,研究者通常会雇用一名或多名督导。督导熟悉调查的地理位置,协助处理问题,监督调查员,并且确保调查员能够准时完成工作。在当面访谈过程中,督导会确认调查员是否真的进行了调查,这意味着督导可能会打电话给被抽样的被调查者以进行确认。在电话访问过程中,通常情况下都会有一名督导协助打电话、确认调查员到达和离开工作地点的时间,并且监督访谈的电话内容。

4. 问卷调查技巧的运用

在问卷调查中,调查员与被调查者之间并不需要如实地研究一样进行深入交流,但两者之间仍然需要一定的交往。特别是结构式访问,其问卷的完成情况和完成质量在很大程度上取决于调查员对这种互动过程组织的好坏。因此,调查者掌握和正确运用相关的技巧,有助于问卷调查质量的提升。

(1) 语言表达。在问卷调查过程中,调查员的语言表达要简洁、清晰,尽量不使用对方不熟悉的学术术语,不能有含糊不清的地方。对被调查者所提的要求要表述明确,避免对方因不了解规则而不知如何配合,在表达过程中还要注意语气要委婉、态度恳切,语速避免过慢或过快。在问卷填写过程中,调查员要注意不能随意改变问卷中的语句,以免在表达上出现偏差误导被调查者,而且还要尽量避免阐述自己对某些问题的观点,表现出某种倾向,导致被调查者为符合对方期望而未能反映自身真实的想法。

(2) 提问。如果是由调查员填写纸版或电脑问卷,调查员必须提供必要的信息,但对问卷中的问题一般不作解释。如果被调查者遇到疑问需要给予解释时,则要对解释的内容作统一规定。在调查前,通常会制定一份指南来对问卷调查中可能出现的问题加以说明,以引起调查员的注意。在调查时面对一些敏感的议题,或者是一些被视为会影响到外在形象的问题,如包括性行为、使用药物或酒精、心理健康状况、违法行为或者是不受社会欢迎的行为等问题的情况下,被调查者可能不愿意提供完整和真实的答案。在提出类似问题时,调查员应当调整提问方式,在处理结果时也要特别地小心谨慎。我们可以通过以下四种方式使人们在回答敏感问题时比较愿意提供诚实的答案:一是强调调查的匿名性和保密性,选择先从不太敏感的问题切入,建立起信任感,让被调查者感觉自在,在"热身阶段"过后,再开始询问敏感问题。二是改变问题的措辞,以减低威胁性,即仅描述行为过程,不具批评性,且让被调查者认为这种行为在某种情况下是可以被接受的。三是降低原问题的敏感度,如针对"顺手牵羊"问题,如果我们先提出一些比较严重的罪行(如持枪抢劫、入室盗窃等)问题,然后再提出关于"顺手牵羊"问题,会让人觉得这个问题没那么严重,被调查者可能会诚实回答。四是尽量采用自填式问卷或网络调查等匿名性较强的方式进行提问。

(3) 澄清与追问。当调查员辨识出不相关或不正确的答案时,在必要的情况下可使用澄清和追问等技巧，目的在于让被调查者澄清一个模糊的答案、完成一个未完成的答案，或是获得相关的回答，如通过暂停记录答案、通过肢体语言（与被调查者进行眼神接触、把头倾向一边等）与对方进行交流。当被调查者的回答前后矛盾不能自圆其说，回答过于简单，或存在犹豫时，可追问其原因以判断其所填信息的真实性。追问可以采取正面的方式，即正面指出回答的不真实、不具体，请对方予以补充，也可以采用侧面的方式，即换一个提法来追问相同的问题。由于正面追问较为尖锐，容易引起被调查者的反感，因而通常在访问后期进行追问。

（4）倾听与回应。研究者只有通过倾听被调查者的回答，才能切实了解他们的真实想法。被调查者可能在调查过程中对问卷题目或答案设置有自己的看法，调查员应当认真倾听，在倾听过程中应当明显表现出对对方的重视、接纳和理解。回应是指调查员对被调查者在问卷填写过程中的言行作出即时的反应，将自己的态度、意向和感觉传递给被调查者。调查员可通过认可、安抚和鼓励等方式予以回应，即用简洁的方式表示自己正在关注被调查者，而当被调查者因问卷过长表现出不耐烦时，需要安抚其不良情绪，并给予鼓励，以保证问卷的顺利完成。当被调查者在填写问卷过程中犹疑或遇到问题时，一定要询问原因并协助其进行填写。

（5）记录答案。在结构式访问中，问卷调查通常采用的是当场记录的方式，即调查员边访问边记录答案，并征得被调查者的许可。在自填式问卷中，如果是封闭式问题，记录答案相当简单，被调查者仅需勾选出正确的答案即可，但也有被调查者会因为想要偷懒而选择没有意见或是一个中立的答案，调查员要及时督促其选择最为贴近的答案，并提醒其进行前后校对，以免出现误填、漏填等问题。在开放式问题部分，调查员的工作就比较复杂。许多被调查者会表达一些个人观点，但又懒于填写，在填答过程中调查员可提醒被调查者或自行先记录关键词，之后再进行整理。

5. 保障问卷的回收率

阿波尔（2001）确定了两个主要的无回答的原因：拒绝和不接触。拒绝简单地说就是被调查者不想参加这个研究。他们可能对这个调查不感兴趣，认为这项研究并不重要或与自己无关。这种情况下的无回答可能会受到调查员技巧的影响，或邮寄调查中问卷设计的质量和封面信中解释的影响。不接触是指当调查员前往调查时，被调查者不在家、住址发生改变，或已见面但因健康状况、交流障碍等原因无法接受调查，这些问题都会对问卷的回收率造成一定的影响。因此，为保障问卷的回收率，可从以下几方面进行：

(1) 事先接触。调查经验表明,在问卷调查时如果有事先的接触,被调查者会更愿意接受调查。因此,在入户调查过程中,调查员最好先进行电话联系,了解被调查者的工作性质和日程安排,与其预约入户调查的具体时间。如果一开始对方接受调查的意愿不强,可重复多次与之联系,如在不同时段打电话或发信息等,并且尽量拉长接触的时间。随着联系的增多,被调查者对调查目的和调查员了解的加深,能在一定程度上提高问卷的应答率。

(2) 为被调查者提供方便。在调查之中尽可能为被调查者提供方便,降低对其生活造成的影响程度,也会利于问卷回收率的提升。例如,在邮寄问卷时,应当在问卷前附上一封说明信函以及已填好问卷回收地址、姓名和邮编的信封,信封上还应贴足邮资,同时避免在重要假期寄送问卷,以免造成对方的抵触。如果被调查者是上班族,尽量不打扰其正常工作,调查员可与其协商将问卷调查时间安排在晚上或周末等休息时间进行。

(3) 获得被调查者信任。在进行调查时,调查员首先应当表明自己的身份并出示相应证件,向对方提供其所在单位或机构的名称,并详细解释调查的目的及抽样规则,说明其性质及用途,以取得对方对调查员和问卷调查的信任。

(4) 调查员进行回访或发送提醒邮件,如果遇到被调查者接受调查的意愿不强,调查员不应立马放弃,而应当适时进行回访,保持与其的联系,向其强调调查的重要性。在使用邮寄填答法时,对于在一段时间后还没有及时回复的被调查者,需要为其寄送提醒邮件,提醒其问卷尚未寄回,鼓励其完成并返还问卷。

(5) 争取权威性强的组织和机构的支持。有些调查如果能取得当地机关、团体或单位的支持,并派人参加联合调查,效果会更佳。来自这些机构和组织的参与,不仅增大了调查力量,可以为调查提供许多便利条件,并且以权威机构的名义发放问卷,更容易得到被调查者的认同,从而调动其参与问卷调查的积极性。

(6) 馈赠纪念品。当被调查者相信调查的主题或是结果对其有利(也就是被调查者感兴趣或是觉得会为其带来直接的利益),或是为一个小小的诱因(如以现金或礼品作为奖励),会提高问卷的回收率。调查经验表明,在邮寄问卷时夹寄一张精美的卡片或小型的纪念徽章,或是当面赠送一件小型礼品会有助于提高应答率。这样使得那些本来参与意愿较低的被调查者因盛情难却而选择欣然合作,在看重人情的中国尤为如此。

问卷调查的注意事项

在问卷调查中,除了要选择合适的资料收集方式,按照调查步骤逐步开展,在问卷调查实施过程中还需要注意以下几个方面的问题:

1. 问卷调查的成本问题

问卷调查除了一般性支出之外,花费最高的就是人力资本,其中包括雇用专业的工作人员(负责制作问卷并且进行试调查),调查员以及培训调查员的费用。选择的资料收集方式不同,相关的成本也会有所不同。通常来说,当面访问法要求对调查员进行专门训练,还有入户访谈的旅途奔波、监督指导等,因而其所花费的成本最高。对于刚接触调查的研究者而言,通常会低估了所需要花费的经济成本和时间。由于在抽样调查中被调查者是事先预定的,调查员可能要数次登门拜访才能完成一份问卷的填答,这样就会拖延调查时间,增加成本。因此,研究者应根据经费状况、研究主题,事先制订好具有一定弹性的财务计划,并在调查实施过程中严格控制问卷调查的成本,以免出现财务超支严重,导致后续调查无法进行的问题。

2. 与被调查者关系的建立

要在问卷调查过程中取得成功,每位调查员都要形成自己的个人风格,个人风格应体现出自身的专业性,并尽力与被调查者建立一种和谐融洽的关系。

(1)态度友好且不卑不亢。调查员应时刻保持积极的态度,切勿与被调查者争论,更不能产生正面冲突。同时也要不卑不亢,不能在开始时就以歉疚和过于谦卑的态度与被调查者进行交谈,这样很可能调查还没开始就遭到拒绝。

(2)吸引对方的注意力。现代社会中的居民经常会接触到民意调查、市场调研和电话调查等,与不同的调查打交道的次数较多,被调查者会产生不愿意参与调查甚至产生厌烦情绪,他们只在预期会获得利益时才会听调查员的建议。所以,调查员应该向其解释此次调查的重要性和用途,以及可能为被调查者带来的某些益处。

(3)开展愉快的对话。在对话的初始阶段是印象形成的关键时刻。被调查者通常在接受调查时对于他们所被要求调查的事务没有清楚的认识,会存在如"为什么要调查我""我需要做什么"等疑虑。要想建立良好的互动关系,调查员需要清楚地表明来意,强调调查的保密性并予以承诺,消除被调查者的疑虑。见面时要体现出对被调查者的尊重,向其友好地表示问候,让其感到轻松自然。在对方表示接受问卷调查后,被调查者可能对问卷本身提出某些质疑,这时需要调查员做一个积极的聆听者,在厘清其问题后坦诚礼貌地给予合理的解释,并让被调查者相信他们所填写的问卷是有价值的。

(4)结束访问是访问的最后一个环节。访谈结束应注意两项原则:适可而止和把握结束谈话的时机,时间不宜过长,并要让调查在良好的氛围中结束。在离开前要对被调查者表达谢意并礼貌地告别,这既体现了对被调查者的尊重,也为后续可能进行的追踪调查奠定关系基础。

3. 调查中的伦理议题

在问卷调查的实施过程中,研究者要考虑其中涉及的伦理问题。"伦理学是关于道德的科学:从事伦理研究的人就规范人类行为的价值进行辨析。"(Homan,1991)收集关于人的信息资料所引起的伦理问题主要涉及个人隐私、自愿参与和调查结果的用途等方面。

（1）在调查研究中的一个重大的伦理议题就是对于隐私的侵犯。所有人都拥有隐私权,而且被调查者有权决定何时以及对谁揭露自己的个人信息。当我们在询问关于亲密行为与个人观念的问题时,可能会侵犯被调查者的隐私。当被调查者相信他们的回答会维持在保密状态时就最有可能回答所有的问题。因此,我们必须以尊重的态度来对待所有被调查者,尽量减低其不舒服的感受,并且保护调查资料的机密性,严防被调查者信息的泄露。

（2）与伦理有关的议题还牵涉到被调查者的自愿参与。不管在任何时间被调查者都可以同意回答问题或是拒绝参与调查。在开展一项研究时,被调查者必须是知情后表示同意参与调查。我们依靠被调查者的自愿合作,而且也必须以一种谨慎的态度来对待调查,以尊重的方式来对待被调查者,并且谨守保密的原则。

（3）另一个与伦理有关的问题是调查结果的不当使用、调查目的不纯或是被蓄意操作的调查。对于收集的调查资料应当用于学术研究或正当的商业用途,以免被不法分子所利用。另外,由于问卷调查相当普遍且受到欢迎,有一些组织或个人并不是要获得被调查者的某些信息,而是利用调查来达到其他目的。例如,说服被调查者去做某些事情,最典型的是一些人利用进行调查的名义进行伪装,进入被调查者家中推销产品,这些都属于"伪调查"。

4. 调查员的安全问题

调查员在外出进行调查过程中,经常会遇到各种问题和突发状况,甚至会威胁其安全。因此,在调查时调查员需要树立安全防范意识,注意保护个人的人身和财产安全。在人身安全方面,当调查员外出进行调查时最好采用小组的形式,并且保持相互之间的联系,尽量避免独自开展调查。特别是许多调查需要直接入户,或者在晚上进行,或者在偏僻农村地区进行,要尽量避免让女性调查员单独入户调查或在夜间外出调查,以免遭受侵害。另外,如果对建筑工人、煤矿工人等群体进行调查,需要进入工地、下井等施工现场时,要及时做好防护工作,选择在安全场所进行调查,远离危险区域。同时,在外调查时往往需要各处奔波,因而要随时注意随身携带的物品,以防财物丢失。女性调查员尽量不要佩戴贵重首饰或贵重物品,以免被不法分子觊觎财物。

第 9 章　问卷数据的录入与整理

在完成问卷的调查之后,接下来的工作就是把问卷的数据录入电脑并通过统计分析软件对数据进行分析。目前流行的问卷分析软件有 SPSS 和 STATA 等,不同的软件大同小异,各有优点。本书只介绍 SPSS 的应用。

▶ 问卷数据的录入

1. SPSS 软件及数据输入界面介绍

SPSS(Statistical Product and Service Solutions)是 IBM 公司推出的一系列运用于统计学分析运算、数据挖掘、预测分析和决策支持任务的一款软件,有 Windows 和 Mac OS X 等版本。鉴于它友好的操作界面和优越的统计分析性能,它已经在我国的社会科学、自然科学的各个领域发挥了巨大作用。目前,SPSS 软件的最新版本为 22.0,本书将在后面章节中以此版本进行实例演示。

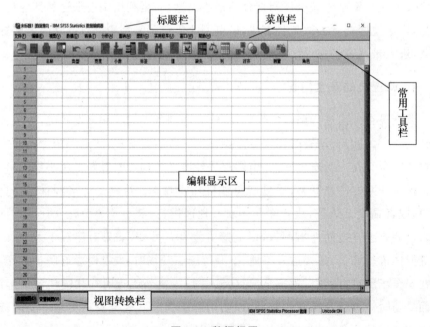

图 9-1　数据视图

启动 SPSS 软件后，主窗口如图 9-1 所示，主要由标题栏、菜单栏、常用工具栏、视图转换栏、编辑显示区等部分构成。其中，菜单栏有文件、编辑、视图、数据、转换、分析、直销、图形、实用程序、窗口和帮助这些选项，可以用来进行数据的编辑、修改、计算、绘图等。

在录入数据之前，我们需要先建立一个以后缀".sav"结尾的 SPSS 数据录入文件。在图 9-2 的变量视图里对数据进行定义。

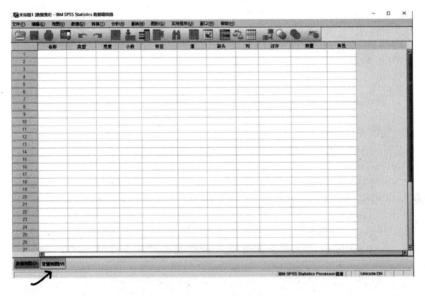

图 9-2 变量视图

"名称"即定义某个变量的名称，首字符必须是字母或者汉字，变量名的长度不能超过 8 个字符，即 8 个英文字母或 4 个汉字。每个变量名应是唯一的，为了方便理解和记忆，变量名最好具有实际意义。变量名称的命名通常是英文字母加阿拉伯数字，例如，一份不长的问卷，可以采用 V1、V2、V3 依次表示问卷中的第一个变量、第二个变量和第三个变量或问题。如果问卷较长，又分为若干个部分，第一部分可以采用"A"+数字，第二部分采用"B"+数字的方式命名，即 A1、A2、A3 和 B1、B2、B3 等。变量名输入完成后点击回车即可完成对变量名的定义，双击即可修改。如果我们没有输入变量名，那么系统将会自动默认 VAR00001、VAR00002 等为变量名。变量名不能与 SPSS 软件保留字相同，包括 ALL、END、BY、EQ、GE、GT、LE、LT、NE、NOT、OR、TO、WITH。

"类型"即定义某个变量的类型，变量类型有 8 种，常用的主要有数值型变量、字符串变量等类型。通常系统默认的变量类型是数值型（numeric）的，一般不需要改动它。不管是年龄、收入等定距变量，还是宗教信仰、户口类型等定类变量，只要以数字的形式录入，都属于数值型变量。那么，什么时候用到字符串变量呢？当我们要在 SPSS 软件中直接录入文字内容时，就要用到字符串变量。例如，在厦门大学进行一项调查，我们事先不知道厦门大学有多少个专业，在"专业"这个变量上没有事先把所有专业列出来并编上序号，而是让受访者直接在问卷上填写具体的专业（如"社会学""社会工作""政治学"等），在录入问卷时直接在 SPSS 软件中录入这些文字，这就需要把这个变量设置为"字符串"。

单击变量类型设置栏右侧按钮弹出图 9-3 所示对话框，点击倒数第二个按钮选择"字符串"。

其他变量类型很少用到。

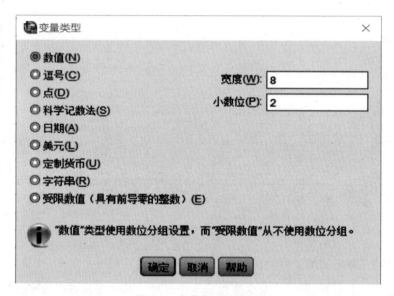

图 9-3　变量类型的选择

"宽度""小数"是可以自定义的，其中系统默认变量宽度为 8。一般情况下 8 个字符的宽度完全够用了，无须再进行定义。但在一些特殊情况下，比如要录入开放式问题的一段话，或是超过 8 位数的数字，这时候就可以根据需要对变量的宽度进行再定义。

"小数"的系统默认值是 2，即每个变量都保留小数点后两位。但是，通常大多数变量都不需要保留小数，因此可以去除。少数变量保留小数可能有一定意义，例如，问农民家里有几亩责任田，这个时候保留两位小数就有意义了。

"标签"即对某一变量的问题或内容的补充说明，使我们在后期的分析中不用重新翻看问卷而可以方便地得知此变量是研究什么的。这里可以输入较长的文字，通常我们把问卷问题的文字都在这里录入。

在界定完"标签"后,还需要对大部分变量的"值"进行定义。如前所述,不管是年龄、收入、智商等定距和定比变量,还是政治态度、生活满意度等定序变量,或是宗教信仰、户口类型等定类变量,都是用数值的形式呈现的。一般的定距、定比变量无须再作进一步说明,其数值本身具有意义。但是,对于一般的定序变量和定类变量,则需要作进一步的说明,也就是对变量的"值"进行界定。例如,对于性别这一变量,是用数字"1"表示"男"、用数字"2"表示"女",这些需要我们在这里作出说明。

"值"即对数值型变量的取值进行定义。点击按钮弹出图 9-4 对话框,如对于性别这一变量,我们先在"值"这一栏中输入数字"1",在"标签"栏中输入"男",而后点击"添加"键;接着再分别输入"2"和"女",从而完成对性别变量值的界定。

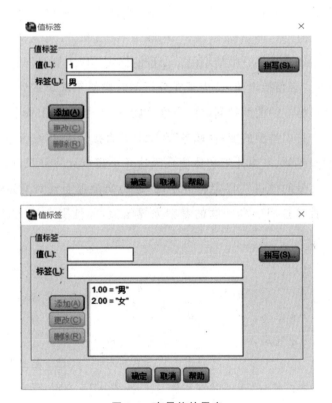

图 9-4 变量值的界定

在以".sav"作为后缀的文件中对问卷中所有的变量逐一进行界定之后,一个可以录入问卷数据的文件就生成了。

数据的录入需在数据视图窗口内进行。SPSS 软件中每一行代表一个观测对象,每一列则代表一个变量。

2. 数据录入文件定义示例

以"2005厦门居民生活状况调查"为例,调查问卷共分为四个部分:A. 基本情况;B. 阶层认同;C. 生活状况;D. 展望未来。其中,A部分有34道题,B部分有5道题,C部分有39道题,D部分有12道题。

在问卷回收之后,我们通常要给每一份问卷添加编号。在录入数据时,在每份调查问卷最前面要加一个变量"问卷编号"。录入数据后的问卷要保留一段时间,以便在后续的校对和数据分析中发现问题时,可以随时查找到原始问卷进行核对。

一般情况下,一道问题就是一个变量。以下是这份问卷第一部分的前面22道题,图9-5呈现的是在定义变量后的SPSS文件的"变量视图"。在这里,变量名就直接用问题序号,即A1、A2、A3……除了A15a和A15b这两个变量是字符串外,其他变量的类型都是数值型的。变量的标签实际上就是问卷的问题,表述可以简洁一点。必须指出的是,为了在分析的时候便于从众多的变量中找到所要的变量,变量标签的前面把问题的序号(也就是变量名)加上去了。在这22个问题中,两个字符串类型的变量"职务"和"职称"直接录入文字,无须界定变量的值。问卷编号、年龄、来厦几年和休假几天这几个是定比测量尺度,录入数字即可,不需要对变量的值进行界定。但是,其他的变量都需要对变量的值进行界定,通常我们直接按照问卷问题的答案来界定值,如性别这一变量中"1"代表"男","2"代表"女"。

A1. 你的性别:
(1) 男　　　　(2) 女
A2. 请问你的年龄:_____岁。
A3. 你的文化程度:
(1) 文盲　　　　(2) 初小　　(3) 高小　　(4) 初中
(5) 高中/中技校/职高　(6) 大专　(7) 大学本科　(8) 研究生及其以上
(9) 其他
A4. 你有宗教信仰吗?
(1) 信基督教　(2) 信天主教　(3) 信佛教　(4) 信伊斯兰教
(5) 信道教　(6) 信其他宗教　(7) 不信任何教
A5. 你的婚姻状况:
(1) 未婚　(2) 已婚　(3) 离异　(4) 其他
A6. 如果你没有结婚,你选择未来的伴侣最注重什么?

(1) 地位　(2) 感觉　(3) 品德　(4) 金钱　(5) 相貌　(6) 经历
(7) 能力　(8) 学历　(9) 年龄　(10) 地域　(12) 家庭

A7. 你在厦门市的户口类别是：
(1) 市区常住　　(2) 郊县常住　　(3) 本市暂住　　(4) 其他

A8. 你是本地出生的吗？
(1) 是(跳过第 A9 题)　　(2) 否

A9. 如果你是外地出生的,请问你来厦门_____年了？

A10. 你的职业状况：
(1) 在职(回答第 A11—14 题)　　(2) 下岗(失业)
(3) 离、退休　　(4) 在校学生　　(5) 其他(请说明_____)

A11. 若在职,请问你的经济活动身份类别是：
(1) 雇主　　　(2) 受雇　　　(3) 其他(请说明_____)

A12. 若是受雇在职,请问你所在工作单位的性质属于：
(1) 国有企业　(2) 集体企业　(3) 民营企业或个体户　(4) 三资企业
(5) 其他

A13. 若在职,请问你的工作行业是：
(1) 党政机关　　　　　　(2) 教育、文化、科技　(3) 医疗卫生
(4) 金融保险业　　　　　(5) 工业　　　　　　(6) 商贸业
(7) 宾馆、旅游、餐饮等服务业　(8) 交通运输业　　(9) 其他

A14. 你在你所属的企事业单位的工作身份是：
(1) 负责人　　(2) 中层领导或骨干　　(3) 基层领导或高级职员
(4) 普通员工

A15. 如果你有职务和职称,请问它们分别是：_____和_____。

A16. 你对现在的职业满意吗？_____

A17. 你是否与所在单位签过劳动合同？
(1) 有(跳过第 A18 题)　　(2) 没有

A18. 你与所在单位没签订劳动合同的原因是：
(1) 单位不给签　　(2) 手续没办好　　(3) 不想签　　(4) 其他

A19. 你是否办理了社会保险？
(1) 办了　　　　　(2) 没有办

A20. 你是否办理了医疗保险？
(1) 办了　　　　　(2) 没有办

A21. 你是否办理了补充险？
(1) 办了　　　　　(2) 没有办

A22. 你一个月休假几天？_____天。

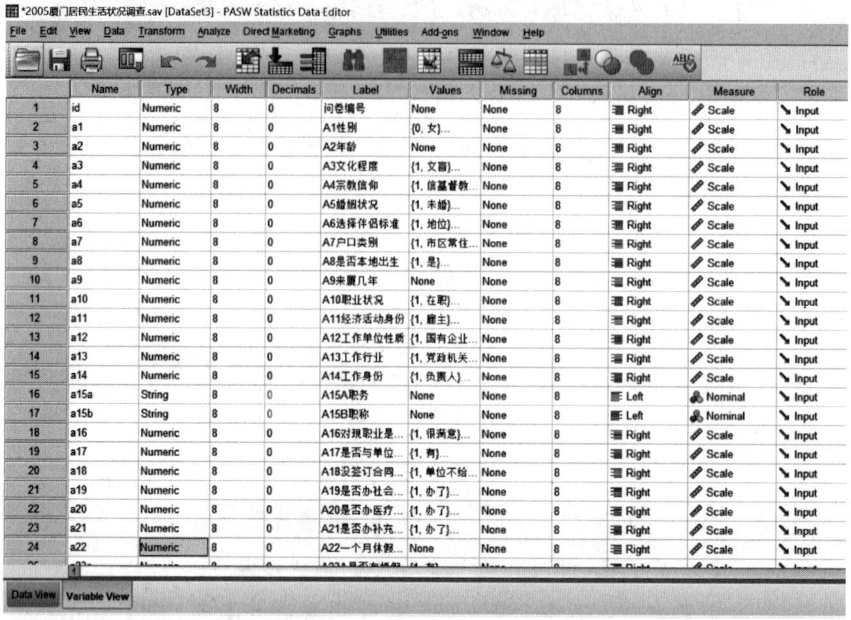

	Name	Type	Width	Decimals	Label	Values	Missing	Columns	Align	Measure	Role
1	id	Numeric	8	0	问卷编号	None	None	8	Right	Scale	Input
2	a1	Numeric	8	0	A1性别	{0, 女}...	None	8	Right	Scale	Input
3	a2	Numeric	8	0	A2年龄	None	None	8	Right	Scale	Input
4	a3	Numeric	8	0	A3文化程度	{1, 文盲}...	None	8	Right	Scale	Input
5	a4	Numeric	8	0	A4宗教信仰	{1, 信基督教...	None	8	Right	Scale	Input
6	a5	Numeric	8	0	A5婚姻状况	{1, 未婚}...	None	8	Right	Scale	Input
7	a6	Numeric	8	0	A6选择伴侣标准	{1, 地位}...	None	8	Right	Scale	Input
8	a7	Numeric	8	0	A7户口类别	{1, 市区常住...	None	8	Right	Scale	Input
9	a8	Numeric	8	0	A8是否本地出生	{1, 是}...	None	8	Right	Scale	Input
10	a9	Numeric	8	0	A9来厦几年	None	None	8	Right	Scale	Input
11	a10	Numeric	8	0	A10职业状况	{1, 在职}...	None	8	Right	Scale	Input
12	a11	Numeric	8	0	A11经济活动身份	{1, 雇主}...	None	8	Right	Scale	Input
13	a12	Numeric	8	0	A12工作单位性质	{1, 国有企业...	None	8	Right	Scale	Input
14	a13	Numeric	8	0	A13工作行业	{1, 党政机关...	None	8	Right	Scale	Input
15	a14	Numeric	8	0	A14工作身份	{1, 负责人}...	None	8	Right	Scale	Input
16	a15a	String	8	0	A15A职务	None	None	8	Left	Nominal	Input
17	a15b	String	8	0	A15B职称	None	None	8	Left	Nominal	Input
18	a16	Numeric	8	0	A16对现职业是...	{1, 很满意}...	None	8	Right	Scale	Input
19	a17	Numeric	8	0	A17是否与单位...	{1, 有}...	None	8	Right	Scale	Input
20	a18	Numeric	8	0	A18没签订合同...	{1, 单位不给...	None	8	Right	Scale	Input
21	a19	Numeric	8	0	A19是否办社会...	{1, 办了}...	None	8	Right	Scale	Input
22	a20	Numeric	8	0	A20是否办医疗...	{1, 办了}...	None	8	Right	Scale	Input
23	a21	Numeric	8	0	A21是否办补充...	{1, 办了}...	None	8	Right	Scale	Input
24	a22	Numeric	8	0	A22一个月休假...	None	None	8	Right	Scale	Input

图 9-5 变量界定后的界面

数据整理

本部分将根据“2005 厦门居民生活状况调查”里的数据对 SPSS 软件中的基础数据整理进行实例操作演示。

1. 数据合并

一次问卷调查的样本量一般都在数百至几千之间，加之每份问卷的题量不小，因此问卷的录入也是一份繁重的任务。通常的做法是安排多个录入员分别录入问卷，而后再将不同录入员录完的数据合并在一起。因此，录入之前需要保证每个录入员拿到统一定义问卷各个变量后的模板。为了避免在录入的过程中去补充或更改变量的界定，要保证录入的模板没有遗漏和差错。否则，在录入的过程中再修改 SPSS 录入文件，就会带来很大的麻烦。为了保证录入文件的完整和正确，一般应先安排一位录入员对问卷数据进行录入。在录完 10—20 份回收来的问卷数据之后，就可以发现录入模板是否存在差错，以便及时作出修改。接着就可以把修订好的 SPSS 数据录入模板发给更多的录入员，同时进行问卷数据的录入。待所有的问卷数据都录入完毕，接下来要做的事就是把不同录入员完成的数据文件合并在一起。

合并的方法是先打开一个已经录好的数据文件，例如，我们现在打开已经录好数据的“2005 厦门居民生活状况调查. sav”文件，然后下拉 SPSS 软件的“数据"菜单,点击"合并文件",选择"添加个案"(见图 9-6)。

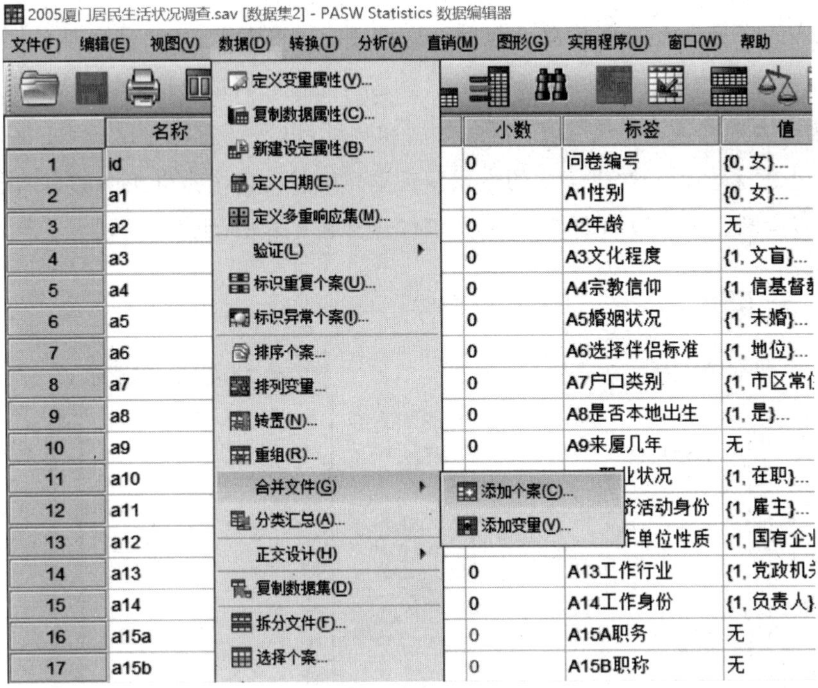

图 9-6 合并文件

之后会弹出一个窗口"从打开数据集列表中或从文件中选择数据集以与活动数据集合并",在这个窗口中有两个选项,一是"打开的数据集",二是"外部 PASW Statistics 数据文件",我们选择后者。接着点击右下角的"浏览"键,选择"2005 厦门居民生活状况调查.sav"文件(见图 9-7)。

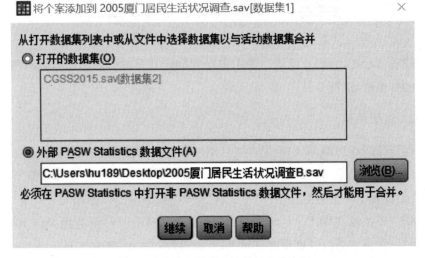

图 9-7 从外部数据文件选择合并文件

接着点击左下角的"继续"按键,这时就会弹出一个窗口,左边是"非成对变量",如果这里有变量的话,说明合并的两个数据集有一些变量界定不一样,这些不一样的变量是无法合并在一起的。这些不一样的变量可能是变量的名称不同,也可能是变量的类型、宽度不同,只要这些变量的属性不同,就无法合并。因此,需要及时修改这些变量的名称、类型和宽度,以保证它们完全一致。在窗口的右边是"新的活动数据集中的变量",这里列出的是两个数据集中所有名称、类型和宽度都完全一致的变量,它们是可以合并在一起的(见图9-8)。

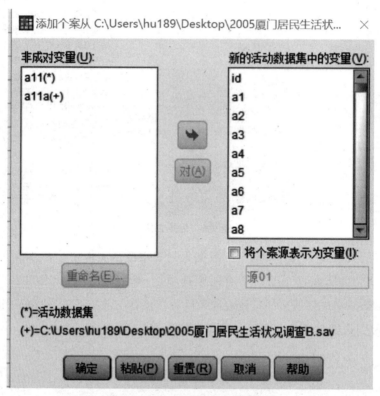

图 9-8　数据合并中的变量配对

接着点击左下角的"确定",两个数据集的合并完成。随后还可以继续读入更多的数据库,进行合并。

2. 重新编码

在设计问卷初期,我们为了方便后期的数据分析,通常要调查对象提供较为详细的信息。以"2005厦门居民生活状况调查"为例,对于a3"文化程度"这一问题,我们设置了9个答案选项:1="文盲";2="初小";3="高小";4="初中";5="高中/中技校/职高";6="大专";7="大学本科";8="研究生及以上";9="其他"。在频率分析结果中可以知道,文盲、初小、高小、研究生及其以上和其他的频数都非常少,不具代表性,为了使分析结果更加直观和有效,化繁为简,我们需要对答案进行重新分类,这时候就需要重新编码。

在这个例子中,我们将"文盲""初小"和"高小"合在一起,归为"小学及以下"一类;"研究生及以上"和"其他"的频数都很少,可以和"大学本科"并为一类,归为"本科及以上"。SPSS 软件中的具体操作流程如图 9-9 所示。首先,在菜单栏中选择"转换",对数据的合并可以有两种方式:一是重新编码为相同变量,即对变量的值、标签进行重组和重新编码;另一种是重新编码为不同变量,即生成一个全新的变量,需要对这个新变量的名称、类型、标签和值等方面进行重新定义。以下以对 a3 重新赋值为例,分别演示这两种方式的具体操作,首先是重新编码为相同变量的演示。

图 9-9 数据转换

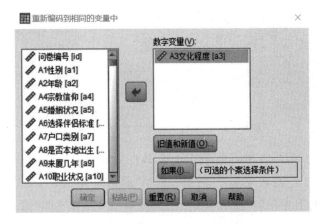

图 9-10 重新编码为相同变量

下拉 SPSS 软件菜单栏的"转换",选择"重新编码为相同变量",将左侧变量栏中的 a3 添加到右边的"变量"栏中,接着点击"旧值和新值"按钮(见图 9-10)。

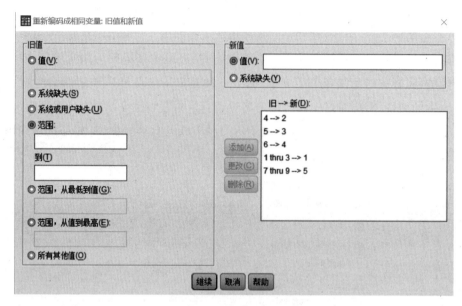

图 9-11 重新编码中的赋值

如上文所述,分别将旧值和对应的新值进行设置并添加,然后点击"继续",最后点击"确定"按钮(见图 9-11)。接下来,我们需要在变量视图里对 a3 变量的值标签进行重新定义,最后点击"确定",完成对 a3 变量的重新赋值(见图 9-12)。

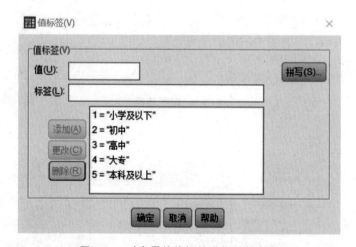

图 9-12 对变量的值标签进行重新定义

以上是重新编码为相同变量,接下来我们看看重新编码为不同变量的操作过程(见图 9-13)。点击菜单栏"转换",选择"重新编码为不同变量",将左边变量栏里的 a3 添加到中间的"数字变量→输出变量"栏中,在右侧"输出变量"栏下面的"名称"空格输入新的变量名称"na3",在"标签"空格中输入"教育程度",并点击"更改"按钮,这时候中间的"数字变量→输出变量"栏中的"a3→?"马上转变为"a3→na3"(见图 9-14)。

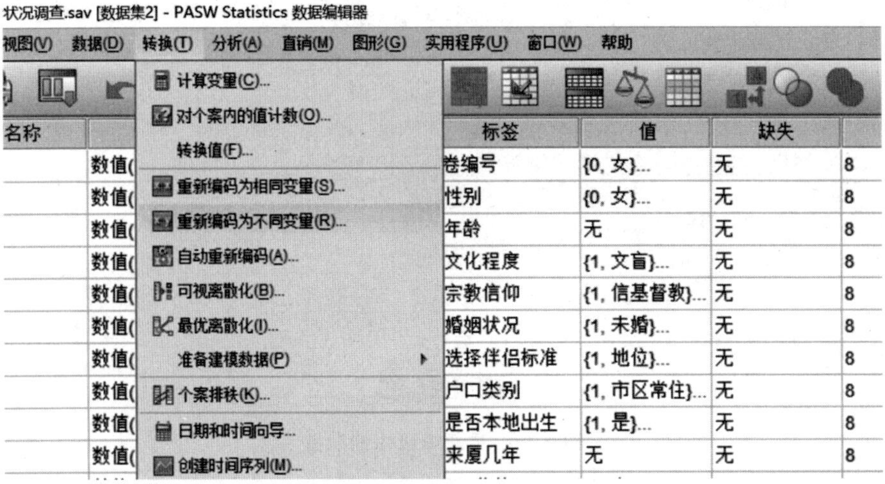

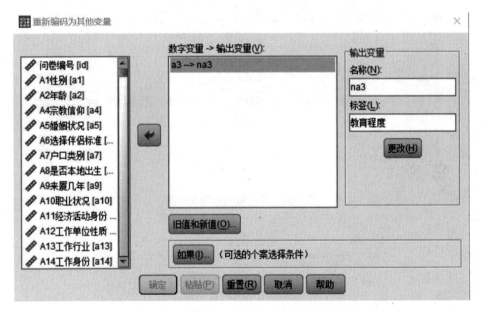

图 9-13 重新编码为不同的变量

图 9-14 重新编码中新变量的命名和标签

接着点击"旧值和新值",分别将旧值和对应的新值进行设置并添加,然后点击"继续",最后点击"确定"按钮(见图 9-15)。

在变量视图中,拉到最后,我们可以看到新增的一行变量 na3(见图 9-16)。然后,我们对 na3 变量的值标签进行重新定义,最后点击"确定",完成对 na3 变量的重新赋值(见图 9-17)。

140 定量研究方法

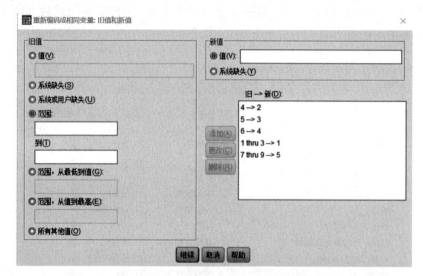

图 9-15 重新编码中的赋值

图 9-16 重新编码后的新变量

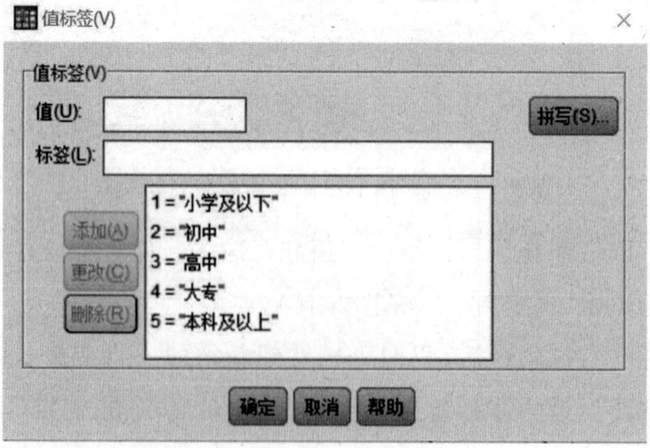

图 9-17 重新编码后新变量的值标签

3. 计算新变量

在分析数据时，有时候有些变量并不能直接得到，需要通过计算间接得到新变量。以"2005厦门居民生活状况调查"的数据为例，从a27"你家去年一年的总收入是多少元"和a30"你家几口人"这两个问题中，我们可以通过计算得到"你家去年的人均收入"情况。在 SPSS 软件中的操作如下：

首先在菜单栏选择下拉"转换"，而后选择"计算变量"（见图9-18）。

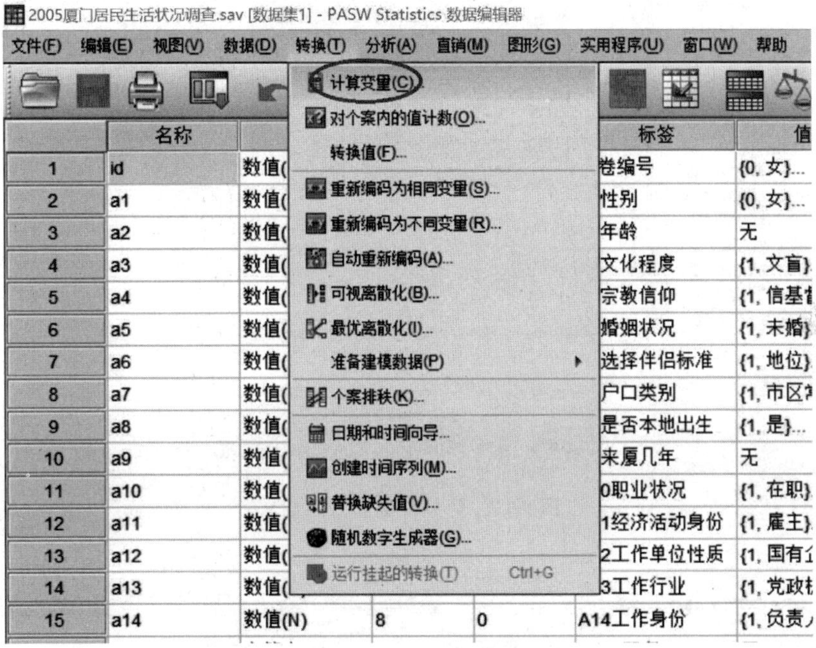

图 9-18 计算新变量

然后在目标变量里输入新变量名称"人均收入"，点击"类型与标签"按钮，对新变量进行类型和标签的设置，在右边的"数字表达式"里添加人均收入计算的数字表达式，即"a27/a30"（见图9-19），然后点击"确定"，新的变量生成。

在变量视图中，我们将数据拉到最后即可以看到经由计算得到的新变量"人均收入"（见图9-20）。

4. 选择个案

有时候，我们只选择总样本中的部分样本进行分析，这时候我们就可以通过"选择个案"来达到这一目的。例如，在"2005厦门居民生活状况调查"的数据中，我们只对男性样本进行分析，就可以通过"选择个案"来操作。

142 定量研究方法

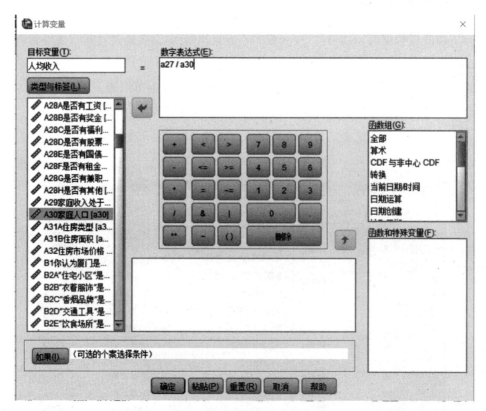

图 9-19　计算变量输入表达式

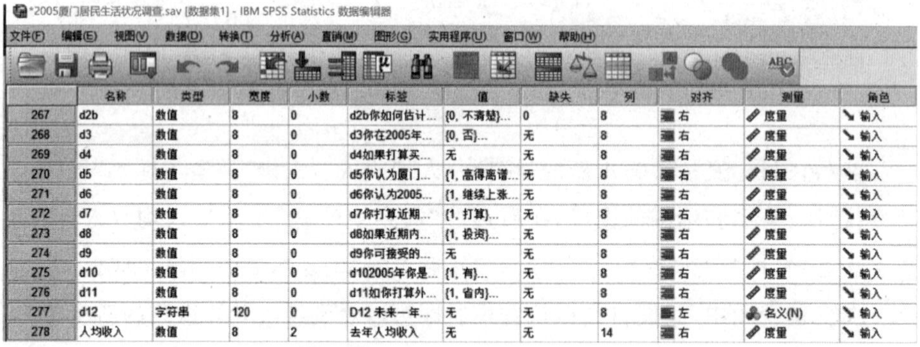

图 9-20　计算新变量

具体操作是这样的,在 SPSS 软件工具栏中点击"数据"下拉菜单,选择下面的"选择个案"按钮(见图 9-21)。

图 9-21　选择个案

接着弹出一个"选择个案"的窗口，在其右上方"选择"一栏中，原先的默认选择是"全部个案"，现在我们改选第二个"如果条件满足"（见图 9-22）。

接着点击"如果条件满足"下方的"如果"按键，弹出一个窗口（见图 9-23）。在"如果个案满足条件则包括"下面有一个窗口，从左边的变量栏里选取"性别"变量，将其移到右边窗口中。因为我们要选择的是男性样本，所以在把性别的名称"a1"移到这里后，再在后面加上等于 1 的表达式，即"a1＝1"，表示我们选择的是所有样本中性别是男性的个案。除可以利用这里提供的加减乘除的运算符号来限定个案选择的条件外，我们还可以使用诸如大于、小于等逻辑运算符号来界定个案选择。

144　定量研究方法

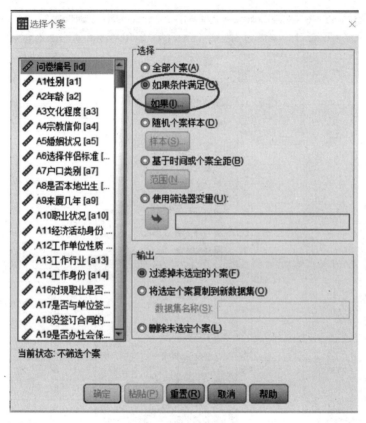

图 9-22　选择个案窗口

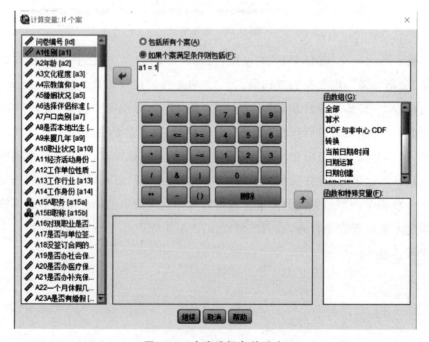

图 9-23　个案选择条件设定

在界定完选择个案的条件，点击菜单下方的“继续”按键，返回到图 9-22 窗口，点击左下方的“确定”，个案选择完成。最后查看数据视图（见图 9-24），未选择的个案的序号被斜线暂时划掉。这里，我们进行任何分析，结果都是只有样本中被选择了的男性个案。

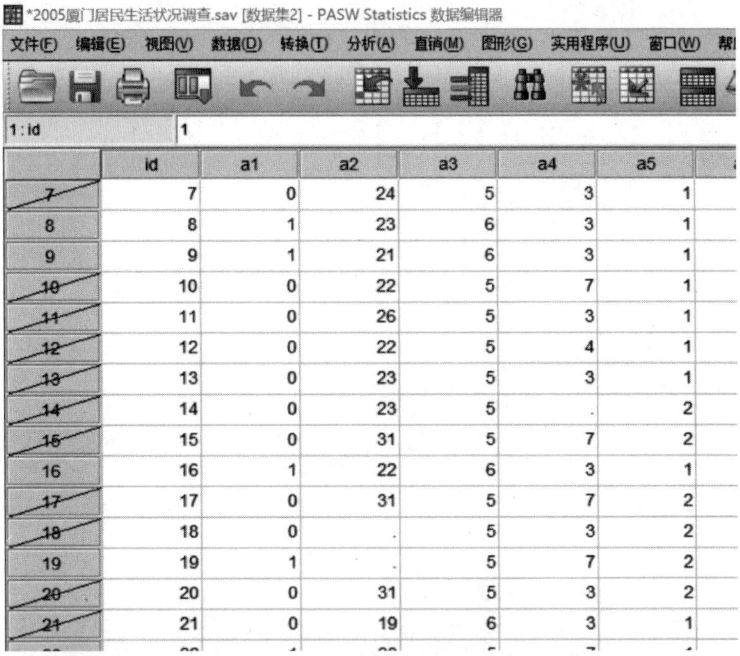

	id	a1	a2	a3	a4	a5
~~7~~	7	0	24	5	3	1
8	8	1	23	6	3	1
9	9	1	21	6	3	1
~~10~~	10	0	22	5	7	1
~~11~~	11	0	26	5	3	1
~~12~~	12	0	22	5	4	1
~~13~~	13	0	23	5	3	1
~~14~~	14	0	23	5	.	2
~~15~~	15	0	31	5	7	2
16	16	1	22	6	3	1
~~17~~	17	0	31	5	7	2
~~18~~	18	0	.	5	3	2
19	19	1	.	5	7	2
~~20~~	20	0	31	5	3	2
~~21~~	21	0	19	6	3	1

图 9-24　个案选择后的数据界面

第四编

数据分析

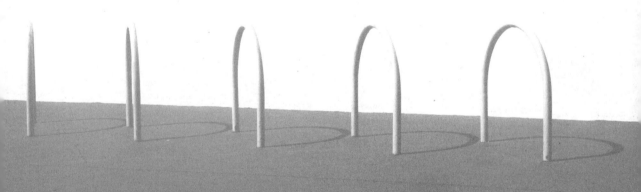

第 10 章　单变量统计

众所周知,数据是支撑社会研究的重要基石。能否正确高效地收集、整理、使用数据,往往关系到社会学学者研究结论的科学性和前瞻性。在实地调查中我们会发现,原始的数据资料通常是庞大且杂乱的。以 2010 年度中国综合社会调查(CGSS)为例,当次共计回收有效问卷 11785 份,每份问卷有变量 962 个。为了从中筛选出对于我们研究有价值的数据资料,我们必须对这个庞大的数据库进行整理和加工。因此,本章即从最基本的原始资料加工入手,探讨单变量的统计分析。同时在此基础上,介绍假设检验的基本内容。

所谓的单变量统计分析就是对某一变量的数量特征所进行的描述和推论,它是最简单也是最基本的统计内容。譬如说某地有多少男性、某医院有多少 60 岁以上的病患、某公司有多少党员等,都属于单变量统计的范畴。总的来说,它可以分为两大情况:其一是,包括众数、中位数、平均数等在内的集中趋势分析;其二是,包括异众比率、四分位差、方差等在内的离散趋势。在 SPSS 软件中我们可以通过点击"分析"菜单,选择"描述统计"中的"频率"的命令来完成相关操作。

如果我们收集到的资料囊括研究的总体,那么我们在进行统计分析之后就可以得出对总体的认知。但是,在社会学研究中,我们所能获取的资料往往只是总体的一小部分,因此为了判定我们的研究结论是否具有推广到总体的效力,我们就必须经过一个假设检验的过程。下文将具体介绍均值与百分率两类假设检验方式。

▶ 集中趋势

所谓的集中趋势(Central Tendency)就是指用一个数值来代表变量整体的资料分布,以此来反映变量的集结情况。集中趋势可以帮助研究者借助某个代表值来预测每个研究对象,因此大大节省了研究者的工作量。尽管这种预测不可避免地具有一定的误差,但由于所根据的数值是最具有代表性的数值,因此可以认为所发生错误的总和应该是最小的。集中趋势主要有三种:众数、中位数与平均数。

1. 众数

(1) 基本概念

众数(Mode)简写为"Mo",指的是出现次数最多的数值。譬如在"2005 厦门居民生活状况调查"数据中,受访者的婚姻状况频率分布如表 10-1 所示。其中,众数就是"已婚",因为其出现的次数最多($f=443$)。

表 10-1 婚姻状况

		频率	百分比	有效百分比	累积百分比
有效	未婚	187	28.0	28.7	28.7
	已婚	443	66.2	67.9	96.6
	离异	16	2.4	2.5	99.1
	其他	6	0.9	0.9	100.0
	合计	652	97.5	100.0	
缺失	系统	17	2.5		
合计		669	100.0		

类似地,众数不仅能够适用于定类变量的统计分析,也可适用于定序变量。在表 10-2 中,众数是第三组($f=2692$),即 41—50 岁这个年龄段的受访者数量是最多的。

表 10-2 2010 年 CGSS 调查受访者年龄分组

		频率	百分比	有效百分比	累计百分比
有效	30 岁及以下	1917	16.3	16.3	16.3
	31—40 岁	2331	19.8	19.8	36.1
	41—50 岁	2692	22.8	22.9	58.9
	51—60 岁	2315	19.6	19.7	78.6
	60 岁以上	2524	21.4	21.4	100.0
	总计	11779	99.9	100.0	
缺失	系统	6	0.1		
总计		11785	100.0		

通过众数来预估整体尽管会有一定的误差,但是由于众数是占据相对多数的代表值,因此仍然具有很强的预测意义。譬如在"2005 厦门居民生活状况调查"中,如果要任意抽取一人预测他的婚姻状况,那么应该估计其为"已婚",此预测正确的可能性有 67.9%。从整体来说,以众数来预测定类变量所犯的错误总数是最小的。

(2) SPSS 软件操作

在某些情况下,由于题项过多难以快速判定众数,这时候我们就可以借助 SPSS 软件来自动输出众数。如图 10-1 所示,我们在 SPSS 软件中依次点击"分析""描述统计""频率"按钮,开启频率分析功能。

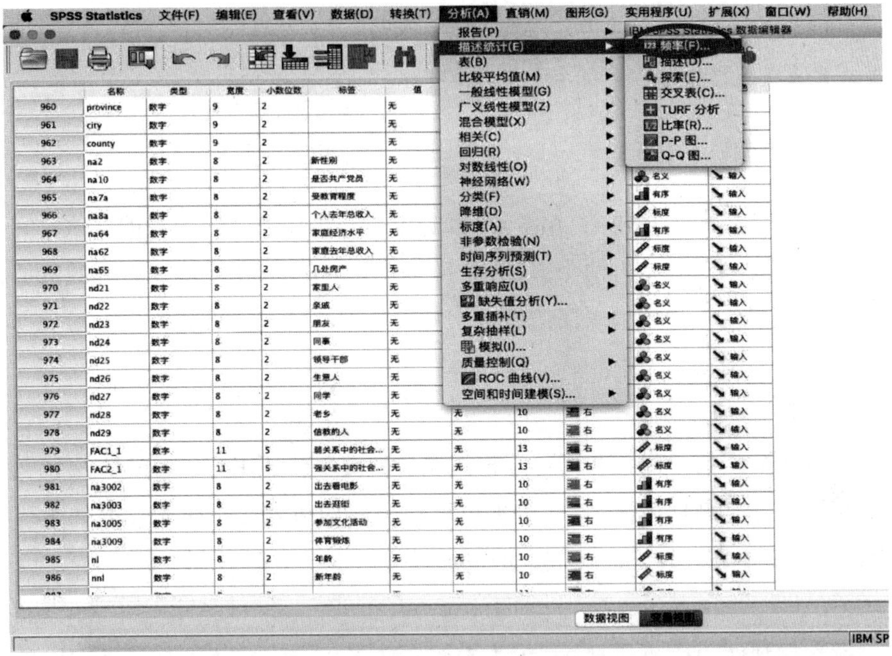

图 10-1 频率分析指令

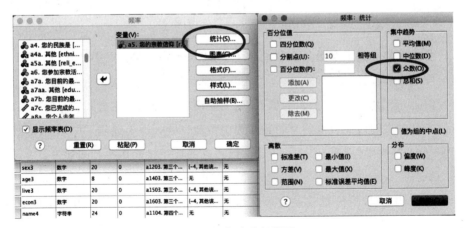

图 10-2 频率分析界面

紧接着,在如图 10-2 所示的频率分析界面中将要分析的变量移到右边的"变量"栏内。然后点击"统计"按钮,打开统计功能界面,并且在界面中勾选"众数"选项。完成上述操作后点击"确认",SPSS 软件便能自动输出处理结果了。

输出的结果如表 10-3 所示,SPSS 软件输出的众数是选项 1,也就是不信仰宗教选项。这和我们人工观察的结果是一样的。

表 10-3 频率分析结果

a5. 您的宗教信仰

个案数	有效	11785
	缺失	0
众数		1

2. 中位数

中位数（Median）简写为"Md"，也就是位于一个序列中央位置的数值。它可以精确地将观察总数分为两个部分，并且变量值比它小、变量值比它大的数值都刚好各占一半。中位数的求法依据数据资料的编组情况可以分为未分组数据和分组数据两种类型。

（1）未分组数据

未分组数据的中位数我们可以根据原始的资料快速求出。计算方法就是将各个个案由低到高排列起来，在中央位置的个案的值就是中位数。譬如某班期末数学考试，甲、乙、丙、丁、戊五人的成绩排序由少到多如下：

$$88, 91, 94, 99, 100$$

这个序列的中位数就是 94，因为有两人低于 94 分，有两人高于 94 分，数目相同。由此我们可以概括出未分组数据中的中位数位置计算公式为：

$$\text{Md 位置} = \frac{n+1}{2} (n \text{ 为奇数})$$

公式中的 n 是个案数量。我们将上面那个例子代入公式中计算，也可以得出中位数为 94 的结果。

但是，有的时候个案数量为偶数，就无法简单地套用上述公式。这时候可以将位于最中央的两个数值的平均数作为中位数。譬如在上述例子中加入一个考了 86 分的己同学，则甲、乙、丙、丁、戊、己六人的成绩排序由少到多如下：

$$86, 88, 91, 94, 99, 100$$

其中，中位数的位置就是在第三个数值与第四个数值之间，因此中位数 = $\frac{91+94}{2}$ = 92.5。由此我们可以得出当 n 为偶数时的中位数位置计算公式是：

$$\text{Md 位置} = \frac{n+1}{2} (n \text{ 为偶数})$$

有的时候在数据中可能有许多相同的数值。对此，我们可以首先统计它们的频数分布，然后再求出中位数。譬如某医院在一次绩效考评中，25 名医生的绩效等级分别为 A、B、C 三档,其所占人数分别为 2 人、6 人、17 人。根据中位数的奇数公式我们可以发现,中位数位置为 13,在 C 档。因此,我们可以认为 Md = C。

(2) 分组数据

前述表 10-2"2010 年 CGSS 受访者年龄分组"就是一组分组数据。要找出这一组数据的中位数,我们首先必须将各组的次数向上累加起来,然后求出中位数的位置:$\frac{n}{2} = \frac{11779}{2} = 5889.5$。根据向上累加次数的分布,中位数应该在 41—50 岁分组里。然后我们可以利用分组数据中位数求值公式进行计算:

$$Md = L + \left(\frac{\frac{n}{2} - cf}{f}\right) \times w$$

其中,L=中位数所在组的真实下限(标示下限-0.5);

f=中位数所在组的次数;

w=中位数所在组的组距;

cf=低于中位数所在组真实下限之累积次数;

n=全部个案数目。

我们将表 10-2 中的数据代入上述公式可知:$L=40.5$;$f=2692$;$w=50.5-40.5=10$;$cf=4248$;$n=11779$。因此,中位数$=40.5+\left(\frac{\frac{11779}{2}-4248}{2692}\right)\times 10 \approx 46.60$。

也就是说,在这 11779 个有效样本中,有半数的受访者年龄大于 46.60 岁,同时有半数的受访者年龄小于 40.51 岁。由于定序变量有严格的高低顺序区分,因此中位数在预测定序变量中具有重要意义。

(3) SPSS 软件操作

在社会调查中,由于所调查的样本十分庞大,我们往往很难直接计算得出数据的中位数。这个时候我们也可以利用 SPSS 软件迅速地计算出数据资料的中位数情况。例如,使用"2005 厦门居民生活状况调查"数据,计算"年龄"这一变量的中位数,如图 10-3 所示,在进入到频数分析界面之后,勾选中位数并点击确认,即可自动输出处理结果。

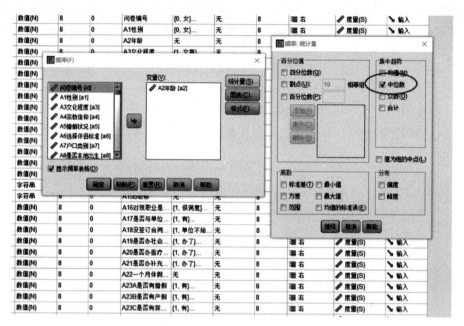

图 10-3 中位数分析界面

输出的结果如表 10-4 所示,年龄的中位数是 35 岁。

表 10-4 中位数分析结果

A2 年龄		
N	有效	638
	缺失	31
中值		35.00

3. 平均数

所谓平均数(Mean),即将变量的各个数值累加起来然后求得一个平均的数值。由于定距变量的数值具有实际意义可以进行加减运算,因此平均值由于灵敏、充分运用所有资料信息的优势而成为分析定距变量的首选。类似于中位数,平均值的求取也分为未分组数据和分组数据两种。

(1)未分组数据

当原始数据较少时,我们可以直接使用平均数求取公式:

$$\bar{x} = \frac{\sum x}{N}$$

其中,$\sum x$ 表示各个个案数值的总和,N 表示全部个案数目。这一公式的内涵实际上就是要求我们累加所有数值后除以总个数。譬如甲乙两个单位领导班子

绩效考评,成绩如下:

$$甲单位:65,88,88,98$$
$$乙单位:80,83,84,84,95$$

不论是众数还是中位数乙单位皆逊于甲单位。根据上述公式,我们可以分别计算出两单位的平均数:

$$甲单位:\bar{x} = \frac{65+88+88+98}{4} = 84.75$$

$$乙单位:\bar{x} = \frac{80+83+84+84+95}{5} = 85.2$$

由此可见,乙单位的平均数要高于甲单位。也就是说,在考虑所有数据资料的情况下,乙单位的总体成绩要优于甲单位。

如果某个变量重复出现多次,我们也可以先行统计每个数值的次数,接着求出次数与相应变量之间的乘积,最后利用各个乘积的总和求出平均值。譬如在前文提到的乙单位中,绩效考评获得 80 分的有 3 人、83 分的有 5 人、84 分的有 2 人、95 分的有 3 人,那么平均值就是:

$$\bar{x} = \frac{80 \times 3 + 83 \times 5 + 84 \times 2 + 95 \times 3}{3+5+2+3} \approx 85.23$$

由此我们可以概括出加权平均值的计算公式为:

$$\bar{x} = \frac{\sum fx}{N}$$

其中,fx 为次数与变量之间的乘积,N 为变量总数。

(2) 分组数据

分组数据求平均数的中心思想就是用组中心值来替代变量值进行计算。因此,计算公式如下:

$$\bar{x} = \frac{\sum fx_m}{N}$$

其中 f 表示每组个案数量,x_m 表示组中点,N 表示个案数目。譬如在某次考试中,得分在 50—60 分的有 8 人、在 60—70 分的有 10 人、在 70—80 分的有 20 人、在 80—90 分的有 5 人、在 90—100 分的有 8 人。那么在上述分组数据中,个案数分别为 8、10、20、5、8,对应的组中点分别为 55、65、75、85、95,个案数量为 51。代入公式可得:

$$\bar{x} = \frac{8 \times 55 + 10 \times 65 + 20 \times 75 + 5 \times 85 + 8 \times 95}{51} \approx 74.02$$

即该班同学的平均成绩是 74.02 分。

（3）SPSS 软件操作

同样的，我们也可以使用 SPSS 软件来快速地输出数据资料的平均数。以 2010 年中国综合社会调查的 a8a 题项"您个人去年全年的总收入是多少"为例。我们依据前文所示步骤，进入到频率分析界面，然后勾选"平均值"并点击"确认"即可（见图 10-4）。

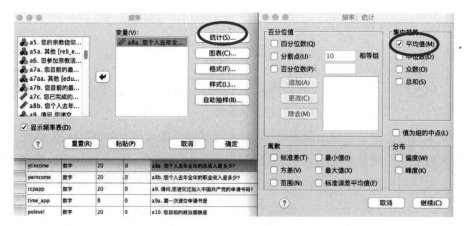

图 10-4　平均数分析界面

最后输出的结果如表 10-5 所示。该结果表明，当年所回收的有效问卷受访者的前一年平均个人全年总收入是 16386.73 元。

表 10-5　平均数分析结果

a8a. 您个人去年全年的总收入是多少？

个案数	有效	11785
	缺失	0
平均数		16386.73

总的来说，众数、中位数、平均数三者都反映了数据资料的集中趋势，都旨在帮助研究者通过一个数值来统观整体特征，但是三者各有侧重。

众数可以用于定类、定序和定距变量。它是一组数据中最具代表性的数值，因此具有重大意义。但是，它仅使用了最大频次这一信息，因此使用的资料是不完全的。

中位数可以用于定序、定距变量。特别是在定序变量中，中位数由于能够反映应用资料所具有的等级数学特质而具有其他两种统计观测方式所不具备的优越性。但是，由于它只考虑居中位置，因此对于其他变量值的变化较为不敏感。

平均数可以用于定距变量。相对于另外两者而言，平均数对资料的使用最为充分。但是，对于严重偏态的分布而言它又会失去代表性。因此，平均数比较适合运用于单峰或者基本对称分布的数据。

▶ 离散趋势

前文提到的集中趋势是帮助我们把握数据资料概况的重要途径,但是仅仅依靠对集中趋势的把握是远远不够的。比如有甲乙两人练习打靶,得分(环)分别如下:

$$甲:1,2,3,5,6,6,6,9,10$$
$$乙:2,2,6,6,6,6,6,7,7$$

从集中趋势来看,甲乙二人的众数一致,都为 6;中位数一致,都为 6;平均数也一致,都为 5.33。那我们是不是就能得出甲乙两组数据大体相近的结论呢?显然这是错误的。甲乙两组数据的分布情况大相径庭,乙选手的发挥明显更为稳定,而甲选手的发挥则波动较大。为了弥补集中趋势可能造成的错误,我们必须引入离散趋势。

所谓离散趋势(Tendency of Dispersion)就是求出一个数值来表示一个变量上的个案与个案之间的差异情况。它与集中趋势互相补充。集中趋势所获得的是一个最能代表变量所有资料的数值,但是如果个案之间异质性过强就会造成如上面例子所示的巨大误差。在这种情况下我们需要用离散趋势来进行补充。下面将主要介绍异众比率、四分位差、方差这三种离散趋势。

1. 异众比率

异众比率(Variation Ratio)简写为"v",它指的是非众数的个案数目与全部个案数目的比率,公式如下:

$$v = \frac{n - f_{mo}}{n}$$

其中,n 是全部个案数目,f_{mo} 是众数的次数,二者之差 $(n - f_{mo})$ 即是非众数的次数。这个公式可以帮助我们求出在全部的个案当中有多少个案是偏离众数的。不属于众数的个案所占比例越大就表示众数的代表性越小,我们利用众数来估计总体所带来的错误也就越大。譬如上述甲乙两人打靶的例子,二者的异众比率分别是:

$$甲:v = \frac{9-3}{9} \approx 66.67\%$$

$$乙:v = \frac{9-5}{9} \approx 44.44\%$$

计算结果表明,甲的异众比率为 66.67%,要高于乙的 44.44%。因此,虽然甲乙的众数都为 6,但是二者的离散程度不同。甲有 66.67% 的个案不是众数,而乙只有 44.44% 的个案不是众数。因此,用同一个众数估计二者,在甲所犯的错误要远大于乙。

2. 四分位差

四分位差(Interquartile Range)是将个案由低到高排列后分为四个相等的区间,其中第一个四分位置的值(Q_1)与第三个四分位置的值(Q_3)的差异就是四分位差(Q)。由此我们可以归纳出四分位差的求取公式是:

$$Q = Q_3 - Q_1$$

四分位差可以避免极值对分散度量的干扰,是一种重要的离散趋势分析工具。四分位差的具体计算方式可以按照数据分组与否分为两类。

(1) 未分组数据

未分组数据的 Q_1 与 Q_3 位置求取公式是:

$$Q_1 \text{位置} = \frac{n+1}{4}$$

$$Q_3 \text{位置} = \frac{3(n+1)}{4} = 3Q_1$$

其中,n 代表所有个案数目。譬如在某个考试中甲乙丙丁戊己辛七位同学的考试成绩由低到高排列如下:

$$78,80,82,85,88,90,96$$

依据公式可得:

$$Q_1 \text{位置} = \frac{7+1}{4} = 2$$

$$Q_3 \text{位置} = \frac{3\times(7+1)}{4} = 6$$

因此,$Q_1=80$,$Q_3=90$,$Q=Q_3-Q_1=90-80=10$。不过,需要注意的是,在很多情况下位置求取公式所得到的结果并不是一个整数值。比如说我们在上面七位同学的成绩中,再加入一位成绩为 87 分的庚同学,则八人成绩升序排列如下:

$$78,80,82,85,87,88,90,96$$

这个时候 Q_1 位置$=2.25$,Q_3 位置$=6.75$。这也就意味着,Q_1 的真实位置在第二个数值和第三个数值的 25% 处;Q_3 的真实位置在第六个数值和第七个数值的 75% 处。据此可得:$Q_1=80+0.25\times(82-80)=80.5$,$Q_3=88+0.75\times(90-88)=89.5$。因此,$Q=89.5-80.5=9$。那么,对比前后两组数据可以发现,加入了庚同学的成绩之后四分位差较之前有所减小。因此我们可以说,加入庚同学之后这一组成绩序列的离散程度有所减小。

当我们的材料中出现大量重复数据时,我们可以先统计各数据重复的频率,然后运用类似的算法计算得出四分位差。譬如在一次等级测验中,有 15 名同学被评为优秀等级、有 20 名同学被评为良好、有 25 名同学被评为中等、有 5 名同学被评为及格。在这 65 名中,Q_1 位置 $=\frac{65+1}{4}=16.5$,Q_3 位置 $=3Q_1=49.5$。由此可知,Q_1 位于"中等"等级内,Q_3 位于"良好"等级内。因此,$Q=$良好—中等,即有 50% 的学生成绩在良好与中等之间。

(2) 分组数据

对于分组数据来说,Q_1 与 Q_3 的位置求取公式分别如下:

$$Q_1 \text{ 位置} = \frac{n}{4}$$

$$Q_3 \text{ 位置} = 3Q_1$$

其中,n 为全部个案数目。Q_1 与 Q_3 的求值公式分别如下:

$$Q_1 = L_1 + \left(\frac{\frac{n}{4} - cf_1}{f_1}\right) W_1$$

$$Q_3 = L_3 + \left(\frac{3Q_1 - cf_3}{f_3}\right) W_3$$

其中,L_1 为 Q_1 所在组真实下限;L_3 为 Q_3 所在组真实下限;f_1 为 Q_1 所在组频率;f_3 为 Q_3 所在组频率;cf_1 为低于 Q_1 所在组下限的累加频率;cf_3 为低于 Q_3 所在组下限的累加频率;W_1 为 Q_1 所在组的组距;W_3 为 Q_3 所在组的组距;n 为全部个案数目。

譬如,在某次考试中,得分在 50—60 分的有 8 人、在 60—70 分的有 10 人、在 70—80 分的有 20 人、在 80—90 分的有 5 人、在 90—100 分的有 7 人。我们首先可以利用位置公式求得:

$$Q_1 \text{ 位置} = 12.5; \quad Q_3 \text{ 位置} = 37.5$$

据此可知 Q_1 位于 60—70 分组中;Q_3 位于 70—80 分组中。由此可得:

$$L_1 = 59.5; \quad L_3 = 69.5; \quad f_1 = 10; \quad f_3 = 20;$$

$$cf_1 = 8; \quad cf_3 = 18; \quad W_1 = 10; \quad W_3 = 10; \quad n = 50$$

因此,$Q_1 = 59.5 + \left(\frac{12.5 - 8}{10}\right) \times 10 = 64$;$Q_3 = 69.5 + \left(\frac{37.5 - 18}{20}\right) \times 10 = 79.25$。

由此可得:$Q = Q_3 - Q_1 = 15.25$。

(3) SPSS 软件操作

通过 SPSS 分析软件,我们可以省略许多计算步骤直接输出计算结果。以 2010 年中国综合社会调查的 a8a 题项"您个人去年全年的总收入是多少"为例。我们依据前文所示步骤,进入到频率分析界面,然后勾选四分位数并点击确认即可(见图 10-5)。

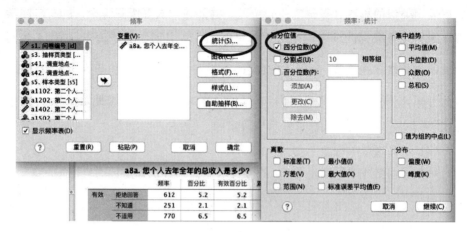

图 10-5　四分位数分析界面

最后输出的结果如表 10-6 所示。该结果表明,当年所回收有效问卷受访者的个人前一年全年收入的中位数是 7780 元,$Q_1=800$ 元,$Q_3=20000$ 元。因此,四分位差为 12000 元。

表 10-6　四分位数分析结果

a8a. 您个人去年全年的总收入是多少?

个案数	有效	11785
	缺失	0
百分位数	25	800.00
	50	7780.00
	75	20000.00

3. 方差

对于定距变量,我们还可以通过方差(Variance)来衡量它的离散程度。所谓方差,就是将观察值与其均值之差的平方和除以全部观察总数 n。其计算公式如下:

$$\sigma^2 = \frac{\sum(X_i - \bar{X})^2}{n}$$

(1) 未分组数据

针对未分组的原始数据,我们可以直接将其代入上述公式进行计算。譬如某射箭队要在甲乙两人之间选拔一人参加全国竞赛。甲的四次考核成绩为 80、82、85、85 分,乙的四次考核成绩为 70、75、90、97 分。由此可计算出甲乙两人的平均成绩都是:

$$\bar{X} = 83$$

那么,是不是就意味着甲乙两人实力相当,派谁去参加比赛并无区别呢?通过观察二者的成绩清单,我们可以发现二者的成绩稳定性差距很大。这时候我们就要利用方差来进行数据分析。将数据代入方差公式可得:

$$\sigma_{甲}^2 = \frac{(80-83)^2 + (82-83)^2 + (85-83)^2 + (85-83)^2}{4} = 4.5$$

$$\sigma_{乙}^2 = \frac{(70-83)^2 + (75-83)^2 + (90-83)^2 + (97-83)^2}{4} = 119.5$$

从上述计算结果可见,在甲乙平均成绩相同的情况下乙的成绩波动要远远高于甲。因此,如果是出于稳定发挥考虑,应该派甲参赛更为妥当。

如果数据资料中出现大量的重复数据,我们也可以先统计数据频次,然后通过上述公式的变种来进行计算:

$$\sigma^2 = \frac{\sum f(X_i - \bar{X})^2}{n}$$

其中,f 是相应变量的频次。拿上述甲运动员的射箭成绩来说,假设甲获得 80 分 2 次、获得 82 分 4 次、获得 85 分 3 次,则代入公式可得甲的方差如下:

$$\sigma^2 = \frac{2 \times (80-83)^2 + 4 \times (82-83)^2 + 3 \times (85-83)^2}{9} \approx 3.78$$

(2) 分组数据

针对分组数据有计算公式如下:

$$\sigma^2 = \frac{\sum f X_m^2}{n} - \bar{X}^2$$

其中,X_m 是每组的组中点,f 是该组的频次。譬如在某次考试中,得分在 50—60 分的有 8 人、在 60—70 分的有 10 人、在 70—80 分的有 20 人、在 80—90 分的有 5 人、在 90—100 分的有 8 人。通过前面学习到的平均值算法可知道:

$$\bar{X} \approx 74.02$$

因此,

$$\sigma^2 = \frac{8 \times 55^2 + 10 \times 65^2 + 20 \times 75^2 + 5 \times 85^2 + 8 \times 95^2}{51} - 74.02^2 \approx 153.88$$

(3) SPSS 软件操作

通过上述例题我们可以发现,方差的计算涉及平方、求和,因此往往数值巨大,一旦个案数量上升就难以人工计算出来。所以,我们可以借助 SPSS 软件进行分析。以 2010 年中国综合社会调查的 a8a 题项"您个人去年全年的总收入是多少"为例。我们依据前文所示步骤,进入到频率分析界面,然后勾选方差并点击确认即可(见图 10-6)。

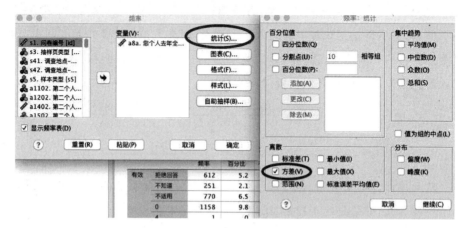

图 10-6　SPSS 软件方差分析界面

最后输出的结果如表 10-7 所示。该结果表明，当年所回收有效问卷受访者的个人前一年全年收入的方差是 5.518E+9，约等于 24。

表 10-7　方差分析结果

a8a. 您个人去年全年的总收入是多少？

个案数	有效	11785
	缺失	0
方差		5.518E+9

本节所提到的三种离散趋势分析方法也有各自不同的适用范围。异众比率仅考虑到了频次，因此最适合用于分析定类变量；四分位差考虑到了变量的次序排列及其大小比较，因此最适合应用于定序变量，同时也可用于定距变量；而方差则只能适用于定距变量。

这些离散趋势和上一节提到的集中趋势之间存在一种互补的关系。二者共同使用一方面可以知道资料的代表值，有利于估计或预测；另一方面也可以知道资料的差异情况，由此来帮助我们了解预测可能发生的错误程度。它们之间的关系及最优适用大体如表 10-8 所示：

表 10-8　常用统计方法

	定类变量	定序变量	定距变量
集中趋势	众数	中位数	平均值
离散趋势	异众比率	四分位差	方差

假设检验

恰如前文所言，社会学研究所收集到的数据资料往往无法囊括所有的研究总体，而只是总体的一个部分，也就是我们所称的"样本"。但是，我们的研究目的又不仅仅局限于样本的自说自话,而在于探查研究总体的情况,因此就存在一个由样本向总体扩展的过程。为了研究样本所得结论是否可以推广到总体,我们必须引入"假设检验"这一概念。

所谓假设检验指的是先成立一个关于总体情况的假设,继续抽取一个随机样本,然后以样本的统计值来验证假设。在社会学研究中假设检验的例子屡见不鲜。譬如,根据以往资料显示,a 地平均寿命为 87 岁,但根据今年 500 个样本的随机抽样调查发现,$\bar{X}=88$ 岁,因此能否认为 a 地平均寿命有所提升?再譬如,随机抽样调查发现,经济收入与受教育程度成正比,$r=0.8$。那么,这个结论是否具有推广到总体的意义?从上述例子可见,假设检验实际上就是考察抽样调查所得到的数量化的内容是否可以适用调查总体的统计研究过程。

1. 基本概念

在掌握假设检验的具体研究方法之前,我们必须首先了解假设检验的相关概念知识,包括两种假设、显著度与两个域、单双检验、两类错误等内容。

(1) 原假设与备择假设

原假设(Null Hypothesis)又称为"虚无假设",一般以 H_0 来表示。它通常是根据已有资料或周密逻辑推演后决定的。譬如上述例子中提到的平均寿命 87 岁就是一种原假设。在社会学研究中,原假设是稳定、保守、受到保护的。

与原假设相对的就是"备择假设"(Alternative Hypothesis),又称为"研究假设"(Research Hypothesis),通常以 H_1 来表示。所谓的备择假设就是我们通过抽样调查,有了充分依据来怀疑原假设的真实性,进而产生的其逻辑对立面的假设。所有完整的社会学假设都必须包含原假设与备择假设两个部分。它们的组合可以有三种模式。以上面提到的平均寿命为 87 岁为例:

第一种:$H_0:\bar{X}=87;H_1:\bar{X}\neq 87$;

第二种:$H_0:\bar{X}=87;H_1:\bar{X}<87$;

第三种:$H_0:\bar{X}=87;H_1:\bar{X}>87$。

其中,第一种就是我们下文会提到的双边检验,第二、第三种则是单边检验,于此不再赘言。那么为什么我们要建立原假设而不能直接验证备择假设呢?这是因为任何抽样都具有误差,所以我们依据样本所得到的结论固然有可能是实际情况的真实缩影,但是也可能是误差所引发的假象。因此,要证明备择假设的正确性就必须排除抽样误差的可能性。而原假设的意义恰恰在于:倘若在随机样本中发现有分别,那么这是由抽样误差所引发的,而不是总体的真实情况。因此,如果能证明原假设是对的可能性很小,那么就可以排除抽样误差的说法,间接地证明备择假设的正确性了。不过,这种正确性也是"可能"正确,因为原假设被否定是因为它在抽样分布中出现的可能性很低,但不是完全没有可能。这些内容就进一步引发我们下面的讨论。

(2) 显著性水平、接受域与拒绝域

在确定了统计量之后,根据原假设的成立条件我们可以画出统计量的分布图。假定统计量符合正态分布,我们就可得图 10-7 来进行研究分析。

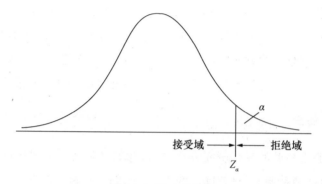

图 10-7 正态分布图

图 10-7 所示的是一个典型的单边检验。所谓的接受域就是可以证明原假设成立的大概率事件,也就是上图临界值 Z_α 左侧的区域。而所谓的拒绝域则是抽样分布内一端或两端的小区域,它代表了一种小概率事件。如果这种小概率事件出现了,那么我们就要考虑否定原假设,进而接受备择假设。

与拒绝域大小相关联的统计学概念就是"显著性水平"(Level of Significance),它表示拒绝域在整个抽样分布中所占的比例,也就是表示样本的统计值落在拒绝域内的机会。显著性水平作为规定小概率事件的数量界限,没有固定的标准。常用的标准有:$\alpha=0.1$;$\alpha=0.05$;$\alpha=0.01$。

(3) 单边检验与双边检验

诚如前文所言,在检验原假设时我们可以在抽样分布中选定一端或是两端作为否定域。因此,总共有双边检验、右侧单边检验、左侧单边检验三种假设检验模式。其中,后两种我们可以将其统称为"单边检验"。究竟使用何者实际上取决于备择假设的方向。如果我们可以依据已有的理论、经验、事实在备择假设中确定方向那么就采用单边检验。譬如我们设立备择假设为:平均寿命比十年前有所增长,那么我们就可以采用右侧单边检验的方式。而针对那些缺乏明确的理论或经验支撑的备择假设则采用双边检验的方法。

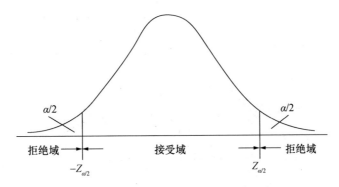

图 10-8 双边检验

如图 10-8 所示,如果拒绝域选择为统计量分布的两侧,那么当显著性水平为 α 时,每侧拒绝域的概率各为 $\alpha/2$。如果假定所用统计量分布以原点为对称,则临界值 $Z_{\alpha/2}$ 和显著性水平 α 呈如下关系:

$$P = (|Z| > Z_{\alpha/2}) = \alpha$$

同时,双边检验的假设可以写为如下形式:

$$H_0: \mu = 0; \quad H_1: \mu \neq \mu_0$$

那么,倘若样本计算的统计量 $|Z| > Z_{\alpha/2}$,则应拒绝原假设,并接受备择假设;反之则接受原假设。

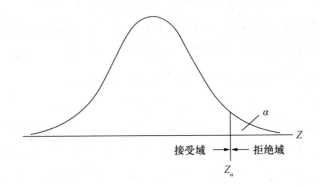

图 10-9 右侧单边检验

如图 10-9 所示,如果拒绝域选择为统计量分布的右侧,那么临界值 Z_α 和显著性水平 α 有如下关系:

$$P(Z > Z_\alpha) = \alpha$$

右侧单边检验可以写作:

$$H_0: \mu = \mu_0; \quad H_1: \mu > \mu_0$$

那么,只有当样本计算统计量的值过大,即 $Z > Z_\alpha$,此时才能拒绝原假设并接受备择假设。相反,如果 $Z < Z_\alpha$,则接受原假设。

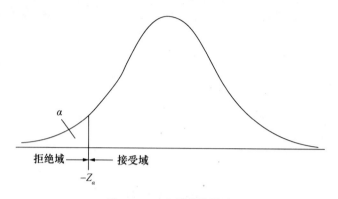

图 10-10　左侧单边检验

类似地,在图 10-10 中,如果拒绝域选择为统计量分布的左侧,那么临界值 Z_a 和显著性水平 α 的关系如下:

$$P(Z < -Z_a) = \alpha$$

左侧单边检验可以写作:

$$H_0: \mu = \mu_0; \quad H_1: \mu < \mu_0$$

(4) 两类错误

当我们用样本的统计值来检验假设时,无论否定抑或是接受都有犯错误的可能。这些错误可以分为两类,分别是弃真错误和纳伪错误。

所谓弃真错误就是否定了原假设,但是实际上原假设是正确的这类错误的可能性。犯弃真错误的概率等于我们所选定的显著性水平。譬如我们的显著性水平 α 定为 0.01,那么犯弃真错误的可能性水平就是 1%。

相反,纳伪错误就是不否定原假设但是实际上原假设是错误的可能性。纳伪错误和弃真错误是相互对立成反比的。如在研究时要减少纳伪错误,那么必然会导致弃真错误的风险增加。要完全消除两种错误的矛盾是不可能的。但是,我们可以通过一定的方法在最大程度上减少两种误差发生的可能性。最常用的方法就是尽可能地增加样本量。样本越大,两种误差都会减小。

2. 单均值与双均值差异检验

在很多情况下,社会学研究的假设检验并不涉及具体的统计量,而仅仅涉及总体中的一个均值。本部分即介绍单均值与均值差异中的假设检验方法。其中,单均值由于样本量大小的差异又可以分为 Z 检验法($n > 50$)与 t 检验法($t < 50$)两种。

(1) 大样本单均值检验

由于 Z 检验法的使用前提是样本容量较大,因此我们可以假定样本均值趋

于正态分布,由此可得:

$$\bar{X} \sim N\left(\mu, \frac{\sigma^2}{n}\right)$$

其中,μ 为总体均值;σ^2 为总体方差,当其未知时也可用样本方差 S^2 来替代;n 为样本容量。

我们将其标准化可得 Z 检验公式如下:

$$Z = \frac{\bar{X} - \mu_0}{\frac{\sigma}{\sqrt{n}}} = \frac{\bar{X} - \mu_0}{\sigma_{\bar{X}}}$$

前文我们曾提到,假设检验的基本逻辑就是先接受原假设,然后根据原假设成立抽样分布。假如我们所抽取的一个随机样本中的均值,在原假设的抽样分布中出现的概率是很小的,那么我们就应该否定原假设进而接受备择假设。那么出现的概率小到什么程度才能否定原假设呢?这就要将这里的 Z 检验法和前文所提到的显著性水平、否定域、单边与双边检验联系起来。

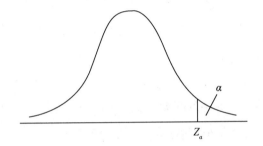

图 10-11 大样本单均值单边右检验

图 10-11 所示的是一个大样本单均值单边右检验。其中:

原假设 $H_0 = \mu_0$

备择假设 $H_1: \mu > \mu_0$

拒绝域为:$Z > Z_\alpha$

也就是说,当我们依据 Z 检验公式计算得到的 Z 大于显著性水平 α 的对应临界值 Z_α 时,我们可以拒绝原假设转而接受备择假设。

图 10-12 所示的是一个大样本单均值单边左检验。其中:

原假设 $H_0 = \mu_0$

备择假设 $H_1: \mu < \mu_0$

拒绝域为:$Z < -Z_\alpha$

也就是说,当我们依据 Z 检验公式计算得到的 Z 小于显著性水平 α 的对应临界值 $-Z_\alpha$ 时,我们可以拒绝原假设转而接受备择假设。

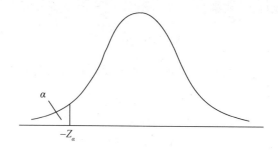

图 10-12　大样本单均值单边左检验

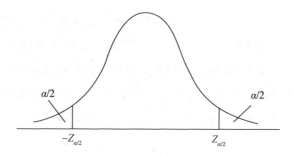

图 10-13　大样本单均值双边检验

图 10-13 所示的是一个大样本单均值双边检验。其中：

原假设 $H_0 = \mu_0$

备择假设 $H_1: \mu \neq \mu_0$

拒绝域为：$Z < -Z_{\alpha/2}$ 或 $Z > Z_{\alpha/2}$

也就是说，当我们依据 Z 检验公式计算得到的 Z 小于显著性水平 $\alpha/2$ 的对应临界值 $-Z_{\alpha/2}$ 或者是大于显著性水平 $\alpha/2$ 的对应临界值 $Z_{\alpha/2}$ 时，我们可以拒绝原假设转而接受备择假设。

那么，显著性水平 α 的临界值应如何求得呢？以下是部分常用数值：

表 10-9　Z 检验：常用显著性

α	单边 $|Z_\alpha|$	双边 $|Z_{\alpha/2}|$
0.05	1.65	1.96
0.01	2.33	2.58
0.001	3.09	3.30

我们可以举个例子来说明 Z 检验法的运用。譬如，某工厂流水线 a 有 100 人，依据以往经验设定每小时平均工作量为 100 件。但是，在某次抽查中，得到的数据为：

$$\bar{X} = 120 \text{件}, \quad S = 100$$

那么，能否证明工厂原来的标准是正确的呢？

从上述资料我们可得：

$$\text{原假设 } H_0: \mu = 100$$

$$\text{备择假设 } H_1: \mu \neq 100$$

由于备择假设没有确定出方向，因此我们需要进行双边检验。预设我们的显著性水平要求是 $p \leq 0.05$，查表10-9可知：否定域是 $Z \leq -1.96$ 或 $Z \geq 1.96$。我们把样本的数据代入公式可以得到：

$$Z = \frac{\bar{X} - 100}{\frac{S}{\sqrt{n}}} = 2$$

由于所计算出来的 $Z \geq 1.96$，所以我们可以说，在显著性水平为 0.05，也就是置信度为 95% 的情况下，我们可以拒绝原假设，选择备择假设，认定工厂原来的平均标准是错误的。有趣的是，参照表10-9我们不难发现，在显著性水平为 0.01，也就是置信度为 99% 的情况下，我们无法拒绝原假设而接受备择假设。

那么更进一步地，我们是否可以认为，在显著性水平为 0.05 的情况下，工人的实际工作量要大于标准呢？这时候我们就需要对其进行右侧单边检验。原假设和备择假设如下：

$$\text{原假设 } H_0: \mu = 100$$

$$\text{备择假设 } H_1: \mu > 100$$

同样地，把样本数据代入公式可得 $Z = 2$，大于 Z_α，因此我们可以否定原假设，认为工人的平均小时工作量大于原定标准。

通过这个例子我们不难发现，单边检验要比双边检验更容易拒绝原假设，接受备择假设；显著度越大、置信度越小，越容易否定原假设，接受备择假设。

(2) 小样本单均值检验

在某些情况下，由于样本过小不符合正态分布，因此我们无法使用 Z 检验法，而必须采用 t 检验法。具体公式如下：

$$t = \frac{\bar{X} - \mu_0}{\sigma}$$

其中，μ_0 是假定的总体均值；σ 是总体标准差；$\bar{X}$ 是样本计算得到的均值。

前文我们提到过，由于大样本趋近于正态分布，因此在 Z 检验法中我们可以将样本标准差 S 看作约等于总体标准差 σ。但是，在小样本中，t 的抽样分布形状（扁平或高耸）在很大程度上取决于自由度（df）。所谓自由度，就是指有多少个个案的数值可以随意变更。它的计算公式是：d$f = n - 1$。自由度越小，t 的分布越扁平；自由度越大，则 t 的分布越高耸且接近于正态分布。正是由于不同的自由度导致 t 的分布形状不同，因此每个自由度所代表的否定域大小也各不相同。表10-10与10-11分别列出了单边、双边检验中，10以内自由度所对应的常用显著性水平的 t 值。

表 10-10 t 的分布：单边检验

K	1	2	3	4	5	6	7	8	9	10
0.1	3.078	1.886	1.638	1.533	1.476	1.440	1.415	1.397	1.383	1.372
0.05	6.314	2.920	2.353	2.132	2.015	1.943	1.895	1.860	1.833	1.812
0.01	31.82	6.965	4.541	3.747	3.365	3.143	3.499	3.355	3.250	2.764

表 10-11 t 的分布：双边检验

K	1	2	3	4	5	6	7	8	9	10
0.2	3.078	1.886	1.638	1.533	1.476	1.440	1.415	1.397	1.383	1.372
0.1	6.314	2.920	2.353	2.132	2.015	1.943	1.895	1.860	1.833	1.812
0.02	31.82	6.965	4.541	3.747	3.365	3.143	3.499	3.355	3.250	2.764

在小样本中我们不能将样本标准差 S 简单地等同于总体标准差 σ，它的计算公式如下：

$$\sigma = \frac{S}{\sqrt{n-1}}$$

将其代入 t 检验公式可得：

$$t = \frac{\bar{X} - \mu_0}{\sigma} = \frac{\bar{X} - \mu_0}{\frac{S}{\sqrt{n-1}}}$$

我们仍然用上文提到的某工厂流水线 a 为例。假定该流水线有工人 5 名，依据以往经验设定每小时平均工作量为 100 件。但是，在某次抽查中，得到的数据为：

$$\bar{X} = 120 \text{ 件}, \quad S = 100$$

那么，能否证明工厂原来的标准是正确的呢？

从上述资料我们可得：

原假设 $H_0 : \mu = 100$

备择假设 $H_1 : \mu \neq 100$

由于备择假设没有确定出方向，因此我们需要进行双边检验。预设我们的显著性水平要求是 $p \leqslant 0.2$，且 $\mathrm{d}f = n - 1 = 4$。查表 10-11 可知：否定域是 $t \leqslant -1.533$ 或 $t \geqslant 1.533$。我们把样本的数据代入公式可以得到：

$$t = \frac{\bar{X} - \mu_0}{\frac{S}{\sqrt{n-1}}} = \frac{120 - 100}{\frac{100}{2}} = 0.4$$

由于 t 值落在了接受域内，因此我们没有理由否定原假设，也就不能接受备择假设。

(3) 双均值差异检验

在社会学研究中,有的时候我们所要研究的对象不仅仅局限于单个数据,而需要研究两个均值之间的差异。这个时候我们就要通过双均值差异检验的方法来判断这种均值差异究竟是抽样误差所引起的,还是确实表征了总体中的均值差异。与单均值检验类似,双均值差异的检验也要分为大样本和小样本两种类型,分别采用 Z 检验法与 t 检验法来进行检验。但是,它们都有三个共同的预设前提:第一,样本必须是随机抽取得来的;第二,每个总体都必须是正态分布;第三,每个总体的标准差是相等的。以下是具体介绍:

① 大样本双均值差异检验

这里所指称的大样本一般要求的是 $n_1 + n_2 > 50$。在这种情况下有如下公式:

$$Z = \frac{\bar{X}_1 - \bar{X}_2}{\sqrt{\frac{S_1^2}{N_1} + \frac{S_2^2}{N_2}}}$$

其中,$\bar{X}_1$ 和 S_1 分别代表第一个样本的均值和标准差;$\bar{X}_2$ 和 $S2$ 分别代表第二个样本的均值和标准差。这个公式的理论依据仍然是正态分布原则。当每次抽取的两个随机样本的个案总数越大,那么它们的均值差的抽样分布也就越接近于正态分布。因此,将其正态分布标准化可以计算 Z 如下:

$$Z = \frac{(\bar{X}_1 - \bar{X}_2) - (M_1 - M_2)}{\sigma}$$

其中,$M_1 - M_2$ 是均值相差的抽样分布的均值。在双均值差异中,备择假设为 $H_1 : M_1 = M_2$,因此,$M_1 - M_2 = 0$。而公式中的 σ 是标准误差,本应该用总体的标准差来计算,但是也可以用样本的标准差 S 来估计,公式如下:

$$\sigma = \sqrt{\frac{S_1^2}{N_1} + \frac{S_2^2}{N_2}}$$

将 σ 公式和 $M_1 - M_2 = 0$ 代入,就可以得到 Z 检验公式。

仍以工厂流水线工作效率为例。某工厂有 a、b 两条流水线,调查得到其平均每小时生产量数据如下:

$$N_1 = 40, \quad S_1 = 10, \quad \bar{X}_1 = 60$$
$$N_2 = 40, \quad S_2 = 20, \quad \bar{X}_2 = 40$$

有原假设和备择假设如下:

$$H_1 : \bar{X}_1 \neq \bar{X}_2$$
$$H_0 : \bar{X}_1 = \bar{X}_2$$

在显著性水平 $p \leqslant 0.05$，我们对其进行双边检验。依据表 10-9 数据可知：否定域是 $|Z| \geqslant 1.96$。将上述数据代入计算公式可得：

$$Z = \frac{60 - 40}{\sqrt{\frac{10^2 + 20^2}{40}}} \approx 5.65$$

由于检验值在否定域内，我们可以否定原假设，即两条流水线工人平均每小时生产量确实存在差异。

② 小样本双均值差异检验

如果两个样本 $n_1 + n_2 < 50$，则采用如下 t 检验公式：

$$t = \frac{\bar{X}_1 - \bar{X}_2}{\sigma}$$

其中，σ 是两个样本均值相差的抽样分布的标准差，可以作如下估计：

$$\sigma = \sqrt{\frac{N_1 S_1^2 + N_2 S_2^2}{N_1 + N_2 - 2}} \sqrt{\frac{N_1 + N_2}{N_1 N_2}}$$

另外，前文提到过的影响 t 检验的一个很重要的因素是自由度（df），计算公式如下：

$$df = (N_1 - 1) + (N_2 - 1) = N_1 + N_2 - 2$$

仍然以工厂流水线工作效率为例。某工厂有 a、b 两条流水线，调查得到其平均每小时生产量数据如下：

$$N_1 = 6, \quad S_1 = 10, \quad \bar{X}_1 = 60$$
$$N_2 = 6, \quad S_2 = 20, \quad \bar{X}_2 = 40$$

有原假设和备择假设如下：

$$H_1 : \bar{X}_1 \neq \bar{X}_2$$
$$H_0 : \bar{X}_1 = \bar{X}_2$$

在显著性水平 $p \leqslant 0.2$ 的情况下，我们对其进行双边检验。依据表 10-11 数据可知：否定域是 $t \geqslant 1.372$。将上述数据代入计算公式可得：

$$\sigma = \sqrt{\frac{6 \times 10^2 + 6 \times 20^2}{10}} \times \sqrt{\frac{12}{36}} = 10$$

由于检验值在否定域内，我们可以否定原假设，即两条流水线工人平均每小时生产量确实存在差异。

除此之外，还有一种非常特殊的情况。本部分一开始就提到，双均值差异检验有一个非常重要的预设前提就是样本必须是随机抽取、互相无关的。如果两组样本是相关的，应该如何进行双均值差异检验呢？譬如，配对法所成立的实验组和控制组、同一组样本前后不同时期比较等都属于这种情况。假定两个相关样本之间有 m 对个案,每对个案的数值都可能有差异,即 $d = X_1 - X_2$,这些差异的均值设为 $\bar{X}_d$,标准差是 S_d,则根据 $\bar{X}_d$ 的抽样分布,可以推算出检验这两个相关样本的均值差异的公式如下:

$$t = \frac{\bar{X}_d}{S_d / \sqrt{m-1}}$$

$$df = m - 1$$

譬如,某工厂流水线有甲乙丙三名工人,追踪调查发现他们今年和去年的平均小时生产量分别如下:

甲:今年 10 件,去年 8 件

乙:今年 12 件,去年 6 件

丙:今年 8 件,去年 5 件

那么,我们能不能认为该流水线上的这三名工人今年的小时生产量要多于去年呢?由此,我们可以得出原假设和备择假设如下:

$$H_1 : \bar{X}_{今年} > \bar{X}_{去年}$$

$$H_0 : \bar{X}_{今年} = \bar{X}_{去年}$$

在显著性水平 $p \leq 0.1$ 的情况下,我们对其进行单边检验。依据表 10-11 数据可知:否定域是 $t \geq 1.886$。

通过数据可知:

$$\bar{X}_d \approx 3.67$$

$$S_d \approx 1.69$$

则代入检验公式可得:

$$t = \frac{3.67}{1.69 / \sqrt{2}} \approx 1.54$$

显然,检验值落在了接受域中,因此我们无法拒绝原假设,也就不能认为甲乙丙三人今年的小时工作量比去年有所提升。

3. 单百分比与双百分比差异检验

一般情况下,均值检验已经可以满足大多数的假设检验情况了。而百分比检验则是专门运用在百分率中的一种假设检验模式,是均值检验的一种特殊形式。因此,本部分简单地介绍单百分比、双百分比差异中的 Z 检验方式。

(1) 单百分比检验

如果备择假设是总体的一个百分比,那么我们可以用 Z 检验法来验证原假设,公式如下:

$$Z = \frac{p-P}{\sigma} = \frac{p-P}{\sqrt{\dfrac{P(1-P)}{N}}}$$

其中，P 是总体百分比，p 则是样本中计算出的百分比，N 是样本大小，σ 是标准差。这个公式是依据百分比的抽样分布推算出来的。该公式适用于样本较大的情况，有一个前提条件：

$$NP \geqslant 5 \quad 且 \quad N(1-P) \geqslant 5$$

如果样本量较小无法满足上述条件，则可以把百分比看作均值采用 t 检验法。

譬如，我们研究某地工人有多少实现了八小时工作制。研究假设是有超过 50% 的工人都实现了八小时工作制，那么相对的原假设就是不超过这个比例。即：

$$H_1: P > 50\% ; \quad H_0: P \leqslant 50\%$$

在当地随机调查了 100 名工人，我们发现其中实现了八小时工作制的有 70%。那么，在显著性水平 $p \leqslant 0.1$ 的情况下，我们对其进行单边检验。依据表 10-10 的数据可知：否定域是 $t \geqslant 1.886$。我们将上述数据代入公式可得：

$$Z = \frac{0.7 - 0.5}{\sqrt{\dfrac{0.5 \times 0.5}{100}}} = 4$$

显然，检验值位于否定域内，因此我们可以拒绝原假设而接受备择假设，认为整个地区有超过一半的工人实现了八小时工作制。

(2) 双百分比差异检验

针对双百分比的差异检验有如下公式：

$$Z = \frac{p_1 - p_2}{\sqrt{\dfrac{p_1(1-p_1)}{N_1} + \dfrac{p_2(1-p_2)}{N_2}}}$$

譬如，我们研究甲乙两地落实工人八小时工作制的情况，所获得的研究数据如下：

$$甲地: N_1 = 100, \quad p_1 = 80\%$$
$$乙地: N_2 = 200, \quad p_2 = 60\%$$

那么，为了检验甲乙两地的落实情况是否有所不同，我们有如下原假设和备择假设：

$$H_1: p_1 \neq p_2$$
$$H_0: p_1 = p_2$$

在显著性水平 $p \leqslant 0.05$ 的情况下，我们对其进行双边检验。依据表 10-9 的

数据可知:否定域是 $Z \geqslant 1.96$。将上述数据代入计算公式可得:

$$Z = \frac{0.8 - 0.6}{\sqrt{\frac{0.8 \times 0.2}{100} + \frac{0.6 \times 0.4}{200}}} \approx 3.78$$

显然,检验值落在否定域中,因此我们可以拒绝原假设而接受备择假设,认为甲乙两地落实八小时工作制的情况有所不同。

第 11 章 双变量统计

双变量之间的关系探究是社会研究中一项基础而重要的工作,在研究问题时,我们通常不仅要了解一个变量的分布情况,更要进一步探究一个变量与另一个变量之间的关系,如探究身高与体重的关系、受教育程度与收入水平的关系等。在实际生活中,我们可能需要对不同测量层次的变量关系进行探究,如定类层次中对吸烟与患癌关系的探究,定序层次中对受教育程度与幸福感关系的分析,以及定距层次中对年龄与收入关联的探索等。针对这些不同层次变量之间的相关测量方法,本章将进行详细介绍。

列联相关系数

1. 削减误差比例的统计思想

社会研究旨在探究现象与现象之间的关联,即利用某一现象对另一现象进行预测或解释。但由于社会环境复杂,对某一现象造成影响的因素也可能是复杂多样的,因此在利用其中一个因素对其进行解释时,就可能存在误差,无法对其进行百分百准确的预测。基于此情况,当利用一个现象(X)对另一现象(Y)进行预测时,如果其能削减的误差越大,则意味着 X 与 Y 之间的关系越强,X 对 Y 解释力也就越大;削减的误差越小,则两者之间的关系越弱,X 对 Y 的解释力越小。这种利用削减的误差比例(proportional reduction in error)来反映两个现象之间关联程度强弱的测量方法称为"PRE 测量法",其计算公式为:

$$\mathrm{PRE} = \frac{E_1 - E_2}{E_1}$$

E_1 表示当不知道 X 与 Y 有关系时,预测 Y 值所产生的全部误差;E_2 则表示根据 X 值预测 Y 值时产生的全部误差。因此,$E_1 - E_2$ 代表利用 X 值预测 Y 值时所减少的误差,$(E_1 - E_2)/E_1$ 就是削减的误差比例。由公式可知,PRE 的值介于 0 到 1 之间,当 PRE=1,即 E_2=0 时,表示利用 X 对 Y 进行预测,不会产生任何误差,则 X 与 Y 之间是全相关;反之,当 PRE=0,即 $E_2 = E_1$ 时,意味着用 X 预测 Y 与不用 X 预测 Y 所产生的误差是相等的,则 X 与 Y 之间无相关。

由此可见,PRE 的值越大,代表削减的误差比例越大,X 与 Y 之间的关系也就越强;PRE 的值越小,削减的误差比例越小,X 与 Y 之间的关系也就越弱。

一般而言,在选择测量方法时,首先需要考虑变量的测量层次,即定类、定序或定距变量,对于不同层次的变量需要选用不同的相关测量法进行测量。其次要考虑两个变量之间的对称性,如果 X 与 Y 之间互为因果,不区分影响方向,即不需要区分自变量与因变量,则为对称关系;如果 X 与 Y 之间一个是自变量,一个为因变量,即认为 X 会对 Y 产生影响,而 Y 不会影响 X,则为不对称关系。但是,在实际应用中,一般重点考虑变量的测量层次,对于对称关系则不作严格要求。如果能严格用相应的方法测量对称关系与不对称关系的变量自然最好,但有时用测量对称关系的方法测量不对称关系的变量也是可以接受的。相较于其他的相关测量法,PRE 测量法最大的优点在于其不受变量层次的限制,不管是对定类层次、定序层次还是定距层次的变量进行相关分析,均可运用这一方法,因而其更具有普遍意义。

2. 列联表

列联表又可称为"交互分类表",所谓交互分类,即同时依据两个变量的值,将所研究的所有个案进行分类。交互分类的目的是将两个变量进行分组,然后比较各组的分布状况,以探究两个变量之间可能存在的关联。例如,表 11-1 以性别和工作身份两个变量为依据进行分组归类,其中女性中有负责人 17 名,中层领导或骨干 27 名,基层领导或高级职员 21 名,普通员工 162 名;男性中有负责人 25 名,中层领导或骨干 34 名,基层领导或高级职员 39 名,普通员工 117 名。研究可通过表格中各单元格的频次,对性别与工作身份之间可能存在的关系进行探究,具体分析方法将在后文中进行详细介绍。

表 11-1 性别与工作身份情况分布表

工作身份	性别		
	女性	男性	合计
负责人	17	25	42
中层领导或骨干	27	34	61
基层领导或高级职员	21	39	60
普通员工	162	117	279
合计	227	215	442

1)列联表的大小

列联表的大小一般用 $r \times c$ 表示,其中 r 代表横行变量的取值数目(rows),c

代表纵列变量的取值数目(columns),通常横行为因变量,纵列为自变量。如表 11-1 是一个 4×2 的列联表,列变量为性别,行变量为工作身份,列变量有 2 个取值,行变量有 4 个取值。需要注意的是,因为 r 和 c 具有特定意义,实际上代表着两个包含不同类别数的变量,因此一个 4×2 的列联表与 2×4 的列联表是不同的,不可混为一谈。

2) 列联表的分布

列联表的分布一般有三种情况:联合分布、边缘分布和条件分布。联合分布是指为了同时了解两个变量的分布情况,在表格中要集中体现 X 和 Y 两个变量的取值,如表 11-1 中,可以明确知道,自变量 X 的 2 个取值分别为女性和男性;因变量 Y 的 4 个取值分别为负责人、中层领导或骨干、基层领导或高级职员和普通员工。同时从表格中,我们可以清楚地知道,当 X 与 Y 各自确定取值后,其所代表的特定事件的发生频次是一定的,如当 $x=$女性,$y=$负责人时,$n=17$。

如果要对列联表进行简化研究,只探究其中某一变量的分布,而不需要考虑另一变量的取值情况,那么得到的就是表格的边缘分布。边缘分布共有两个,一个是关于 X 的边缘分布,另一个是关于 Y 的边缘分布,具体体现在表格的合计栏中。以表 11-1 为例,关于 X(性别)的边缘分布为:

X	女性	男性
$N(x)$	227	215

关于 Y(工作身份)的边缘分布为:

Y	负责人	中层领导或骨干	基层领导或高级职员	普通员工
$N(y)$	42	61	60	279

除了只观察一个变量的边缘分布外,还存在对一个变量设定条件,取固定值后,再观察另一个变量分布的情况,这种情况下的分布就称为"条件分布"。从理论上说,如果自变量有 c 个取值,因变量有 r 个取值,那么就存在 $c+r$ 个条件分布。但是,在实际研究过程中,由于控制因变量并没有意义,因此一般只研究控制自变量 X 之后,Y 的条件分布情况。依旧以表 11-1 为例,Y 的条件分布共有两种情况:当 $x=$女性时,Y 的条件分布为:

Y	负责人	中层领导或骨干	基层领导或高级职员	普通员工
$N(y)$	17	27	21	162

当 $x=$男性时,Y 的条件分布为:

Y	负责人	中层领导或骨干	基层领导或高级职员	普通员工
$N(y)$	25	34	39	117

一般而言,常见的表格多采用联合分布的方式呈现,但在实际研究中,对两个变量之间关系的探究,实则是根据 Y 的条件分布情况进行比较。

3) 列联表的分析

上述列举的列联表均为频次分布表,在表格的计算与分析过程中,频次分布表最大的缺点在于其自变量的基数不一致,难以直接进行较为直观的比较。例如,表 11-1 中,女性的调查总人数为 227 人,男性为 215 人,女性的基数要高于男性;在对普通员工的性别分布进行观察时,女性为 162 人,男性为 117 人,女性人数同样多于男性。在这种情况下,我们难以确定,究竟是因为性别原因导致普通员工中女性的分布多于男性,还是因为本身女性的调查人数就多于男性,所以才导致频次上的差异。因此,为了能够在同一基础上对因变量的条件分布进行比较,就需要对基数进行标准化处理,最常用的方法就是将频次分布表变为概率分布表。

一般来说,由于研究目的在于探究自变量对于因变量的影响,因此通常根据自变量的方向计算概率,如将表 11-1 转变为概率分布表,则结果如表 11-2 所示。

表 11-2　性别与工作身份的概率分布表(%)

工作身份	性别		
	女性	男性	合计
负责人	7.5	11.6	9.5
中层领导或骨干	11.9	15.8	13.8
基层领导或高级职员	9.3	18.1	13.6
普通员工	71.4	54.4	63.1
合计	100	100	100

注:由于四舍五入的原因,部分项目百分比加总存在不等于 100% 的情况。

从表 11-2 中,我们通过直接对比分析可知,在负责人、中层领导或骨干、基层领导或高级职员三种工作身份中,男性的分布概率均高于女性,而在普通员工中,女性的分布概率则要高于男性。这表明,在负责人与领导层中,男性要多于女性,而在普通员工中,则女性多于男性,可见性别与工作身份之间具有一定关联。这种分析方法较为简单直观,有助于我们形成对两个变量之间关联性的初步判断,但是其也存在较大的局限性,只适用于简单初步的讨论,对于两个变量之间关联的强度等问题,还需要进一步分析。下文中我们将针对不同测量层次的变量采用不同的相关测量方法,对其关联程度进行分析。

两个定类变量的相关测量

当所要研究的两个变量均属于定类测量层次时,若要对两者的相关程度进行测量,可选用 Lambda 相关测量法或 Tau-y 相关测量法。相对而言,Lambda 相关测量法既可测量对称关系的双变量,也可测量非对称关系的双变量,而 Tau-y 相关测量法一般只测量不对称关系的双变量,但其敏感度要高于 Lambda 相关测量法,因此若变量是不对称关系时,一般选用 Tau-y 相关测量法。总的来说,两种测量方法各有千秋,各具特色,其统计值都有 PRE 意义。

1. Lambda 相关测量法

1) 数理介绍

Lambda 相关测量法的基本测量思想是以众值作为预测依据,通过众值预测所能削减的误差比例来反映变量间关系的强弱。在这种情况下,PRE 计算公式中的 E_1 具体指的就是以 Y 的边缘分布中的众值进行预测时所产生的误差,因为在未知 X 与 Y 有关系前,只能根据 Y 本身的分布(即 Y 的边缘分布)对 Y 进行预测,而采用其中的众值进行预测则显然猜中的频次会相对更多。相应的,此时的 E_2 指的便是用 Y 的条件分布中的众值进行预测而产生的误差,因为当知道 X 与 Y 有关系后,用 X 不同取值下(即 Y 的条件分布)的众值对 Y 进行预测,这样猜中的频次最多,误差最小。因此,(E_1-E_2) 便能代表所削减的误差量,PRE 的削减误差比例思想便得以体现。

当用 Lambda 相关测量法测量对称关系的双变量时,其值称为 λ,其计算公式如下:

$$\lambda = \frac{\sum m_x + \sum m_y - (M_X + M_Y)}{2n - (M_X + M_Y)}$$

其中,M_y 为 Y 的边缘分布的众值;M_x 为 X 的边缘分布的众值;m_y 为 Y 的各项条件分布中的众值;m_x 为 X 的各项条件分布中的众值;n 则为个案总数。例如,假定有 382 名毕业生的生源地分布与就业地分布如表 11-3 所示,则依据表中数据可知,$M_y=225$,$M_x=160$,$\sum m_y=120+60+60=240$,$\sum m_x=120+60+25=205$,$n=382$,带入公式,则可得:

$$\lambda = \frac{205+240-(160+225)}{2\times 382-(160+225)} \approx 0.16$$

λ 值为 0.16,即意味着当用毕业生的生源地分布与就业地分布进行相互预测时,可削减 16% 的误差,削减误差比例相对较小,则两者间的关联程度较低。

表 11-3 毕业生生源地与就业地分布情况

就业地	生源地			
	东部地区	中部地区	西部地区	合计
东部地区	120	60	45	225
中部地区	30	20	60	110
西部地区	10	12	25	47
合计	160	92	130	382

当用 Lambda 相关测量法测量非对称关系的双变量时,若 X 为自变量,Y 为因变量,则其值称为 λ_y;若 Y 为自变量,X 为因变量,则其值称为 λ_x,计算公式如下:

$$\lambda_y = \frac{\sum m_y - M_y}{n - M_y}$$

$$\lambda_x = \frac{\sum m_x - M_x}{n - M_x}$$

其中,M_y 为 Y 的边缘分布的众值;M_x 为 X 的边缘分布的众值;m_y 为 Y 的各项条件分布中的众值;m_x 为 X 的各项条件分布中的众值;n 为个案总数。例如,假定某专业 161 名不同培养层次学生的毕业流向分布如表 11-4 所示,其中,培养层次为自变量,毕业流向为因变量,则根据表中数据可知,$M_y = 75$,$\sum m_y = 55+25+8=88$,$n=161$,带入公式,则可得:

$$\lambda = \frac{88-75}{161-75} \approx 0.15$$

这意味着当用学生的培养层次预测其就业流向时,可削减 15% 的误差,自变量对因变量的预测影响较小,两者之间的关联性较弱。

表 11-4 不同培养层次学生的毕业流向分布

毕业流向	培养层次			
	本科生	硕士生	博士生	合计
入职	55	12	8	75
升学	40	25	2	67
未就业	10	8	1	19
合计	105	45	11	161

由于 Lambda 相关测量法只采用众值进行预测,并不关心众值以外的其他数据信息,因此若是众值全部集中于同一行或同一列中,即使列联表具有显著差别,其计算结果也还是会为 0。如表 11-1,其众值都集中在"普通员工"那一行

中，计算出的 λ_y 值为 0，但实际上从表 11-2 中可以看出，71.4% 的女性都是普通员工，而相对仅有 54.4% 的男性为普通员工，经卡方检验，其 P 值为 0.002，小于 0.05，表明性别与工作身份之间是显著相关的。由于 Lambda 相关测量法在敏感性上有一定缺陷，因此当变量为不对称关系时，最好使用另一测量方法——Tau-y 相关测量法。

2) SPSS 软件实例操作

例：用 Lambda 相关测量法分析"2005 厦门居民生活状况调查"中"性别"与"工作单位性质"之间是否存在关联，并进行检验。

操作步骤：

(1) 打开数据库后，如图 11-1 所示，按顺序依次点击"分析→描述统计→交叉表"，打开交叉表对话框。

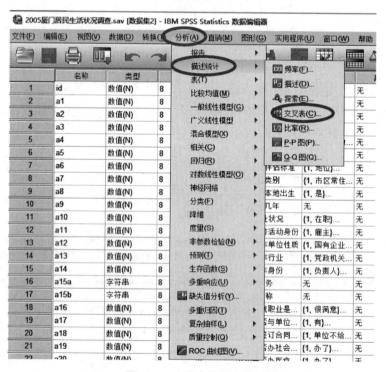

图 11-1 交叉表分析步骤

(2) 交叉表对话框如图 11-2 所示，"行"表示将左侧的源变量窗口中所要研究的因变量选入该框中。"列"表示将左侧的源变量窗口中所要研究的自变量选入该框中。"层"框中可选入分类变量，点击"下一张"，则可添加另一个分类变量，若要改变最初选择的分类变量，可点击"上一张"后进行修改。

图 11-2 下方的"显示复式条形图"，若勾选该项，则输出结果中会呈现各组中各变量的分类条形图。若勾选"取消表格"选项，则输出结果中只输出统计量，

不会出现变量的列联表。

本题需从左侧源变量窗口中选择"工作单位性质"变量进入"行"框中,选择"性别"变量进入"列"框中。

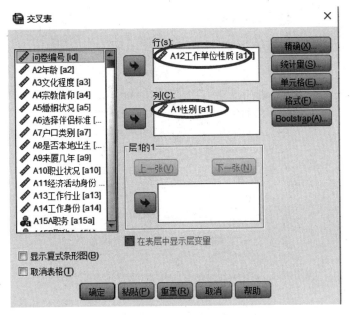

图 11-2　交叉表对话框

(3) 点击"统计量"按钮后,出现的对话框如图 11-3 所示。勾选"卡方"和"Lambda",分别进行卡方检验和 Lambda 测量。

① "卡方"表示假设检验方法之一,可用于两个定类变量之间或定类与定序变量之间的假设检验。勾选该项后,输出结果中将会呈现三种卡方检验结果:

- "Pearson 卡方":检验的原假设是自变量与因变量相互独立,当其 Sig. 值小于 0.05 时,即拒绝原假设,表示两个变量之间显著相关。
- "似然比":对数线性模型检验方法之一,也可检验模型拟合优度。
- "线性和线性组合":线性相关系数。

对于 2×2 列联表的检验,输出结果中还会采用连续校正的卡方检验和 Fisher 精确检验方法,当样本量较小时,主要参考这两个指标。

- 连续校正的卡方检验:当期望值小于 5 但大于等于 1,且样本量大于 40 时,采用连续校正的卡方值较为合适。
- Fisher 精确检验:当期望值小于 1 或样本量小于 40 时,则主要参考 Fisher 精确检验的值。

② "Lambda"表示使用 Lambda 相关测量法通过削减的误差比例反映两个定类变量间的关联程度,其系数记为"λ",数值范围为[0,1],越接近 1,表示削减

的误差比例越大,两变量的相关性越强,0 就代表自变量不能预测因变量,两者不相关。

设置完成后,SPSS 软件的输出结果如表 11-5、11-6、11-7 和 11-8 所示。

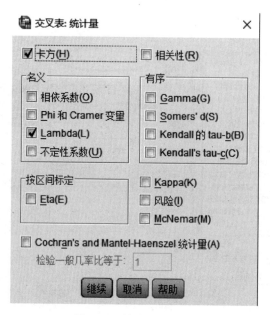

图 11-3 统计量对话框

表 11-5 案例处理摘要

	案例					
	有效的		缺失		合计	
	N	百分比	N	百分比	N	百分比
A12 工作单位性质 * A1 性别	435	65.0%	234	35.0%	669	100.0%

表 11-5 为案例处理摘要表,由表中数据可知,此次分析的案例共有 669 个,其中有效案例数量为 435 个,缺失数据 234 个。

表 11-6 交叉表

		A1 性别		合计
		女	男	
A12 工作单位性质	国有企业	46	51	97
	集体企业	10	17	27
	民营企业或个体户	71	65	136
	三资企业	16	27	43
	其他	84	48	132
合计		227	208	435

表 11-6 为"性别"与"工作单位性质"的交叉表,呈现两个变量的具体频次分

布情况,也可通过"单元格"对话框下的百分比选项来呈现概率分布情况。

表 11-7 卡方检验

	值	df	渐进 Sig.（双侧）
Pearson 卡方	14.167[a]	4	0.007
似然比	14.317	4	0.006
线性和线性组合	5.686	1	0.017
有效案例中的 N	435		

注：a. 0 单元格(0.0%)的期望计数少于 5。最小期望计数为 12.91。

表 11-7 为卡方检验的结果,本题主要参考 Pearson 卡方检验值,其值为 0.007,小于 0.05,具有统计显著性,意味着样本结果可推论至总体。

表格下的说明是对卡方检验的成立情况进行说明,一般而言,卡方检验要求期望计数少于 5 的单元格数不得超过 25%,若不满足此条件,则应用 Fisher 精确检验。本案例中,没有单元格的期望计数少于 5,因此检验条件成立,卡方检验的结果是有效的。

表 11-8 方向度量

按标量标定			值	渐进标准误差[a]	近似值 T^b	近似值 Sig.
	Lambda	对称的	0.071	0.034	2.016	0.044
		A12 工作单位性质 因变量	0.043	0.041	1.045	0.296
		A1 性别 因变量	0.111	0.059	1.786	0.074
	Goodman 和 Kruskal tau	A12 工作单位性质 因变量	0.009	0.005		0.004[c]
		A1 性别 因变量	0.033	0.017		0.007[c]

注：a. 不假定零假设。
　　b. 使用渐进标准误差假定零假设。
　　c. 基于卡方近似值。

表 11-8 是用 Lambda 相关测量法和 Tau-y 相关测量法测量的结果。从表中数据来看,当两变量是对称关系时,λ 值为 0.071,可消除 7.1% 的误差;当两变量是不对称关系时,λ_x 为 0.111,λ_y 为 0.043,分别可消除 11.1% 和 4.3% 的误差。

2. Tau-y 相关测量法

Lambda 相关测量法的主要预测依据为众值,而 Tau-y 相关测量法的预测依据则包括全部边缘分布频次和条件分布频次。因为涉及的计算值较多,所以一般先分别求出 E_1 和 E_2 后,再将其带入公式进行计算,其相关系数记为 τ,具体计算公式如下：

$$E_1 = \sum \frac{(n-F_y)F_y}{n}$$

$$E_2 = \sum \frac{(F_x - f)f}{F_x}$$

$$\tau = \frac{E_1 - E_2}{E_1}$$

其中,F_y 为 Y 的边缘分布频次;F_x 为 X 的边缘分布频次;f 为所有条件分布频次;n 为个案总数。以表 11-4 中的数据为例,培养层次为自变量,则 F_x 分别为 105、45 和 11;毕业流向为因变量,则 F_y 分别为 75、67 和 19,f 为表格中 Y 的所有条件分布频次,n 为 161,将这些数据带入公式可得:

$$E_1 = \frac{(165-75)\times 75}{165} + \frac{(165-67)\times 67}{165} + \frac{(165-23)\times 23}{165} \approx 100.50$$

$$E_2 = \frac{(105-55)\times 55 + (105-40)\times 40 + (105-10)\times 10}{105}$$

$$+ \frac{(45-12)\times 12 + (45-25)\times 25 + (45-8)\times 8}{45}$$

$$+ \frac{(15-8)\times 8 + (15-2)\times 2 + (15-1)\times 1}{15} \approx 92.89$$

$$\tau = \frac{100.50 - 92.89}{92.89} \approx 0.08$$

τ 值为 0.08 则意味着当以学生的培养层次预测其就业流向时,可削减 8% 的误差,用自变量对因变量进行预测时所能够削减的误差比例较小,两者之间的关联性较弱。

Tau-y 相关测量法是根据边缘频次与条件频次计算预测错误的概率,以此来体现削减误差比例的思想。在不知道 X 与 Y 有关系前,每次预测 Y 值时,只能根据 Y 的边缘分布进行预测。假设 Y 的边缘分布频次分别为 F_1、F_2,则预测 F_1 时产生错误的概率就是 $(n-F_1)/n$,再将其乘以 F_1 便是预测的错误总数。预测 F_2 时产生错误的概率为 $(n-F_2)/n$,错误总数为 $(n-F_2)F_2/n$,将这些错误相加,便是预测 Y 值时产生的总误差,也就是 E_1。当知道 X 与 Y 有关系时,则可以根据 Y 的条件分布频次和 X 的边缘分布频次(联合分布表中的每个完整纵列)进行预测,假设 Y 的某个条件分布频次为 f_1,则预测 f_1 时产生的错误概率为 $(F_x - f_1)/F_x$,再将其乘以 f_1 便是预测的错误总数,因此 E_2 就是这些预测错误总数的和,即 $\sum (F_x - f)f/F_x$。将 E_1 和 E_2 带入 PRE 公式中,求出的值即为削减的误差比例。

Tau-y 相关测量法在 SPSS 软件中的操作步骤与 Lambda 相关测量法的操作步骤一样,其结果也体现在表 11-8 中。由表中数据可知,当性别为因变量时,

τ_x 为 0.033;当工作单位性质为因变量时,τ_y 为 0.009,二者分别可消除 3.3% 和 0.9% 的误差。从该题的实例来看,性别与工作单位性质之间为不对称关系,且性别为自变量,工作单位性质为因变量,因此应当重点参考 λ_y 和 τ_y 的值。

▶ 两个定序变量的相关测量

当测量的两个变量均为定序变量时,可采用 Gamma 相关测量法和 d_y 相关测量法对其相关程度与相关方向进行测量。两种测量方法的系数值范围均为 [−1,1],正负符号代表相关方向,正号表示两个变量之间为正相关关系,负号则为负相关关系。其绝对值越接近 1,则表示相关程度越强,0 表示两者间无相关关系。相较而言,Gamma 相关测量法适用于对称关系的分析,而 d_y 相关测量法则适用于不对称关系的分析。

对两个定序变量之间的关联程度分析,实则是以个案之间的相对等级作为参照进行预测。如果两个个案在两个变量上的变化方向一致,相对等级相同,则称为"同序对";若变化方向相反,相对等级不同,则称为"异序对"。以表 11-9 为例,A 的社会阶层等级高于 B,经济地位等级也高于 B,变化方向一致,相对等级地位都是 A 高于 B,则 A 与 B 属于同序对。而 B 的社会阶层等级虽然高于 C,但经济地位等级却低于 C,两个变量的变化方向不一致,相对等级也不同,因此 B 与 C 属于异序对。同序对与异序对都只考虑两个变量的变化方向,而对其变化幅度不作要求。

除了同序对与异序对,还存在等级相同不分高低的情况,这样的对子称为"同分对"。如果两个个案只在 X 变量上等级相同,则称为"X 同分对",如 C 和 D;如果两个个案只在 Y 变量上等级相同,则称为"Y 同分对",如 A 和 C;如果两个个案在变量 X 和变量 Y 上的等级都相同,则称为"X、Y 同分对",如 A 和 E。绝大多数针对定序变量的测量方法,都是参考个案中同序对、异序对和同分对的分布情况进行计算。

表 11-9 社会阶层等级与经济地位等级的关系

个案	社会阶层等级	经济地位等级
A	1	2
B	3	5
C	4	2
D	4	3
E	1	2

1. Gamma 相关测量法

1）数理介绍

从上文的介绍中我们可以发现，如果个案间以同序对为主，则两个变量为正相关关系，如果以异序对为主，则变量间为负相关关系。同序对与异序对的数量相差越大，则两个变量间的相关性越强，数量相差越小，则相关性越弱。Gamma 测量法亦遵循此逻辑，其相关系数记为 G，具体计算公式如下：

$$G = \frac{N_s - N_d}{N_s + N_d}$$

其中，N_s 为同序对的数量；N_d 为异序对的数量。以表 11-9 为例，表中共有同序对 4 对，分别为 AB、AD、BE 和 DE，异序对 2 对，分别为 BC 和 BD，代入公式，则 $G=(4-2)/(4+2)=0.33$。该数值表示，在这 4 个个案中，社会阶层等级和经济地位等级之间为正相关关系，社会阶层等级越高，则经济地位等级也越高，亦可认为经济地位等级越高，则社会阶层等级越高。两个变量之间的相关系数为 0.33，则意味着当用其中一个变量预测另一个变量时，可以削减 33% 的误差。

从公式中，我们可以看出，Gamma 相关测量法只考虑同序对和异序对的数量情况，并不将同分对纳入考虑范围。当不知道 X 与 Y 存在等级关系时，只能随机预测 Y 的相对等级，猜对与猜错的概率各占 1/2，这样当总对数为 $N_s + N_d$（不计同分对）时，预测 Y 的总误差 E_1 就为 $1/2 \times (N_s + N_d)$。当知道 X 与 Y 存在等级相关时，预测 X 与 Y 为同序对，则预测错误的情况就等于异序对的数量（不计同分对），即 E_2 等于 N_d。将 E_1 与 E_2 带入 PRE 公式，化简后的公式恰为 G 值的计算公式，由此可见，G 值具有削减误差比例的意义。

2）SPSS 软件实例操作

例：用 Gamma 相关测量法对"2005 厦门居民生活状况调查"中的"家庭生活满意程度"与"工作满意度"进行等级相关分析。

操作步骤：

（1）打开数据库后，按顺序依次点击"分析→描述统计→交叉表"，打开交叉表对话框。

（2）如图 11-4 所示，从左侧源变量窗口中选择"家庭生活满意程度"变量进入"行"框中，选择"工作满意度"变量进入"列"框中。

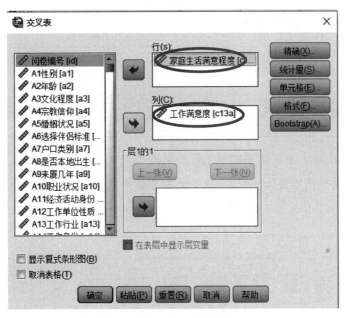

图 11-4　交叉表对话框

（3）点击"统计量"按钮，打开对话框，如图 11-5 所示，勾选"Gamma"运用 Gamma 测量法进行计算。它是对两个定序变量的对称检验，其值范围为 [-1, 1]，正负符号代表相关方向，0 表示无线性相关，绝对值越接近 1，则相关程度越强。

设置完成后，SPSS 软件的输出结果如表 11-10、11-11 和 11-12 所示。

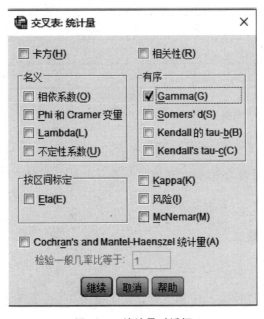

图 11-5　统计量对话框

表 11-10　案例处理摘要

	案例					
	有效的		缺失		合计	
	N	百分比	N	百分比	N	百分比
家庭生活满意程度 * 工作满意度	469	70.1%	200	29.9%	669	100.0%

表 11-10 为案例处理摘要表,由表中数据可知,此次分析的案例共有 669 个,其中有效案例数量为 469 个,缺失数据 200 个。

表 11-11　交叉表

		工作满意度					合计
		很不满意	不满意	一般	较满意	很满意	
家庭生活满意程度	很不满意	4	0	1	2	0	7
	不满意	2	3	13	3	1	22
	一般	6	7	111	44	5	173
	较满意	1	11	73	93	11	189
	很满意	2	8	17	29	22	78
合计		15	29	215	171	39	469

表 11-11 为"家庭生活满意程度"与"工作满意度"的交叉表,呈现两个变量的具体频次分布情况。

表 11-12　对称度量

		值	渐进标准误差[a]	近似值 T^{b}	近似值 Sig.
按顺序	γ	0.418	0.059	6.677	0.000
有效案例中的 N		469			

注:a. 不假定零假设。
b. 使用渐进标准误差假定零假设。

表 11-12 的相关分析结果表明,"家庭生活满意程度"与"工作满意度"的 Gamma 等级相关系数为 0.418,显著性水平为 0.000,两者之间具有显著正相关关系。

2. d_y 相关测量法

1) 数理介绍

d_y 相关测量法在 Gamma 相关测量法的基础上,对等级相关系数的分母作出了修正,因而适用于对不对称关系的分析,其计算公式如下:

$$d_y = \frac{N_s - N_d}{N_s + N_d + T_y}$$

其中，N_s 为同序对的数量；N_d 为异序对的数量；T_y 为 Y 同分对的数量。例如，假定 100 名受访者的文化程度与生活满意度分布情况如表 11-13 所示，则根据表中的交互分类情况可知，同行可形成 y 的同分对，同列则形成 x 的同分对，右侧非同行非同列形成同序对，而左侧非同行非同列则形成异序对，根据表中数据可得：

$$N_s = 9 \times (30 + 18 + 4 + 7) + 16 \times (18 + 7) + 8 \times (4 + 7) + 30 \times 7$$
$$= 1229$$
$$N_d = 16 \times (8 + 3) + 5 \times (8 + 30 + 3 + 4) + 30 \times 3 + 18 \times (3 + 4)$$
$$= 617$$
$$T_y = 9 \times (16 + 5) + 16 \times 5 + 8 \times (30 + 18) + 30 \times 18$$
$$+ 3 \times (4 + 7) + 4 \times 7$$
$$= 1254$$
$$d_y = \frac{1229 - 617}{1229 + 617 + 1254} \approx 0.20$$

可见文化程度与生活满意度之间为正相关关系，文化程度越高，则生活满意度也越高。当以文化程度来预测生活满意度时，则可削减 20% 的误差。

表 11-13 文化程度与生活满意度的关系

生活满意度	文化程度			
	大学	中学	小学	合计
满意	9	16	5	30
一般	8	30	18	56
不满意	3	4	7	14
合计	20	50	30	100

表 11-13 与表 11-9 的不同之处在于，前者是将资料进行分类后形成的频次表，而后者则是未经整理的原始资料表，原始资料表只适用于对少量个案的分析，当个案数目众多时，为精简表格和方便运算，我们需将其整理成频次表。在社会学研究中，我们多数是对大样本进行分析，因此经常是在频次表的基础上进行计算，所以需要重点掌握对频次表中同序对、异序对和同分对的计算方式。

此外，Gamma 相关测量法与 d_y 相关测量法相比，两者的分母计算方式存在差别，但其意涵指的都是个案的总对数，只是对于总对数的定义不同，一个是对同分对的影响忽略不计，一个则将其纳入考虑。但不管是哪种测量方式，分子表示的都是同序对与异序对的数量差。由此可见,同序对与异序对的差值,是检验两个定序变量之间是否存在等级相关的真正依据。

2) SPSS软件实例操作

例:用d_y相关测量法对"2005厦门居民生活状况调查"中的"健康状况满意程度"与"加班程度"进行等级相关分析。

操作步骤:

(1) 打开数据库后,按顺序依次点击"分析→描述统计→交叉表",打开交叉表对话框。

(2) 如图11-6所示,从左侧源变量窗口中选择"健康状况满意程度"变量进入"行"框中,选择"加班程度"变量进入"列"框中。

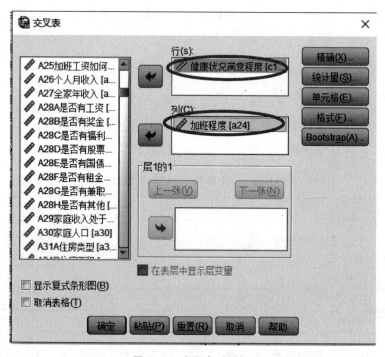

图11-6 交叉表对话框

(3) 点击"统计量"按钮,打开对话框,勾选"Somers'd",运用dy测量法进行计算。这是对Gamma的非对称检验扩展,数据的解读与Gamma相同,不同之处在于Gamma测量法是测量具对称关系的变量,即因果关系未明的变量,而dy测量法则是测量具不对称关系的变量,即已明确变量间的因果关系,有明确的自变量和因变量。

设置完成后,SPSS软件的输出结果如表11-14、11-15和11-16所示。

第 11 章 双变量统计　193

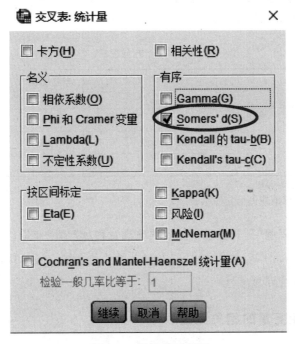

图 11-7　统计量对话框

表 11-14　案例处理摘要

	案例					
	有效的		缺失		合计	
	N	百分比	N	百分比	N	百分比
健康状况满意程度 * 加班程度	414	61.9%	255	38.1%	669	100.0%

表 11-14 为案例处理摘要表，由表中数据可知，此次分析的案例共有 669 个，其中有效案例数量为 414 个，缺失数据 255 个。

表 11-15　交叉制表

		加班程度				合计
		经常	有时	很少	从来没有	
健康状况满意程度	说不清楚	2	1	3	1	7
	很不满意	4	1	3	0	8
	不满意	5	8	6	2	21
	一般	42	45	39	12	138
	较满意	51	61	33	10	155
	很满意	18	23	29	15	85
合计		122	139	113	40	414

表 11-15 为"健康状况满意程度"与"加班程度"的交叉制表，呈现两个变量的具体频次分布情况。

表 11-16 方向度量

			值	渐进标准误差[a]	近似值 T^b	近似值 Sig.
按顺序	Somers'd	对称的	0.059	0.044	1.356	0.175
		健康状况满意程度 因变量	0.059	0.043	1.356	0.175
		加班程度 自变量	0.060	0.044	1.356	0.175

注：a. 不假定零假设。
b. 使用渐进标准误差假定零假设。

由于"加班程度"是自变量，"健康状况满意程度"是因变量，因此应该主要考虑第二行统计量，即 d_y 的值为 0.059，显著性为 0.175，这表明两者之间相关性很弱，且不具备统计显著性。

▶ 两个定距变量的相关测量

当两个变量均为定距层次的变量时，我们可以用散点图与相关系数对两者的相关程度进行评估。由于定距变量的测量层次较高，因此我们不仅可以对其相关程度与相关方法作出预测，还能对因变量的具体数值作出估计。

1. 数理介绍

回归系数 b 能够利用 X 值的变化量对 Y 值进行预测，但由于 b 值受变量单位的影响较大，因此很难体现两个变量之间真实的相关程度，故而在测量两个定距变量的相关程度时，一般采用相关系数 r 进行测量，其计算公示如下：

$$r = \frac{\sum(x-\bar{x})(y-\bar{y})}{\sqrt{\sum(x-\bar{x})^2 \sum(y-\bar{y})^2}} = \frac{n\sum xy - (\sum x)(\sum y)}{\sqrt{n\sum x^2 - (\sum x)^2}\sqrt{n\sum y^2 - (\sum y)^2}}$$

其中，$\bar{x}$ 为 x 的均值；$\bar{y}$ 为 y 的均值。r 的取值范围为 $[-1,1]$，符号代表两变量的相关方向，当 r 值为负数时，X 与 Y 为负相关关系；当 r 值为正数时，X 与 Y 为正相关关系。r 的绝对值越大，则 X、Y 之间的相关性越强。

例如，以第 12 章表 12-1 父代受教育年限与子代受教育年限的资料为例，根据数据计算可得 $\sum x = 44, \sum y = 68, \sum xy = 682, \sum x^2 = 510, \sum y^2 = 986, n = 5$，则带入公式可得：

$$r = \frac{5 \times 682 - 44 \times 68}{\sqrt{5 \times 510 - 44^2}\sqrt{5 \times 986 - 68^2}} \approx 0.96$$

这表示父代受教育年限与子代受教育年限之间具有很强的正相关关系,父代的受教育年限越长,则子代的受教育年限也会越长。

值得注意的是,r 的平方值 r^2 称为"决定系数",具有 PRE 性质。在此例中,r^2 为 0.92,这意味着当用父代受教育年限预测子代受教育年限时,能够削减 92% 的误差。在不知道 X 与 Y 有关系前,只能用 Y 的均值进行预测,因此预测时产生的误差便为 $y-\bar{y}$,为避免正负相抵,便取其平方值,因此产生的总误差 E_1 即为 $\sum(y-\bar{y})^2$。在知道 X 与 Y 有关系后,根据线性回归方程,用 X 预测 Y 时所产生的误差是 $y'-\bar{y}$,取其平方值,则削减的误差 E_2 为 $\sum(y'-\bar{y})^2$,将其带入 PRE 公式,化简后的公式即等于 r^2。

2. SPSS 软件实例操作

例:用相关系数分析"CGSS 2010"数据中的"家庭年收入"和"人情送礼支出"两个变量之间的相关性。

操作步骤:

(1) 打开数据库,如图 11-8 所示,依次点击"分析→相关→双变量",打开双变量相关对话框。

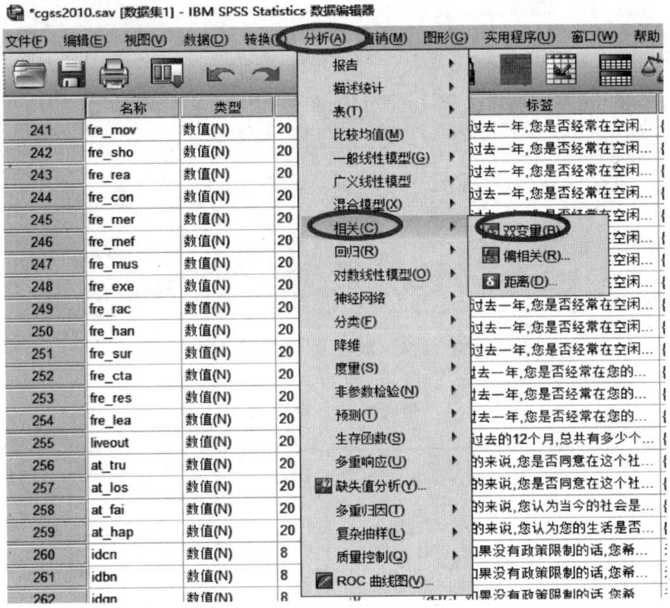

图 11-8 相关分析操作步骤

(2) 如图 11-9 所示,从左侧源变量窗口中选择"家庭年收入"和"人情送礼支出"两个变量进入"变量"框,并勾选相关系数中的"Pearson"系数和显著性检验中的"双侧检验",并选择标记显著性相关。点击"确定",其数据输出结果如表11-17 所示。

"Pearson"相关是用于测量两个定距变量之间的相关程度,当变量为正态分布的等间隔测度变量时,可运用该分析方法。后面"Kendall 的 tau-b"和"Spearman"分析可用于定序变量与定序变量相关程度的测量。

显著性检验可选择"双侧检验"或"单侧检验",一般而言,当知道变量间为正相关或负相关时,可选择"单侧检验";如果不知道变量间的相关方向时,则应选择"双侧检验"。

选择"标记显著性相关"选项后,在输出结果中,如变量具有显著性,则其相关系数的上标将以"﹡"符号表示,"﹡"表示显著性水平为 0.05,"﹡﹡"表示显著性水平为 0.01,"﹡﹡﹡"则表示显著性水平为 0.001。

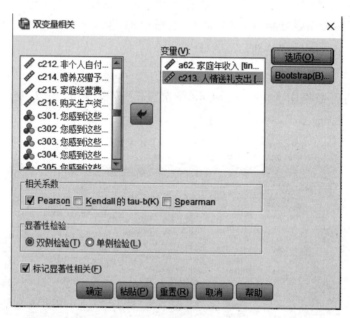

图 11-9　双变量相关对话框

表 11-17　相关性

		a62. 您家 2009 年全年家庭总收入是多少	c213. 人情送礼支出
a62. 家庭年收入	Pearson 相关性	1	0.222**
	显著性(双侧)		0.000
	N	11785	11785
c213. 人情送礼支出	Pearson 相关性	0.222**	1
	显著性(双侧)	0.000	
	N	11785	11785

注:"﹡﹡"指在 0.01 水平(双侧)上显著相关。

表 11-17 为"家庭年收入"与"人情送礼支出"的相关性表,二者的相关系数 r 为 0.222,显著性水平为 0.01,小于 0.05,具有统计显著性。这表明,家庭年收入与人情送礼支出之间具有显著正相关关系,家庭年收入越高,家庭的人情送礼支出也就越高。

对于两个变量间相关系数的计算,除了可通过 SPSS 软件中"分析→相关→双变量"的方式进行操作,也可选用前文提到的"分析→描述统计→交叉表"中的"相关性",或者"分析→回归→线性"进行相关性的分析和相关系数的计算。

"相关"与"回归"都是研究两个变量间的线性关系,但二者的适用范围有所不同。回归侧重于探讨事物之间的因果关系,因此两个变量之间是不对称关系,具有时间先后上的因果决定顺序;而相关只关注两个变量之间的关联程度和方向,并不对二者的因果关系作区分,可运用于对称关系变量的测量。此外,在回归中,主要反映的是 y 的均值变化情况,不体现原始数据与回归直线的拟合情况;而在相关中,虽然能够体现原始数据与回归线的拟合情况,但是无法体现回归的程度。

第 12 章 回归分析

"回归"这一名词缘起于19世纪生物学家高尔顿(Francis Galton)进行的遗传学研究,他在研究子女身高与父母身高之间关系的时候发现,下一代人身高有回归同时代人类平均身高的趋势;之后统计学家皮尔森又用观察数据证实了这一现象,从而产生了"回归"这一名称。现在多元线性回归已广泛应用于工农业生产、企业管理、商业决策、金融分析以及自然科学和社会科学等许多研究领域中。

▶ 一元线性回归

不管是自然现象还是人类社会,事物与事物之间总是存在着普遍的联系,有些事物间的因果关系是确定的,一个事物决定着另一个事物,这种关系被称为"函数关系";而有一些事物之间的关系则是不确定的,一个事物虽然可能在大概率上影响着另一事物,然而其结果并非必然,这种关系被称为"相关关系"。人的思想是多元且易变的,社会中的环境是交错且复杂的,因而社会现象的影响因素也是多样化的,事物之间很难有确定的函数关系,多以相关关系为主。

散点图是对相关关系最为直观的呈现。散点图表示的是每次观察时 x_i 所对应的 y_i 值,通常用平面直角坐标上的点表示数据对 $(x_i, y_i)(i=1,2,3,\cdots,n)$。由于 X 与 Y 之间只是相关,而非确定关系,因此即使 x 的值相同,其所对应的 y 值也可能不尽相同;而不同的 x 值也可能对应同一个 y 值。以图 12-1 为例,x 是不同国家的 GNP 水平,y 是各国妇女的预期寿命。从图中我们可以初步判断,一个国家的 GNP 水平越高,妇女的预期寿命也越高。

那么,该如何根据散点图中的 X 值来预测 Y 值呢?由于 X、Y 均为定距层次的变量,可进行加减乘除的运算,最适宜用均值来表现其集中趋势,当以均值来预测定距变量时,所犯的错误最小。因此,当同一个 x 值对应多个 y 值时,应取 y 的均值作为预测值。把每个 x 值对应的 y 的均值用线连起来,该线即为回归线,表示当自变量 X 取不同值时,因变量 Y 的均值的变化情况。由于直接连接 Y 均值的回归线一般较为曲折,为简便运算,通常将其简化为一条直线,该直线的计算方式,也称为"线性回归方程",其公式如下:

$$y = a + bx$$

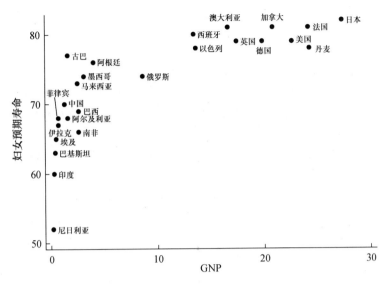

图 12-1　25 国 GNP 与妇女预期寿命散点图

资料来源：Agresti and Finlay，2008。

其中，b 为回归系数，表示斜率；a 为截距，即回归线与 Y 轴的交点。那么，具体该如何简化成直线，使得其最能够代表 Y 的均值变化呢？一般而言，我们将采用最小二乘法进行计算。假设 x_1 对应的 y 的均值为 y_1，回归直线上的值为 y_1'，那么预测产生的误差 e 即为两点间的差值，即 $y_1 - y_1'$，为避免出现正负值相抵的情况，我们将 e^2 进行相加，平方和最小的直线即为最佳拟合线，此时，a、b 的计算方式如下：

$$b = \frac{\sum(x-\bar{x})(y-\bar{y})}{\sum(x-\bar{x})^2} = \frac{n(\sum xy) - (\sum x)(\sum y)}{n(\sum x^2) - (\sum x)^2}$$

$$a = \bar{y} - b\bar{x} = \frac{\sum y - b(\sum x)}{n}$$

其中，$\bar{x}$ 为 x 的均值；$\bar{y}$ 为 y 的均值。在线性回归方程中，b 作为回归系数，具有重要的预测意义。b 值不仅可以体现自变量对因变量的影响方向，还能体现其影响大小。当 b 为正数时，表示 X 与 Y 是正相关关系，X 对 Y 具有正向影响；当 b 为负数时，表示 X 与 Y 是负相关关系，X 对 Y 具有负向影响；当 b 值为 0 时，表示 X 与 Y 之间没有相关关系。b 的绝对值越大，表示 X 对 Y 的影响也越大。由于 b 值代表的是每增加一个单位的 X 值时，Y 值的单位变化量情况，因此变量的测量单位对于 b 值的大小具有重要影响。

例如，假定父代受教育年限与子代受教育年限情况如表 12-1 所示，则由表中数据计算可得，$\sum x = 44$，$\sum y = 68$，$\sum xy = 682$，$\sum x^2 = 510$，$n = 5$，则带入公式可得：

$$b = \frac{5 \times 682 - 44 \times 68}{5 \times 510 - 44^2} = 0.68$$

$$a = \frac{68 - 0.68 \times 44}{5} = 7.62$$

将 a、b 的值带入公式，求得的线性回归方程即为 $y = 7.62 + 0.68x$。该方程表示，父代受教育年限与子代受教育年限之间是正相关关系，父代的受教育年限越长，则子代的受教育年限也会越长，父代的受教育年限每提高一年，则子代的受教育年限会增加 0.68 年。

表 12-1　父代受教育年限与子代受教育年限的关系

个案	父代受教育年限	子代受教育年限
A	2	9
B	5	12
C	9	12
D	12	16
E	16	19

例 1　用回归系数分析"CGSS 2010"数据中的"身高（厘米）"和"体重（斤）"两个变量之间的相关性。

操作步骤：

（1）打开数据库后，如图 12-2 所示，按顺序依次点击"分析→回归→线性"，打开线性回归对话框。

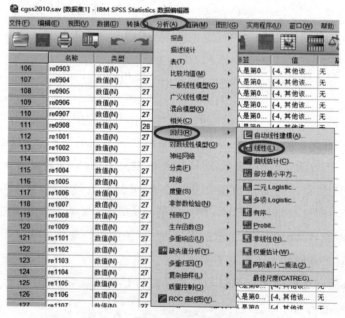

图 12-2　线性回归分析操作步骤

(2) 如图 12-3 所示，从左侧源变量窗口中选择"身高（厘米）"变量进入"自变量"框中，选择"体重（斤）"变量进入"因变量"框中。从"方法"项中选择"进入"法，表示所有选入框中的自变量和因变量都将强制进入模型。

此外，可供选择的方法还有"逐步"法、"删除"法、"向后"法和"向前"法。"逐步"法表示将根据"选项"栏中设定的标准，逐一对变量进行筛选，选择与因变量相关程度较高的变量进入模型，相关程度较低的变量则被剔除。"删除"法是先建立关于所有变量的全模型，然后一次性将模型中影响较小的变量一起删除。"向后"法也是先建立全模型，然后先对与因变量相关程度最低的变量进行判断，如果符合预先在"选项"栏中设定的剔除标准，则将其从模型中剔除，反之则进入模型。如此反复执行此判断程序，直至模型中不再有需要剔除的变量，则模型建立完成。"向前"法与"向后"法相对，从模型没有变量开始，先对因变量相关程度最高的变量进行判断，如果符合预先在"选项"栏中设定的进入标准，则选择进入模型，反之则将其剔除。

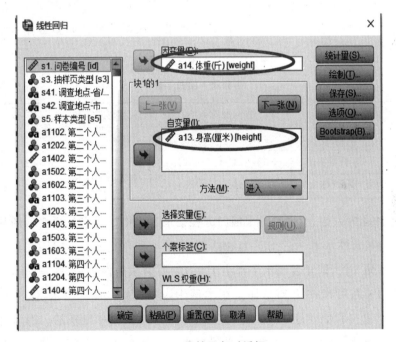

图 12-3　线性回归对话框

窗口右上方有"统计量""绘制""保存""选项""Bootstrap"一排按钮。作为初学者，我们可以暂时不管这些按钮，接受系统的默认值。

(3) 在点击左下方的"确定"按钮后，回归分析结果就会呈现出来。

表 12-2　模型汇总

模型	R	R 方	调整 R 方	标准估计的误差
1	0.545ª	0.297	0.297	19.577

表 12-2 为模型汇总，即是对回归方程的拟合情况进行判断。从表中可以看出，R 值为 0.545，调整后的 R^2 为 0.297，即用身高预测体重时，能够削减 29.7% 的误差，其原理在下节中将会详细论述。

表 12-3　方差

模型		平方和	df	均方	F	Sig.
1	回归	1911344.592	1	1911344.592	4987.117	0.000ᵇ
	残差	4515910.355	11783	383.256		
	总计	6427254.947	11784			

注：b. 预测变量：(常量)，受教育年限。

表 12-3 是对模型进行方差分析的结果，用以对回归系数的检验。由表可知，方差分析的 F 值为 4987.117，且 P 值小于 0.000，因此回归系数具有统计显著性。

表 12-4　回归系数

模型		非标准化系数		标准系数	t	Sig.
		B	标准误差	试用版		
1	(常数项)	−74.574	2.773		−26.895	0.000
	a13. 身高(厘米)	1.195	0.017	0.545	70.620	0.000

表 12-4 为系数表，也是得出回归方程结果的表格。我们首先要看的是表格最右边的显著性水平一栏(Sig.)，在这里，常数项和自变量身高对因变量的影响都有统计显著性，即显著性水平都小于 0.1。所谓显著性水平，就是样本中存在的变量的关系可以推论到总体。在本例中，身高每增加 1 厘米，体重就增加 1.195 斤，这是我们通过 11785 个样本的身高与体重计算出来的。因为这一自变量对因变量具有统计显著性，由此可以推论到总体，可以认定总体中也存在这样的身高与体重的关系。根据表中数据，常数项 a 值为 −74.574，回归系数 b 值为 1.195，因此线性回归方程为：

$$y = -74.574 + 1.195x$$

多元线性回归

多元线性回归(multiple linear regression)是分析一个随机变量与多个变量

之间线性关系的最常用的统计方法。它用变量的观察数据拟合所关注的变量和影响它变化的变量之间的线性关系式,检验影响变量的显著程度和比较它们的作用大小,进而用两个或多个变量的变化解释和预测另一个变量的变化。多元线性回归将所研究的变量分为一个被影响变量(因变量)和一组影响变量(自变量),并要求因变量必须是间距测度等级以上的变量(也称"连续变量"),自变量可以是间距测度变量也可以是名义测度等级变量(也称"分类变量")。[①]

因变量和自变量的确定是建立回归模型的首要任务。在回归模型中,研究人员以规定因变量和自变量的方式确定研究变量之间的因果关系,并加以量化描述。但是,研究方法论告诉我们,因果关系是不可能完全根据统计分析所证明的。"回归"是与"相关"密切关联的一个概念。如果两个变量之间存在相关,人们很自然会想到,能否用一个函数表达式把变量之间的关系表达出来,通过一个变量去估计或预测另一个变量。由于相关关系是一种非确定关系,变量之间不存在完全精确的函数表达式,但是,通过大量的观测数据,可以找出存在于它们之中的统计规律性,并且可以用一个近似的函数式来表达变量之间的关系。回归分析就是在分析估测数据的基础上,确定一个能反映变量之间关系的近似函数表达式,是研究相关关系的一种有效方法。回归与相关的区别在于,相关表示两变量之间的相互关系,一个变量的变化会导致另一个变量的变化,反过来也同样成立,它们的关系是双向的,不存在因变量和自变量的区别;而回归有因变量和自变量之分,它们的关系是单向的,因变量 y 随着自变量 x 的变化而变化,反映的是因果关系。可以说,相关是回归的必要条件,有相关关系,不一定有回归关系,但没有相关关系,肯定没有回归关系。

严格来说,回归分析在研究中所起的作用不能确证因果关系,而是确认因变量和自变量的统计关系是否存在。因此,在回归模型中,即使表述的变量之间的因果关系很好地拟合了数据,也不能完全肯定它实际上存在。因为在模型中将因变量和自变量互换,也可能很好地拟合数据。综上所述,回归模型只是整个研究方案中的一环,因变量和自变量的确定依赖于研究者对变量关系的理解,也依赖理论和经验的支撑,服从研究设计的需要,在研究方法论的指导下展开。

1. 多元线性回归模型

在本节中,我们将一元线性回归推广到多元线性回归。一元线性回归的所有假设条件都适用于多元线性回归。

[①] 对于分类变量,也可以采用虚拟变量回归解决,详见本章"虚拟变量的使用"部分。

1) 多元线性回归方程的建立

现在来看有多个自变量的线性回归问题。实际工作中，往往影响 Y 的因素不止一个：

$$Y = B_0 + B_1 X_1 + B_2 X_2 + \cdots + B_K X_k + \varepsilon$$

例 2 以"2005 厦门居民生活状况调查"数据中影响居民全年职业收入为例，个人职业收入除了受受教育程度影响外，还可能与个人工作职务级别有关。为此，将个人工作职务级别考虑进去，设个人职业收入 y 与受教育程度 x_1、个人工作职务级别 x_2 满足下面的线性关系式：

$$y = b_0 + b_1 x_1 + b_2 x_2 + e$$

运用回归分析，求解得 $b_0 = 894.206$，$b_1 = 3164.995$，$b_2 = 4466.173$，于是得到回归方程：

$$\hat{y} = 894.206 + 3164.995 x_1 + 4466.173 x_2 + e$$

它表示回归平面在 Y 轴上的截距为 894.206。当控制了个人工作职务级别后，受教育程度每提高一个水平，个人职业收入就会提高 3164.995 元；当控制了受教育程度后，个人工作职务级别每提高一级，个人职业收入就会提高 4466.173 元。

2) 二元回归方程 SPSS 软件操作

（1）打开 SPSS 软件，在菜单栏上选择"分析→回归→线性"。

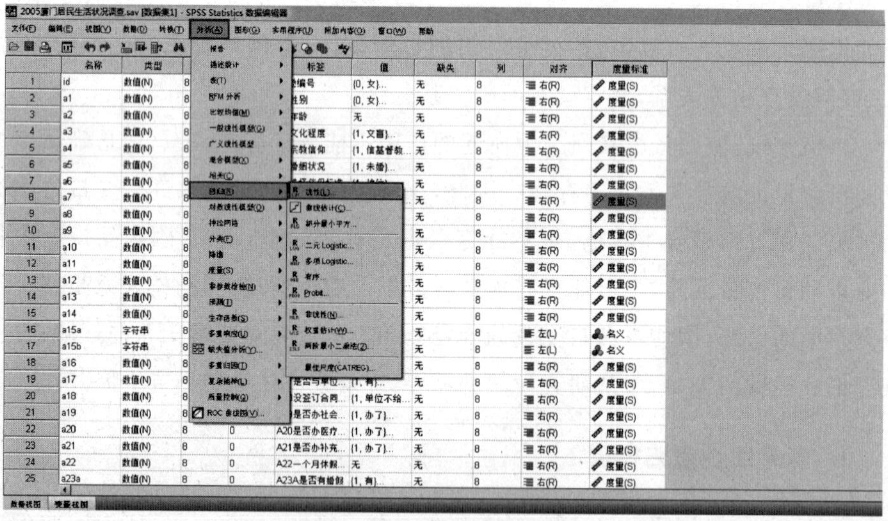

图 12-4　线性回归操作

（2）将"个人职业总收入"和"受教育程度""个人职务级别"分别放入因变量和自变量栏中，然后点击"确定"按钮。

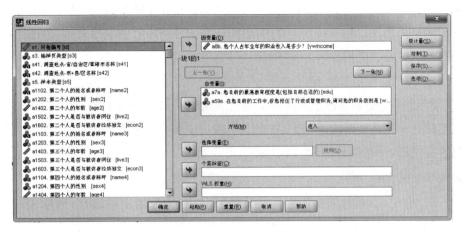

图 12-5　回归分析变量输入

(3) 得到输出文档，参看表 12-5。

表 12-5　多元线性回归分析结果

模型		非标准化系数		标准系数	t	Sig.
		B	标准误差	试用版		
1	（常量）	894.206	1513.281		0.591	0.555
	a7a. 您目前的最高受教育程度是（包括目前在读的）	3164.995	242.119	0.127	13.072	0.000
	a59e. 在您目前的工作中，若您担任了行政或管理职务，请问您的职务级别是	4466.173	675.697	0.064	6.610	0.000

注：因变量：a8b. 您个人去年全年的职业收入是多少？

2. 方程解释能力

1) 确定系数 R^2

一个回归方程在多大程度上解释了因变量的变化，主要看方程对观察值的拟合程度如何。R^2 被称为"方程的确定系数"(coefficient of determination)，它的取值在 [0, 1] 之间。R^2 越接近 1，表明方程中的变量对 Y 的解释能力越强。通常将 R^2 乘以 100% 表示回归方程解释 y 变化的百分比。R^2 是 SPSS 软件回归程序的默认输出项目，它的输出标题是"R 方"(R square)。

当模型中的变量是线性关系时，R^2 是方程拟合优度的度量。R^2 越大，说明回归方程拟合数据越好，或者说 x 与 y 线性关系越强，即回归方程中的自变量对 y 的解释能力越强。当 R^2 等于 1 时，所有的观察值都落在拟合直线上。R^2 越小,说明 x 与 y 的线性关系越弱,它们之间的独立性越强,或者说对 x 的了解无助于对 y 的预测。当 y 接近于 0 时,说明 x 与 y 几乎不存在线性关系,但可能存在很强的非线性关系。

2) 调整的确定系数 R_{adj}^2

R^2 是一个受自变量个数与样本规模之比($k:n$)影响的系数,常规是 1:10 以上较好。当这个比值小于 1:5 时,R^2 倾向于高估实际的拟合优度。为了避免这种情形,常用调整的 R_{adj}^2 代替 R^2。当 k 接近 n 时,R_{adj}^2 将比 R^2 小许多;当 n 远大于 k 时,$R_{adj}^2 \approx R^2$。

R_{adj}^2 是 SPSS 软件回归程序的默认输出项目,它的输出标题是"调整 R 方"(adjusted R square)。

用下面两个例子来加深对确定系数 R^2 和调整的确定系数 R_{adj}^2 的理解。

例 3 运用 SPSS 软件对例 2 回归的 R^2 为 0.026,表示受教育程度和个人职业职务级别共同解释了个人职业收入 2.6% 的变化。另外,R_{adj}^2 为 0.026,$R_{adj}^2 \approx R^2$。

表 12-6 模型汇总

模型	R	R 方	调整 R 方	标准估计的误差	变化统计				
					R 方变化	F 变化	df1	df2	Sig.F 变化
1	0.162[a]	0.026	0.026	73851.786	0.026	158.273	2	11782	0.000

注:a. 预测:(常量),a59e. 在您目前的工作中,若您担任了行政或管理职务,请问您的职务级别是;a7a. 您目前的最高受教育程度是(包括目前在读的)。

例 4 根据 CGSS 2010 数据,在对影响个人职业收入的分析中,我们得到了表 12-7 所示的模型汇总。由该表可知,R^2 为 0.029,表示模型中的所有变量共解释个人职业收入 2.9% 的变化。另外,方程 R_{adj}^2 为 0.028,相对 R^2 的数值变小了。

表 12-7 模型汇总

模型	R	R 方	调整 R 方	标准估计的误差	变化统计				
					R 方变化	F 变化	df1	df2	Sig.F 变化
1	0.170[a]	0.029	0.028	73765.488	0.029	58.145	6	11778	0.000

注:a. 预测:(常量),a2. 性别;a4. 您的民族是;a59e. 在您目前的工作中,若您担任了行政或管理职务,请问您的职务级别是;a5. 您的宗教信仰是;a10. 您目前的政治面貌是;a7a. 您目前的最高受教育程度是(包括目前在读的)。

3. 标准化回归系数

在多元回归分析中,如何判别在所考察的因素中,哪些是影响 y 的主要因素,哪些是次要因素是经常遇到的一个问题。为了分清 k 个自变量对 y 的影响的主次关系,一个普遍的想法是比较各个因素的回归系数 $b_1,b_2,\cdots,b_k$ 绝对值的大小。但是,因为它们的值所用的测量单位不一致,不存在可比性。因此,就要将所有自变量和因变量进行标准化,取得标准化变量,再进行回归便可以得到标准化回归方程:

$$Z_Y = \beta_1 z_1 + \beta_2 z_2 + \cdots + \beta_k z_k$$

因为 z 变量是无量纲变量,所以它们的回归系数 β_j 称为"标准化回归系数"(standardized regression coefficient),它表示当其他变量不变时,x_j 变化一个标准偏差单位,y 的标准偏差的平均变化。由于标准化消除了原来自变量不同的测量单位,于是 β_j 之间可以互相比较,它们绝对值的大小就代表了各自对 y 作用的大小。因此,在标准化回归方程中已经不存在常数项,因为所有标准化变量都以 0 作为平均值。

SPSS 软件回归输出中,回归系数 b_j 的输出标签为 B,标准回归系数 β_j 的输出标签为 Beta。在例 4 中,受教育程度对个人职业收入的回归系数 3124.473 小于个人职务级别的 4254.565,但不能因此认为个人职务级别对个人职业收入的影响大于受教育程度。这是因为回归系数与变量的单位有关,标准回归系数不受单位的影响。年龄和教育水平的标准回归系数为 0.126 和 0.061,所以,受教育程度对个人职业收入的影响大于个人职务级别的影响。

标准化回归系数可以比较无量纲自变量对因变量的影响,但是它们源于回归系数,在进行转换时还易受方程内外与其相关的变量的影响,因而它们表示的是方程内变量之间的相对重要性。

表 12-8 回归系数[a]

模型		非标准化系数		标准化系数	t	Sig.
		B	标准误差	试用版		
1	(常量)	10892.398	3751.273		2.904	0.004
	a7a. 您目前的最高受教育程度是(包括目前在读的)	3124.473	255.241	0.126	12.241	0.000
	a59e. 在您目前的工作中,若您担任了行政或管理职务,请问您的职务级别是	4254.565	678.986	0.061	6.266	0.000
	a10. 您目前的政治面貌是	426.392	721.226	0.006	0.591	0.554
	a5. 您的宗教信仰	253.055	172.939	0.014	1.463	0.143
	a4. 您的民族是	−518.008	439.965	−0.011	−1.177	0.239
	a2. 性别	−7458.147	1375.419	−0.050	−5.422	0.000

注:a. 因变量:a8b. 您个人去年全年的职业收入是多少?

4. 多重共线性的检验和解决办法

多重共线性产生的原因主要有四个方面：(1) 变量之间的内在联系，这是产生多重共线性的根本原因；(2) 变量在时间上有同方向变动的趋势，这是造成多重共线性的重要原因；(3) 模型中滞后变量的引入，这也是造成解释变量多重共线的原因之一；(4) 在模型参数的估计过程中样本之间的相关是不可避免的，这是造成多重共线性的客观原因。

严重的多重共线性常常会导致下列情形出现：(1) 使得用普通最小二乘法得到的回归参数估计值很不稳定，回归系数的方差随着多重共线性强度的增加而加速增长，对参数难以作出较精确的估计；(2) 造成回归方程高度显著的情况下，有些回归系数通不过显著性检验；(3) 回归系数的正负得不到合理的解释。

多重共线性的检验方法有很多，本书介绍的是最普遍的一种方法。当方程的确定系数很高，且 y 与各自变量的相关系数也很高，但自变量的回归系数均不显著时，表明自变量间可能存在高度的线性相关。但这只是一个反映共线性的必要条件，而不是充分条件，即 y 与自变量之间相关不高时，仍可能存在多重共线性问题。因为从本质上说，多重共线性是自变量之间相关引起的问题。

SPSS 软件回归程序中设计了检验多重共线性所用的指针和信息输出，除了在默认状态下自动提供的以外，还有容限度（tolerance）、方差膨胀因子（variance inflation factor，符号为 VIF）及用于共线性判断的特征值和状态指标（eigenvalues and condition indexes）。

容限度是由每个自变量作为因变量对其他自变量回归时得到的余差比例。容限度的大小是根据研究者的具体需要制定的，通常当容限度小于 0.1 时，便认为变量与其他变量之间的多重共线性超过了容许界限。

方差膨胀因子是指解释变量之间存在多重共线性时的方差与不存在多重共线性时的方差之比。容忍度的倒数 VIF 越大，显示共线性越严重。经验判断方法表明：当 $0<\text{VIF}<10$，不存在多重共线性。一般认为，若 $\text{VIF}>10$，说明模型中有很强的共线性关系；若 $10\leqslant\text{VIF}<30$，说明模型中有较弱程度的共线性关系；当 $30\leqslant\text{VIF}<100$，说明模型中有中等程度的多重共线性；当 $\text{VIF}\geqslant100$，说明模型中存在严重多重共线性。

当发现方程中存在高度的多重共线性现象时，可以选择以下几种常见方法来消除这种影响：

(1) 保留重要解释变量，去掉次要解释变量。

(2) 改变解释变量的形式。这是解决多重贡献性的一种简易方法，如对横截面数据采用相对数变量，对于时间序列数据采用增量型变量。

(3) 差分法。

（4）逐步回归分析法。

（5）主成分分析法。

（6）偏最小二乘回归。

（7）岭回归。

（8）增加样本规模。

（9）采用新的样本数据。

共线性诊断 SPSS 软件操作步骤如下：首先，打开 SPSS 软件，在菜单栏上选择"分析→回归→线性"。选择好因变量、自变量后，再选择"统计量→共线性诊断"，最后点击"继续"（见图 12-6、12-7）。

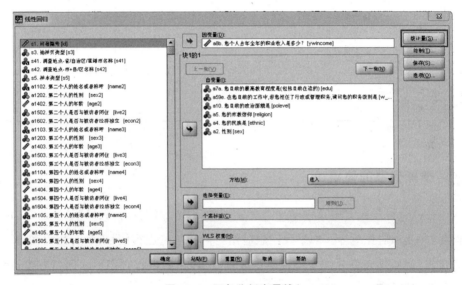

图 12-6　回归分析变量输入

图 12-7　回归分析共线性诊断

根据对例 4 数据的进一步分析发现,研究的因变量与其他变量之间的容忍度均大于 0.1,方差膨胀因子远小于 10,说明因变量与其他变量之间不存在共线性问题。

表 12-9　回归系数[a]与变量的容忍度

模型		非标准化系数		标准化系数	t	Sig.	共线性统计	
		B	标准误差	试用版			容忍度	VIF
1	(常量)	10892.398	3751.273		2.904	0.004		
	a7a. 您目前的最高受教育程度是(包括目前在读的)	3124.473	255.241	0.126	12.241	0.000	0.783	1.276
	a59e. 在您目前的工作中,若您担任了行政或管理职务,请问您的职务级别是	4254.565	678.986	0.061	6.266	0.000	0.862	1.160
	a10. 您目前的政治面貌是	426.392	721.226	0.006	0.591	0.554	0.847	1.181
	a5. 您的宗教信仰	253.055	172.939	0.014	1.463	0.143	0.947	1.056
	a4. 您的民族是	−518.008	439.965	−0.011	−1.177	0.239	0.956	1.046
	a2. 性别	−7458.147	1375.419	−0.050	−5.422	0.000	0.958	1.044

注:a. 因变量:a8b. 您个人去年全年的职业收入是多少?

▶ 虚拟变量的使用

在社会科学研究中有许多分类变量,比如地区、时期、公司、民族、性别、文化程度、职业和居住地等。如果我们想应用它们的信息进行线性回归,用以解释 y 的变化,就必须先将分类变量转换为虚拟变量,然后再将它们引入回归方程,所得到的回归结果才有明确的意义解释。

虚拟变量(dummy variable)又称"虚设变量""名义变量"或"哑变量",用以反映质的属性的一个人工变量,是量化了的质变量,通常取值为 0 或 1。假设 x 是有 k 分类的名义变量,在数据处理时以不同编码值代表案例所属的类型。因为分类变量的各类没有定量关系,不能像定距变量的情形那样,分析 x 变化一个单位时,y 的平均变化。因此,必须以类为单位,分析各类对 y 的影响。如果用 k 个取值为 0 和 1 的虚拟变量分别代表各类别的属性,当案例属于一个虚拟变量所代表的属性时,这个虚拟变量就赋值为 1,否则便赋值为 0。对于编码只为 0、1 两个值的变量,其平均数的意义是编码为 1 的一类案例占样本的比例,所以可以对其进行回归。例如,可以将性别(男=1,女=0)、民族(汉族=1,非汉族=0)、宗教信仰(信教=1,不信教=0)、政治面貌(党员=1,非党员=0)、户口类型(农业户口=1,非农业户口=0)分别设置为虚拟变量。一般地,在虚拟变量的设置中,基础类型、肯定类型取值为 1,比较类型、否定类型取值为 0。

一个定类或定序变量，如果总类数为 m，则应该引入 $(m-1)$ 个虚拟变量（一组虚拟变量）。省略的一类，则称为"参照类"。虚拟变量的个数应按下列原则确定：如果有 m 种互斥的属性类型，在模型中引入 $(m-1)$ 个虚拟变量。这里以性别有 2 个互斥的属性，引用 $2-1=1$ 个虚拟变量；文化程度分小学、初中、高中、大学、研究生 5 类，引用 4 个虚拟变量。例如，研究消费者每年旅游支出 Y（千元）与收入 X（千元）、受教育程度（EDU）之间的关系举例说明。假如原始数据中，受教育程度取值为 1、2、3，分别表示小学、中学、大学受教育程度。由于受教育程度为定类变量，所以需要重新编码。我们将小学受教育程度这一类作为"参照类"。于是，任何一种受教育程度都可以用如表 12-10 所示方式表示出来：

表 12-10 虚拟变量

	D2	D3
小学	0	0
中学	1	0
大学	0	1

但是，不能引入 n 个虚拟变量，否则会产生多重共线性问题，即"虚拟变量陷阱"。所谓"虚拟变量陷阱"（dummy variable regression），是指如果模型中每个定性因素有 m 个相互排斥的类型，且模型有截距项，则模型中只能引入 $(m-1)$ 个虚拟变量，否则会出现完全多重共线性。这是因为，若模型包含多个定类变量，且每个定类变量有多种分类，则引入模型的虚拟变量将消耗大量的自由度，故应权衡进入模型中虚拟变量的个数以免超过样本观察值的个数。

现在通过一个例子来熟悉在 SPSS 软件中建立虚拟变量的过程。

例 5 以"2005 厦门居民生活状况调查"数据中 A7"户口类别"这个变量为例。原始数据的户口分为市区常住、郊县常住、本市暂住和其他四类。我们打算将其重新分为"常住人口"和"非常住人口"两类。我们需要将其转变为虚拟变量。

（1）如图 12-8 所示，打开 SPSS 软件，点击"转换"，在菜单栏中，可以看到有"重新编码为相同变量"和"重新编码为不同变量"两种选项。两者都可以对变量进行重新编码，但是，前者是直接在原变量的基础上进行重新编码，不再增添新的变量；后者则是建立一个新的变量。本例将使用"重新编码为不同变量"来进行演示。

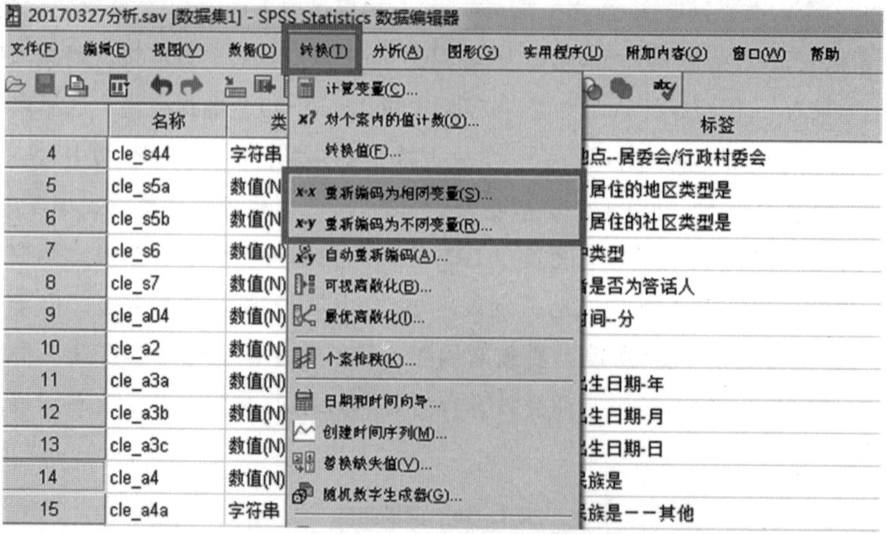

图 12-8 重新编码为不同变量

（2）我们将"户口类别"这个变量从待选区域选中，在右侧"输出变量"栏中输入新变量的名称"ra7"和变量标签"重新编码的户口类别"，点击"更改"后再点击"旧值和新值"（见图12-9）。

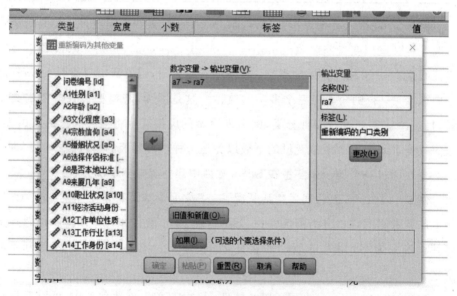

图 12-9 变量重新编码中新变量的界定

（3）点击"旧值和新值"按钮，在弹出的窗口中进行新的赋值，即旧值的"1"和"2"变成新值"1"，旧值的"3"和"4"变成"0"。重新赋值完成，我们点击"继续"和"确定"按钮，新的虚拟变量生成（见图12-10）。

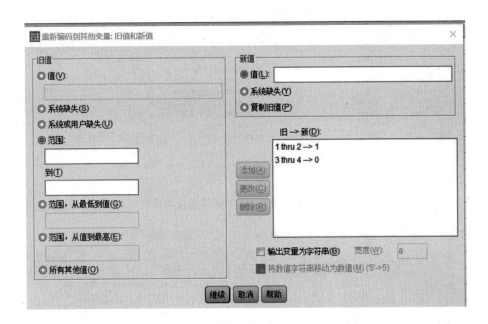

图 12-10　重新编码中的变量赋值

（4）如图 12-11 所示，我们可以在变量视图的最后一个变量值中查看生成的"ra7"这一新变量。

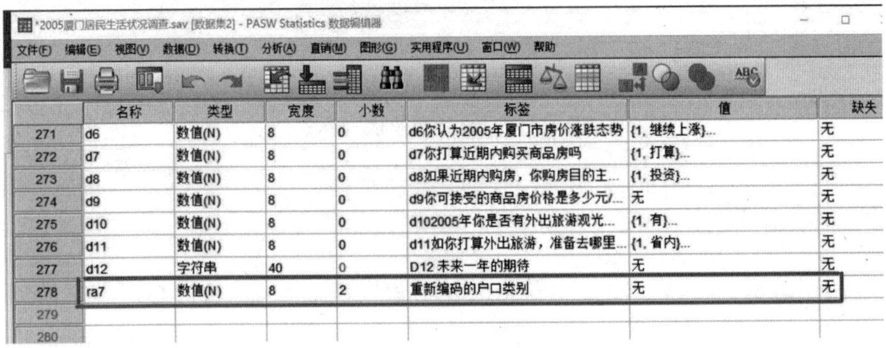

图 12-11　重新编码生成新变量

（5）我们还需要对新赋值的值加标签。如图 12-12、12-13 所示，点击新变量"值"这一栏的右侧，弹出新的窗口，对新赋值的"0"加标签"非常住户口"，再点击"添加"—"确定"；对新赋值的"1"加标签"常住户口"。到此，新生成的变量"户口"是一个二分虚拟变量，其中"0"代表非常住户口，"1"代表常住户口。

图 12-12　重新编码后对新变量值加标签

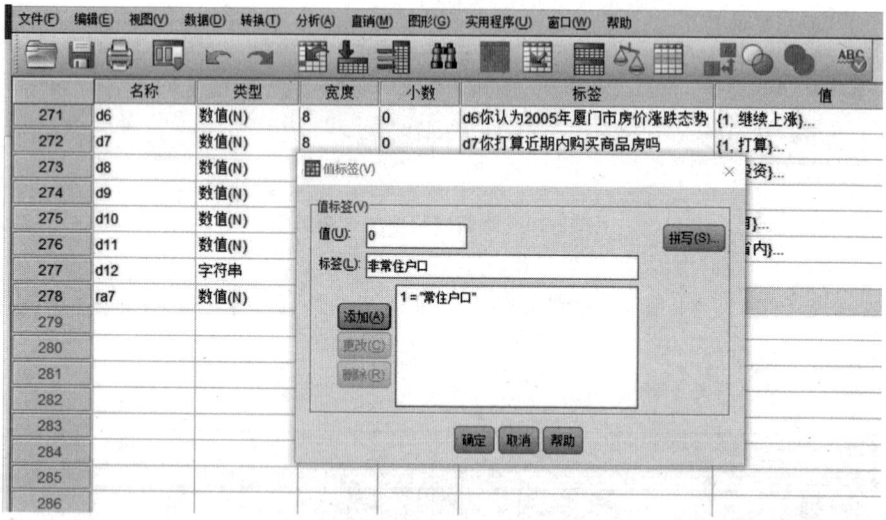

图 12-13　对新变量值加标签

▶ 因子分析

　　因子分析（factor analysis）是由心理学家发展起来的，最初心理学家借助因子分析模型来解释人类的行为和能力。1904 年，查尔斯·斯皮尔曼（Charles Spearman）在《美国心理学》杂志上发表了第一篇有关因子分析的文章。在此后的三四年中，因子分析的理论和数学基础逐步得到了发展和完善，它作为一个一般的统计分析工具逐渐被人们所认识和接受。20 世纪 50 年代以来，随着计算器的普及和各种统计软件的出现，因子分析在社会学、经济学、医学、地质学、气象学和市场营销等越来越多的领域得到了应用。

　　因子分析是多元统计分析技术的一个分支，其主要目的是浓缩数据。它通过研究众多变量之间的内部依赖关系，探求观测数据中的基础结构，并用少数几个假想变量来表示基本的数据结构。这些假想变量能够反映原来众多的观测变量所代表的主要信息,并解释这些观测变量之间的相互依存关系,我们把这些假想变量称为"基础变量",即因子(factors)。因子分析就是研究如何以最少的信息丢失把众多的观测变量浓缩为少数几个因子。

1. 因子分析的几个基本概念

因子分析是把一些具有错综复杂关系的多个变量归结为少数几个综合因子的一种多元统计分析方法。也就是说,每个原始变量分解成两部分因素:一部分是由所有变量共同具有的少数几个公共因子,另一部分是每个变量独自具有的因素,即特殊因子。

因子分析的目的之一是简化变量维数。即要使因素结构简单化,希望以最少的共同因素(公共因子),对总变异量作最大解释,因而抽取的因子越少越好,但抽取因子的累积解释的变异量(方差)越大越好。在因子分析的公共因子抽取中,应最先抽取特征值最大的公共因子,其次是次大者,最后抽取特征值最小的公共因子(通常只保留特征值大于1的公共因子),通常会接近0。

因子分析的另一个作用是了解变量之间的内部结构。比如,要确定在一系列变量中,它们相互之间存在什么关系,哪些变量可以归为一类,哪些变量之间存在较大区别等,这些问题都可能通过因子分析得到解答。

在这里,我们首先了解因子分析模型中几个重要统计量的意义:

一是因子负荷量(factor loadings,又称"因子载荷"),是指因子结构中原始变量与因子分析时抽取出的公共因子的相关程度。在各公共因子不相关的前提下,a_{ij}(载荷矩阵中第 i 行第 j 列的元素)是随机变量 X_i 与公共因子 F_j 的相关系数,表示 X_i 依赖于 F_j 的程度,反映了第 i 个原始变量在第 j 个公共因子的相对重要性。因此,a_{ij} 绝对值越大,则公共因子 F_j 与原有变量 X_i 的关系越强。

二是共同度(共量),又称"公共因子方差"(communality)或"公因子方差"(common variance),是指变量与每个公共因子之负荷值的平方总和(一行中所有因素负荷量的平方和)。从共同度的大小可以判断这个原始实测变量与公共因子之间的关系程度。

三是特征值,又称"第 j 个公共因子的方差贡献",是第 j 个公共因子 F_j 对 X 的每一分量 X_i 所提取的方差的总和。即每个变量与某一共同因素之因素负荷量的平方总和(因子负载矩阵中某一公共因子列所有因子负荷量的平方和)。

四是方差贡献率,又称变异量,是指公共因子对实测变量的贡献。方差贡献率=特征值 G/实测变量数 P。

2. 判断观测数据是否适合作因子分析

因子分析的目的是简化数据或者找出基本的数据结构,因此使用因子分析的前提条件是观测变量之间应该有较强的相关关系。如果变量之间的相关程度很小,它们不可能共享因子,一般相关矩阵中的大部分相关系数都小于 0.3 时,不适合作因子分析。

SPSS 软件提供了三个统计量帮助判断观测数据是否合适作因子分析。

(1) 反映象相关矩阵(anti-image correlation matrix)。其元素等于负的偏相关系数。偏相关是指控制其他变量不变,一个自变量对因变量的独特解释作用。如果数据中确实存在公因子,变量之间的偏相关系数应该很小,因为它与其他变量重叠的解释影响被扣除了。所以,如果反映象相关矩阵中很多元素的值比较大,应该考虑该观测数据可能不适合作因子分析。

(2) 巴特利特球体检验(Bartlett's test of sphericity)。该统计量从检验整个相关矩阵出发,其零假设为相关矩阵是单位阵,如果不能拒绝该假设的话,应该重新考虑因子分析的使用。

(3) KMO(Kaiser-Meyer-Olkin Measure of Sampling Adequacy)测度。该测度从比较观测变量之间的简单相关系数和偏相关系数的相对大小出发,其值的变化范围从 0 到 1。当所有变量之间的偏相关系数的平方和远小于简单相关系数的平方和时,KMO 值接近 1。KMO 值较小时,表明观测变量不适合作因子分析。通常按照以下标准解释该指标值的大小:0.9 以上,非常好;0.8 以上,好;0.7,一般;0.6,差;0.5,很差;0.5 以下,不能接受。

根据 CGSS 2000 数据,把 D2 题"对于下面几类人,您的信任度怎么样"中有关 9 种不同对象(自己家里人、亲戚、朋友、同事、领导干部、生意人、同学、老乡、信教的人)的信任程度放在一起作因子分析,先进行检验。根据数据得到的统计结果可知,巴特利特球体检验是显著的,说明存在内在因子结构。同时,KMO 值为 0.822,说明我们选择的这 9 个变量是适合作因子分析的。

表 12-11 KMO 测度和巴特利特球体检验

	KMO 取样适切性量数	0.822
巴特利特球体检验	近似卡方	22590.380
	自由度	36
	显著性	0.000

3. 求解初始因子

在探测性因子分析中，求解初始因子这一步的目的是确定能够解释观测变量之间相关关系的最小因子个数。根据所依据的准则不同，有很多种求因子解的方法，主要可以分为两类：一类是基于主成分分析模型的主成分分析法；另一类是基于公因子分析法，包括主轴因子法、极大似然法、最小二乘法、alpha 法等等。

(1) 主成分分析法（principal components analysis）

主成分分析法是一种数学变换的方法，它把给定的一组相关变量通过线性变换转换成另一组不相关的变量，这些新的变量按照方差依次递减的顺序排列。

有 k 个变量就有 k 个主成分，但是因子分析的目的是为了简化数据，所以并不想用 k 个主成分，而是取前几个主成分作为初始因子，那么需要几个因子能代表原来数据中的主要信息部分呢？目前还没有精确的定量方法来确定因子个数，实际应用中人们借助一些准则来确定因子的个数，常用的有以下两个：

一是特征值准则（eigenvalue criterion）。即取特征值大于等于 1 的主成分作为初始因子，放弃特征值小于 1 的主成分。因为每个变量的方差为 1，该准则认为每个保留下来的因子至少应该能解释一个变量的方差，否则达不到精简的目的。特征值准则是实际中应用最普遍的确定因子个数的方法。

二是碎石检验准则（scree test criterion）。按照因子被提取的顺序，画出因子的特征值随因子个数变化的散点图，根据图的形状来判断因子的个数。该图的形状像一座山峰，从第一个因子开始，曲线迅速下降，然后下降变得平缓，最后变成近似一条直线，曲线变平开始的前一个点认为是提取的最大因子数。因为后面的这些散点就像山脚下的"碎石"，舍去这些"碎石"，并不损失很多信息，该准则因此而得名。

根据表 12-12 的数据结果可得，总的因子方差解释是 49.207，总共存在 2 个公因子（根据碎石图也可得知选取 2 个因子），说明如果不用这 9 个变量，用这两个因子可以说明变量 49.207 的方差。如果确认了以上的结论，即可将这 2 个因子得分保存为变量了。

(2) 公因子分析法（common factor analysis）

公因子分析法和主成分分析法不同。主成分分析法从解释变量的方差出发，假设变量的方差能完全被主成分所解释，而公因子模型是从解释变量之间的相关关系出发，假设观测变量之间的相关能完全被公因子解释，变量的方差不一定能完全被公因子解释，这样每个变量被公因子所解释的方差不再是 1，而是公因子的方差。所以,公因子模型在求因子解时,只考虑公因子方差。

表 12-12　各提取因子解释方差比例

成分	总计	初始特征值方差百分比	累积%	总计	提取载荷平方和方差百分比	累积%	总计	旋转载荷平方和方差百分比	累积%
1	3.290	36.555	36.555	3.290	36.555	36.555	2.455	27.275	27.275
2	1.139	12.652	49.207	1.139	12.652	49.207	1.974	21.932	49.207
3	0.921	10.228	59.445						
4	0.865	9.614	69.059						
5	0.666	7.396	74.456						
6	0.637	7.077	83.532						
7	0.596	6.621	90.153						
8	0.483	5.367	95.520						
9	0.403	4.480	100.00						

注:提取方法采用主成分分析法。

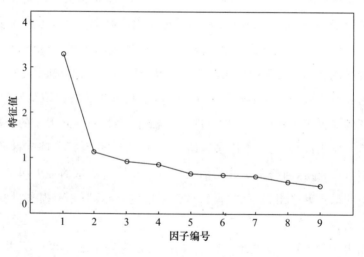

图 12-14　碎石图

(3) 因子分析方法的选择和比较

一般来说,各种求初始因子解的方法所产生的公因子方差差别不大。当公因子方差为 1 时,主成分分析法和公因子分析法的实质是一样的,当公因子方差较低时,主成分解和公因子解的差别就明显了。如果提取相同数目的因子,主成分法比公因子法能够解释更多的方差。

当变量数不多时,主成分分析法和公因子分析法的结果会有差异;当变量数较多时,主成分分析法和公因子分析法的差异不大。当变量数很多时,公因子方差的估计值和求因子解的方法会变得不那么重要,只有当样本量很大时,最大似然解比其他解的精确度才有明显提高。

决定选择哪种方法,有以下两点考虑:一是进行因子分析的目的;二是对变量方差的了解程度。如果因子分析的目的是用最少的因子最大程度地解释原始数据中的方差,或者知道特殊因子和误差带来的方差很小,则适合用主成分分析法;如果因子分析的主要目的是确定数据结构但并不了解变量方差的情况,则适合用公因子分析法。大多数情况下,两种方法得到的解很接近。使用公因子分析法时,估计公因子方差的方法比求因子解的方法更重要。如果公因子方差的估计值相近,因子分析的结果也非常相近。

4. 因子旋转

初始因子解达到了数据化简的目的。在求初始因子这一步中,我们确定了公因子数,确定了每个变量的公因子方差。但是,根据初始因子解,往往很难解释因子的意义,大多数因子都和很多变量相关。因子旋转是寻求这一实际意义的有效工具,因子旋转的目的是通过改变坐标轴的位置,重新分配各个因子所解释的方差的比例,使因子结构更简单,更容易解释。因子旋转不改变模型对数据的拟合程度,不改变每个变量的公因子方差。

因子旋转方式分为两种,一种叫正交旋转,另一种叫斜交旋转。

(1) 正交旋转(orthogonal rotation)

各种因子旋转方法的目标都是简化因子负载在矩阵的行和列,使因子负载向 0 和 1 两极分化,由于简化准则不同,产生了各种旋转方法,有三种主要的正交旋转方法:四次方最大法、最大方差法和等量最大法。

① 四次方最大法(quartimax):四次方最大法是从简化因子负载矩阵的行出发,通过旋转初始因子,使得每个变量只在一个因子上有较高的负载,在其他的因子上有尽可能低的负载。四次方最大法使初始负载矩阵中每个变量的大的因子负载更大,小的因子负载更小,因子负载按行向 0、1 两极分化。

四次方最大法的一个缺点是它产生的最后解中往往有一个综合因子,大部分变量在该因子上都有较高的负载,该方法强调了对变量解释的简洁性,牺牲了对因子解释的简洁性。

② 最大方差法(varimax):最大方差法和四次方最大法类似,所不同的是它从简化因子负载矩阵的每一列出发,使和每个因子有关的负载平方的方差最大。当只有少数几个变量在某个因子上有较高的负载时,对因子的解释是最简单的,和某个因子有关的负载平方的方差最大时,因子具有最大的可解释性。

最大方差法的直观意义是希望通过因子旋转之后,使每个因子上的负载尽可能地拉开距离，一部分变量的负载趋于±1，另一部分的负载趋于0，解释因子时，这些小的负载一般可以略去不计。

③ 等量最大法(equimax)：等量最大法把四次方最大法和最大方差法结合起来。当因子数为2时，等量最大法旋转结果等于最大方差法的结果。

(2) 斜交旋转(oblique rotation)

斜交旋转比正交旋转更具有一般性，它没有因子之间是不相关的这个限制，各因子之间是不独立的。正交旋转牺牲了部分因子结构的简洁性，因为斜交旋转中，因子之间的夹角是任意的，所以用斜交因子描述变量会使因子结构更为简洁。

(3) 旋转因子方法的选择

大部分统计软件会提供多种旋转方法供使用者选择，但是目前还没有一个准则能帮助使用者选定一种特定的旋转技术。因此，选择旋转方法主要是根据研究问题的需要。如果因子分析的目标只是要进行数据化简，把很多变量浓缩为少数几个因子，而因子的确切含义是什么并不重要，应该选用斜交因子。如果研究的目标是要得到几个理论上有意义的因子，应该选用斜交因子。因为现实中很少有完全不相关的变量，所以理论上斜交旋转优于正交旋转。

但是，斜交旋转中因子之间的斜交程度受使用者定义的参数影响，而且斜交旋转中所允许的因子之间的相关程度是很小的，因为没有人会接受两个高度相关的公因子，如果两个因子确实高度相关，大多研究者都会选取更少的因子重新进行分析。由于以上原因，斜交旋转的优越性被大大削弱了，正交旋转应用得更加广泛。大多统计软件中的缺省方法是最大方差法，研究者在不知道选择何种旋转方法时，可以直接应用软件中指定的默认方法。

5. 解释因子

得到最后因子解后，我们需要给每个因子一个有意义的解释。解释因子主要是借助于因子负载矩阵，首先找出在每个因子上有显著负载的变量，根据这些变量的意义给因子一个合适的名称，具有较高负载的变量对因子名称的影响更大。

实际上，一般认为绝对值大于0.3的因子负载就是显著的。因子负载的绝对值越大，在解释因子时越重要。因为因子负载是观测变量和因子之间的相关系数，负载的平方表示了因子所解释的变量的总方差。对于0.3的负载而言，变量的方差能被该因子解释的部分不足10%，所以，实际中小于0.3的负载一般可以不解释。

因子负载的显著性和样本规模、观测变量数及公因子的次序有关。样本规模增大或观测变量数增多，使因子负载的显著性提高，即较小的因子负载就可以认为是显著的。从第一个因子到最后一个因子,因子负载的显著性逐渐降低,即对于排在后面的因子,要求较大的因子负载才能被接受,因为对于越后面的因子,误差方差越大。把因子负载矩阵重新排序,使得在同一个因子上有较高负载的变量排在一起,很小的负载可以忽略不计,在变量数较多的情况下,可以帮助研究者方便地识别出每个因子上重要的负载。

如表 12-13 所示,根据 CGSS 2000 的数据,把 D2 问题"对于下面几类人,您的信任程度怎么样"的 9 个项目进行因子分析,在主成分旋转后的结果中,我们可以看到因子的排列非常恰当和明显,对生意人、同学、老乡、同事、信教的人和领导干部的信任主要集中在因子 1 上,对亲戚、家人和朋友的信任主要集中在因子 2 上。在这个例子中不存在双负荷的情况,如果有双负荷的情况产生,我们要考虑采用斜交旋转。

表 12-13　旋转因子矩阵[a]

	成分	
	1	2
D2a. 对于下面几类人,您的信任程度——自己家里人	−0.009	0.776
D2b. 对于下面几类人,您的信任程度——亲戚	0.208	0.812
D2c. 对于下面几类人,您的信任程度——朋友	0.441	0.638
D2d. 对于下面几类人,您的信任程度——同事	0.605	0.270
D2e. 对于下面几类人,您的信任程度——领导干部	0.568	0.288
D2f. 对于下面几类人,您的信任程度——生意人	0.648	0.111
D2g. 对于下面几类人,您的信任程度——同学	0.625	0.170
D2h. 对于下面几类人,您的信任程度——老乡	0.625	0.296
D2i. 对于下面几类人,您的信任程度——信教的人	0.573	−0.148

注:提取方法为主成分分析法;旋转方法为凯撒正态化最大方差法;a. 旋转在 3 次迭代后已收敛。

最后,我们需要对因子进行命名,这是因子分析的重要一步。本书为读者提供了两种较为简单的思考方式。首先,可以先看意义,哪些变量负荷在一个因子上,能否解释这些因子,如果可以,选择因子名称;若是不能给出恰当的名称,可以先使用负荷变量的简称或综合的名称,随着后续的分析,再慢慢确定因子的名称。

6. SPSS 软件操作因子分析

(1) 打开数据库后,如图 12-15 所示,按顺序依次点击"分析→降维→因子分析"。

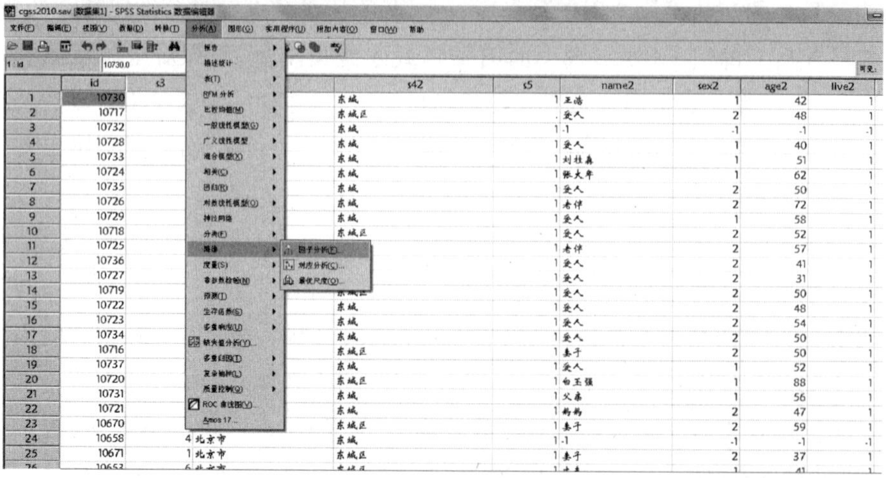

图 12-15　因子分析菜单

（2）选择变量。如图 12-16 所示，将需要进行分析的变量从左侧的源变量栏里移入到右侧的待分析的变量栏中。

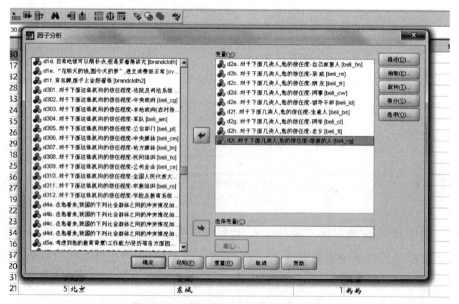

图 12-16　选择需要作因子分析的变量

（3）在进行因子分析之前，需要确认所选的变量是否存在缺失值问题。默认情况下系统采用 Lisewase，如果变量中有缺失，那么该记录就会被删除。如果所选的样本中存在大量的缺失，可能会造成因子分析样本量的收缩。如图 12-17 所示，在描述统计对话框中勾选"KMO 和 Bartlett 的球形度检验"来检查变量之间是否存在潜在的因子结构。极端情况是可能选择的多个变量测量的都是一个维度的因子概念，另一种极端就是选择的多个变量测量的都不相关，这种情况就说明选择的这些变量并不适合作因子分析。

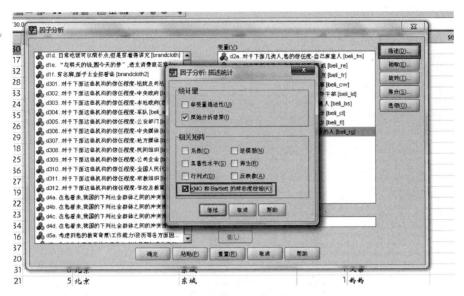

图 12-17　因子分析一致性检验

（4）选择提取因子的方法。在方法上，如果没有特殊要求或者不是很明白该选择哪种方法，就选择系统的默认方法——主成分分析法。如图 12-18 所示，同时勾选"碎石图"，这是表达因子选择的图示方式，方便我们之后选择因子。

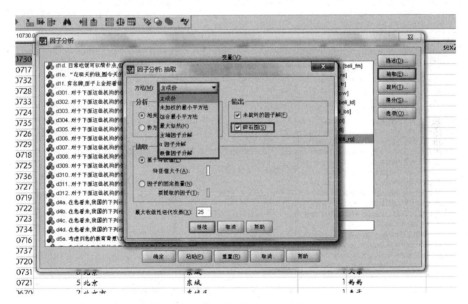

图 12-18　因子分析方法选择

（5）点击"旋转"，选择因子旋转方法。因子旋转是因子分析的核心部分，旋转包括正交旋转和斜交旋转。正交旋转得到的因子是不相关的，斜交旋转得到的因子具有相关性，更能捕获数据的维度。最常采用的方法就是最大方差法（见图 12-19）。

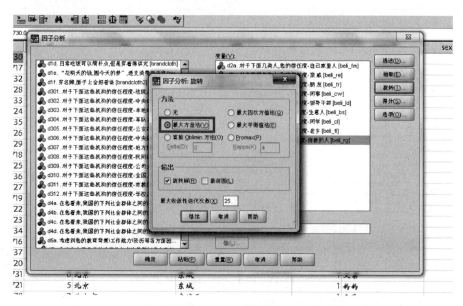

图 12-19　因子旋转

（6）如图 12-20 所示，在"选项"中勾选"按大小排序"，这样可以方便我们查看结果。在完成了以上的步骤之后，我们就可以开始运行结果了。

图 12-20　因子分析排序

第 13 章　交互作用与非线性回归

▶ 交互作用

当一个解释变量对因变量的影响取决于一个或多个其他解释变量时,存在着解释变量间的"交互作用"。有时称此为"详析"(specification):X_1 对 Y 的影响是通过 X_2 的层次限定的。相互作用在某些方面是比曲线更为常见的非曲线关系,在这种关系中两个(或更多)解释变量"共同作用"或"交互作用"产生对因变量的影响。举例来说,通常情况下工龄对于工资会有影响,但工龄对工资的影响是受职业性质作用的,即体力劳动的情况与脑力劳动者的情况是完全不同的。体力劳动者年龄越大,体能可能就会减弱,在劳动中能够胜任的工作也就有限制,因此工资收入就越少;脑力劳动者的情况则不同,他们可能会随着工龄的增加积累更丰富的工作经验,工资也会随着工龄的增加而增加。

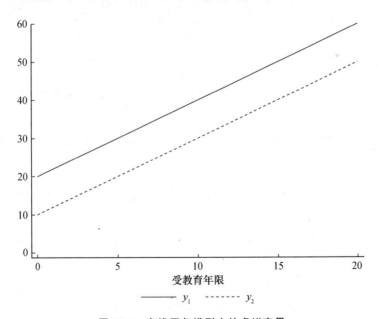

图 13-1　直线回归模型中的虚拟变量

相互作用可以为任何类型的预测变量,不管是定类的还是定距的。但最简单的方式是从探讨一个定类变量与一个定距变量的关系开始。当我们引进虚拟变量时,我们使用一个指标表示两个群体的差异。例如,我们用受访者的受教育程度和性别作为自变量预测其年收入,当我们把性别作为虚拟变量放入回归模型的时候,表示两个组的回归直线是有着同样的斜率的,如图 13-1 所示。

如果 $Y=a+b_1X_1+b_2X_2$(X_2 为虚拟变量),当 $X_2=1$ 时,$Y_1=(a+b_2)+b_1X_1$;当 $X_2=0$ 时,$Y_2=a+b_1X_1$。如图 13-1 所示,这时两条线是平行的。

但是,我们没有理由相信两条直线是平行的,实际的情况要比这个复杂。当两条直线不是平行的时候,就有了我们这里所说的交互作用。

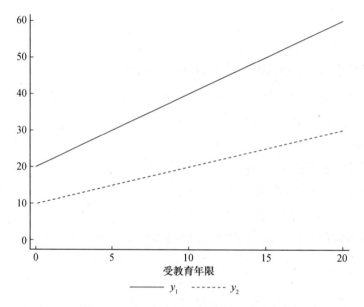

图 13-2 虚拟变量和自变量的交互作用

在图 13-2 中,Y_1 的斜率和截距均大于 Y_2。结果是,随着 X 的增加,两组的 Y 差距越来越大。

相互作用也可以有其他形式。在图 13-3 中,随着 X 的变化,两组的 Y 值的差异缩小,最后相交于某一点。

在上述例子中,不同组别的回归直线的斜率是不同的,而且这种不同是因 X 值的不同而异。

处理这种定类—定距交互作用的直观方法,是先按不同性别建立两个不同的模型。

例如,在 CGSS 2000 数据中,因变量为收入(income),自变量为受教育年限(educ)和性别(sex)。我们分别计算男性样本和女性样本中受教育年限对收入的影响。

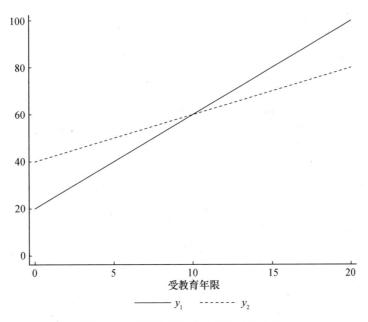

图 13-3 虚拟变量和自变量的交互作用

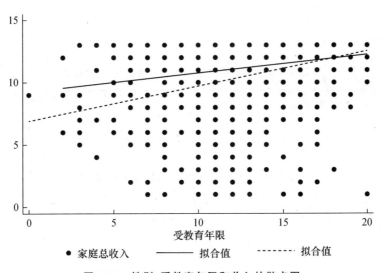

图 13-4 性别、受教育年限和收入的散点图

当计算男性的回归时,情况是这样的:

表 13-1 受教育年限对收入的影响回归模型汇总(男性样本)

模型	R	R 方	调整 R 方	标准估计的误差
1	0.267[a]	0.071	0.070	1.815

注:a. 预测变量:(常量),受教育年限。

表 13-2　受教育年限对收入的影响回归模型的 Anova[b] 表(男性样本)

模型		平方和	df	均方	F	Sig.
1	回归	275.740	1	275.740	83.740	0.000[a]
	残差	3605.631	1095	3.293		
	总计	3881.371	1096			

注：a. 预测变量：(常量),受教育年限。
　　b. 因变量：家庭总收入。

表 13-3　受教育年限对收入的影响回归模型的系数[a] 表(男性样本)

模型		非标准化系数		标准系数	t	Sig.
		B	标准误差	试用版		
1	(常量)	8.897	0.252		35.329	0.000
	受教育年限	0.166	0.018	0.267	9.151	0.000

注：a. 因变量：家庭总收入。

在这里,收入＝8.897＋0.166＊受教育年限,即男性受访者的受教育年限每提高一年,他的收入提高 0.166 个单位。

当样本为女性时,模型的计算结果如下：

表 13-4　受教育年限与收入回归模型汇总(女性样本)

模型	R	R 方	调整 R 方	标准估计的误差
1	0.333[a]	0.111	0.110	2.495

注：a. 预测变量：(常量),受教育年限。

表 13-5　受教育年限与收入回归模型的 Anova[b] 表(女性样本)

模型		平方和	df	均方	F	Sig.
1	回归	1047.089	1	1047.089	168.239	0.000[a]
	残差	8420.811	1353	6.224		
	总计	9467.900	1354			

注：a. 预测变量：(常量),受教育年限。
　　b. 因变量：家庭总收入。

表 13-6　受教育年限与收入回归模型的系数[a] 表(女性样本)

模型		非标准化系数		标准系数	t	Sig.
		B	标准误差	试用版		
1	(常量)	6.089	0.337		18.096	0.000
	受教育年限	0.324	0.025	0.333	12.971	0.000

注：a. 因变量：家庭总收入。

对于男性受访者来说,

$$个人收入 = 8.897 + 0.166 * 受教育年限$$

而对于女性受访者来说,

$$个人收入 = 6.089 + 0.324 * 受教育年限$$

很显然,男性受访者的收入起点高于女性,但教育对于女性收入的影响大于男性,即每多读一年书对于男性来说可以增加 0.209 个单位的收入,但对于女性来说却可以增加多达 0.301 个单位的收入。

再看另一个例子。在美国,孩子数目的增加意味着需要更多时间工作去挣更多的钱养家,即孩子的数目会影响受访者的工作时间。但是,这种影响又是因性别而异的。也就是说,由于家庭中夫妻的劳动分工的存在,孩子越多,丈夫需要工作更长时间;但孩子越多,女性可能工作的时间就更少,因为她要在家里照顾孩子。我们以美国综合社会调查(GSS)1985 年的数据分别做男性和女性的回归模型,因变量是"上周工作时间"(hrs1),自变量是"孩子数目"(childs)。

当受访者是男性时,具体情况如表 13-7、13-8、13-9 所示:

表 13-7　孩子数目与上周工作时间回归模型汇总(男性样本)

模型	R	R 方	调整 R 方	标准估计的误差
1	0.147[a]	0.022	0.020	14.576

注:a. 预测变量:(常量),孩子数目。

表 13-8　孩子数目与上周工作时间回归模型的 Anova[b] 表(男性样本)

模型		平方和	df	均方	F	Sig.
1	回归	2282.924	1	2282.924	10.746	0.001[a]
	残差	103887.585	489	212.449		
	总计	106170.509	490			

注:a. 预测变量:(常量),孩子数目。
b. 因变量:上周工作时间。

表 13-9　孩子数目与上周工作时间的回归系数[a] 表(男性样本)

模型		非标准化系数		标准系数	t	Sig.
		B	标准误差	试用版		
1	(常量)	42.074	0.943		44.641	0.000
	孩子数目	1.256	0.383	0.147	3.278	0.001

注:a. 因变量:上周工作时间。

但是,当受访者是女性时,具体情况如表 13-10、13-11、13-12 所示:

表 13-10　孩子数目与上周工作时间回归模型汇总（女性样本）

模型	R	R 方	调整 R 方	标准估计的误差
1	0.125[a]	0.016	0.013	14.119

注：a. 预测变量：（常量），孩子数目。

表 13-11　孩子数目与上周工作时间回归的 Anova[b] 表（女性样本）

模型		平方和	df	均方	F	Sig.
1	回归	1312.671	1	1312.671	6.585	0.011[a]
	残差	83129.816	417	199.352		
	总计	84442.487	418			

注：a. 预测变量：（常量），孩子数目。
b. 因变量：上周工作时间。

表 13-12　孩子数目与上周工作时间的回归系数[a] 表（女性样本）

模型		非标准化系数		标准系数	t	Sig.
		B	标准误差	试用版		
1	（常量）	39.311	0.994		39.554	0.000
	孩子数目	−0.973	0.379	−0.125	−2.566	0.011

注：a. 因变量：上周工作时间。

对于男性受访者来说，

$$上周工作时间 = 42.074 + 1.256 * 孩子数目$$

对于女性受访者来说，

$$上周工作时间 = 39.311 - 0.973 * 孩子数目$$

用图形来表示是这样的（见图 13-5）：

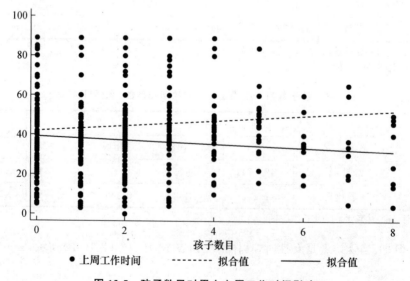

图 13-5　孩子数目对男女上周工作时间影响

第 13 章 交互作用与非线性回归

我们可以加入更多的自变量,例如,增加受访者的受教育年限(educ),当 sex = 1,即受访者为男性时:

表 13-13 孩子数目、受教育年限与上周工作时间回归模型汇总(男性样本)

模型	R	R 方	调整 R 方	标准估计的误差
1	0.216[a]	0.047	0.043	14.403

注:a. 预测变量:(常量),受教育年限、孩子数目。

表 13-14 孩子数目、受教育年限与上周工作时间回归模型的 Anova[b] 表(男性样本)

模型		平方和	df	均方	F	Sig.
1	回归	4937.367	2	2468.684	11.900	0.000[a]
	残差	101233.142	488	207.445		
	总计	106170.509	490			

注:a. 预测变量:(常量),受教育年限、孩子数目。
b. 因变量:上周工作时间。

表 13-15 孩子数目、受教育年限与上周工作时间的回归系数[a] 表(男性样本)

模型		非标准化系数		标准系数	t	Sig.
		B	标准误差	试用版		
1	(常量)	32.140	2.929		10.972	0.000
	孩子数目	1.348	0.379	0.157	3.552	0.000
	受教育年限	0.734	0.205	0.158	3.577	0.000

注:a. 因变量:上周工作时间。

当 sex = 2,即受访者为女性时:

表 13-16 孩子数目、受教育年限与上周工作时间回归模型汇总(女性样本)

模型	R	R 方	调整 R 方	标准估计的误差
1	0.153[a]	0.023	0.019	14.079

注:a. 预测变量:(常量),受教育年限、孩子数目。

表 13-17 孩子数目、受教育年限与上周工作时间回归模型的 Anova[b] 表(女性样本)

模型		平方和	df	均方	F	Sig.
1	回归	1980.691	2	990.345	4.996	0.007[a]
	残差	82461.796	416	198.225		
	总计	84442.487	418			

注:a. 预测变量:(常量),受教育年限、孩子数目。
b. 因变量:上周工作时间。

表 13-18 孩子数目、受教育年限与上周工作时间的回归系数[a] 表(女性样本)

模型		非标准化系数		标准系数	t	Sig.
		B	标准误差	试用版		
1	（常量）	32.385	3.901		8.302	0.000
	孩子数目	−0.804	0.389	−0.103	−2.066	0.039
	受教育年限	0.508	0.277	0.092	1.836	0.067

注:a. 因变量:上周工作时间。

在上面的处理方式中,我们是分别按性别建立回归模型,发现孩子数量这一变量对因变量(上周工作时间)的影响是因性别而异的,对男性受访者来说,孩子数目的增加需要延长工作时间,而对女性来说,孩子数目的增加需要减少工作时间。那么,如何在一个模型里处理这种交互作用呢？

要在一个模型当中解决这种交互作用的情况,通常的做法是加入"交叉乘积项"(cross-product term),或叫"斜率虚拟变项"(slope dummy variable)。在上述例子中,我们需要增加性别(sex)与孩子数目(childs)这两个变量的"交叉乘积项"。具体操作步骤是：

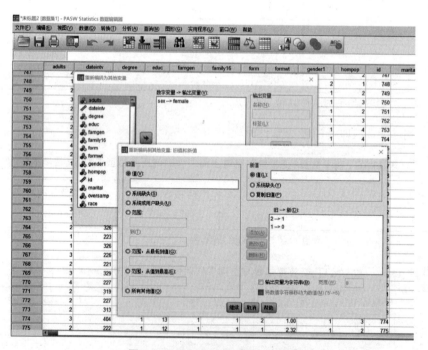

图 13-6 重新编码性别(sex)变量

首先,把定类变量"性别"转换为虚拟变量。原来数据中性别变量 1 代表男性,2 代表女性,需要通过重新编码将原来的变量转换为虚拟变量。如图 13-6 所示,点击 SPSS 软件的"转换"菜单,选择点击"重新编码为其他变量",跳出一个"重新编码为其他变量"的窗口,在左边的变量栏里找到"sex"变量,将其选取并移到中间的窗口中。然后在右侧的"输出变量"的名称栏中输入"female"作为新变量的名称。点击右下方的"更改"。接着点击中间窗口下面的"旧值和新值"键,跳出一个窗口,在此将原来的"2"转换成"1",将"1"转换为"0"。接着先后点击"继续"和"确定"按键,完成对性别变量的转换。

其次,建立"交叉乘积项"。如图 13-7 所示,在 SPSS 软件中下拉"转换"菜单,点击"计算变量",弹出一个窗口,在左上方"目标变量"中先输入新变量的名称"femalekid",在左边的变量栏中找到"female"和"childs"两个变量,先后移到"数字表达式"栏中,并且在这两个变量中加入乘号" * ",点击左下角的"确定"键,这样就建立了性别与孩子数目这两个变量的"交叉乘积项"。

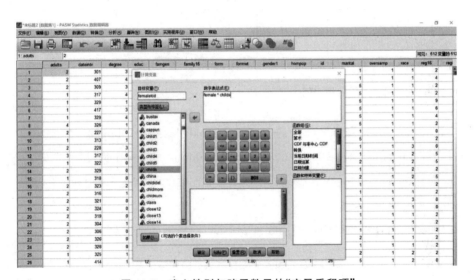

图 13-7　建立性别与孩子数目的"交叉乘积项"

现在,我们以上周工作时间(hrs1)为因变量建立回归模型,自变量包括孩子数目(childs)、女性(female)以及性别与孩子数目的"交叉乘积项"(femalekid)。SPSS 软件分析结果如下(见表 13-19、13-20、13-21):

表 13-19　加入交叉乘积项后的模型汇总

模型	R	R 方	调整 R 方	标准估计的误差
1	0.265[a]	0.070	0.067	14.367

注:a. 预测变量:(常量),性别与孩子数目、孩子数目、女性。

表 13-20　加入交叉乘积项后模型的 Anova[b] 表

模型		平方和	df	均方	F	Sig.
1	回归	14086.974	3	4695.658	22.748	0.000[a]
	残差	187017.401	906	206.421		
	总计	201104.375	909			

注：a. 预测变量：(常量)，性别与孩子数目、孩子数目、女性。
b. 因变量：上周工作时间。

表 13-21　加入交叉乘积项后模型的系数[a] 表

模型		非标准化系数		标准系数	t	Sig.
		B	标准误差	试用版		
1	(常量)	42.074	0.929		45.288	0.000
	孩子数目	1.256	0.378	0.149	3.326	0.001
	女性	−2.763	1.373	−0.093	−2.012	0.044
	性别与孩子数目	−2.229	0.540	−0.233	−4.129	0.000

注：a. 因变量：上周工作时间。

$Y = 42.074 + 1.256 * \text{childs} - 2.763 * \text{female} - 2.229 * \text{female} * \text{childs}$

男性(female=0)：$Y = 42.074 + 1.256 * \text{childs}$

女性(female=1)：$Y = 42.074 - 2.763 + 1.256 * \text{childs} - 2.229 * \text{female} * \text{childs} = 39.311 - 0.96 * \text{childs}$

如果我们在自变量中再增加受教育年限，则模型的结果如下：

表 13-22　加入受教育年限后的模型汇总

模型汇总

模型	R	R 方	调整 R 方	标准估计的误差
1	0.293[a]	0.086	0.082	14.250

注：a. 预测变量：(常量)，受教育年限、女性、孩子数目、性别与孩子数目。

表 13-23　加入受教育年限后的 Anova[b] 表

模型		平方和	df	均方	F	Sig.
1	回归	17323.063	4	4330.766	21.326	0.000[a]
	残差	183781.312	905	203.073		
	总计	201104.375	909			

注：a. 预测变量：(常量)，受教育年限、女性、孩子数目、性别与孩子数目。
b. 因变量：上周工作时间。

表 13-24 加入受教育年限后的回归系数ᵃ 表

模型		非标准化系数		标准系数	t	Sig.
		B	标准误差	试用版		
1	(常量)	33.191	2.409		13.780	0.000
	孩子数目	1.338	0.375	0.159	3.567	0.000
	女性	−2.823	1.362	−0.095	−2.072	0.039
	性别与孩子数目	−2.093	0.536	−0.219	−3.900	0.000
	受教育年限	0.656	0.164	0.129	3.992	0.000

注:a. 因变量:上周工作时间。

$$Y = 33.191 + 1.338 * childs - 2.823 * female - 2.093 * female * childs + 0.656 * educ$$

非线性回归

到目前为止,我们所学习的回归都是线性的,即自变量变化所引起的变化在不同的时段都是确定的。但是,实际的情况要复杂得多,在实际生活中经常发生自变量对因变量的影响是非线性的。请看下面这个例子。

图 13-8 是 25 个国家的 GNP(单位为 $1000)与妇女预期寿命(lifexpect,年)的散点图:

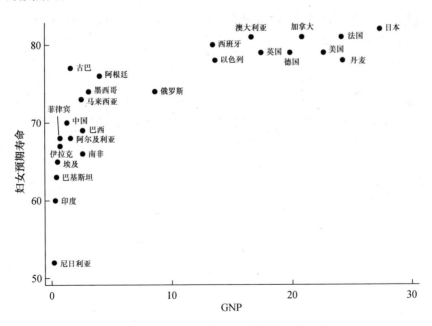

图 13-8 25 国 GNP 与妇女预期寿命散点图

资料来源:Agresti and Finlay,2008。

如表 13-25、13-26、13-27 所示,妇女预期寿命随着 GNP 的增长而增长:

表 13-25　25 国 GNP 与妇女预期寿命模型汇总

模型	R	R 方	调整 R 方	标准估计的误差
1	0.783[a]	0.613	0.596	4.922

注：a. 预测变量：（常量），GNP。

表 13-26　25 国 GNP 与妇女预期寿命模型的 Anova[b] 表

模型		平方和	df	均方	F	Sig.
1	回归	882.762	1	882.762	36.436	0.000[a]
	残差	557.238	23	24.228		
	总计	1440.000	24			

注：a. 预测变量：（常量），GNP。
b. 因变量：妇女预期寿命。

表 13-27　25 国 GNP 与妇女预期寿命的回归系数[a] 表

模型		非标准化系数		标准系数	t	Sig.
		B	标准误差	试用版		
1	（常量）	66.950	1.381		48.462	0.000
	GNP	0.635	0.105	0.783	6.036	0.000

注：a. 因变量：妇女预期寿命。

GNP 增加一个单位（＄1000），相应的妇女的平均寿命增加 0.635 年。调整后的 R 方也高达 59.6%，说明这是一个很不错的模型。

但是，进一步对散点图的观察表明，这个模型并不是十分理想（见图 13-9）：

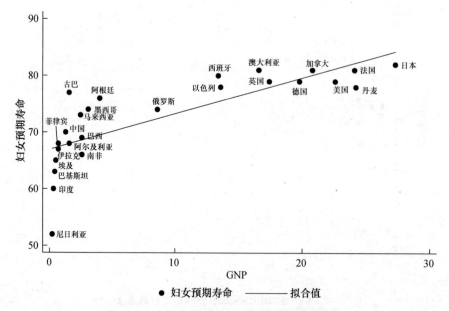

图 13-9　25 国 GNP 与妇女预期寿命回归直线图
资料来源：Agresti and Finlay, 2008。

在 GNP 值较低的区段，大部分个案的残差是负的；在中段，残差是正的；在

GNP 值较高的区段,残差大部分又是负的。这表示自变量与因变量的关系不是一条直线,如图 13-10 所示。

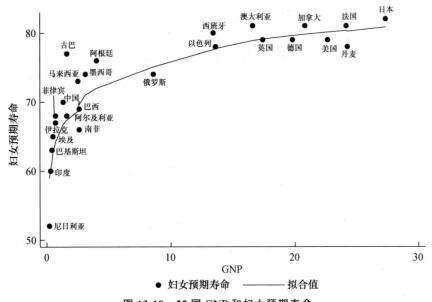

图 13-10　25 国 GNP 和妇女预期寿命

资料来源:Agresti and Finlay,2008。

迄今为止,我们学的都是直线回归模型。如何处理这种非直线的情形呢?通常解决这种问题的方法是引进多项式回归。

多项式回归是"魏尔斯特拉斯定理"的运用。如果我们在方程中加入一个解释变量的二次项(X^2),我们就不再用一条直线拟合数据,而是抛物线中的一段。

之所以是抛物线中的"一段",是因为我们观察到的数据 X 通常只是抛物线的一部分。

抛物线可能是倒 U 型的(见图 13-11):

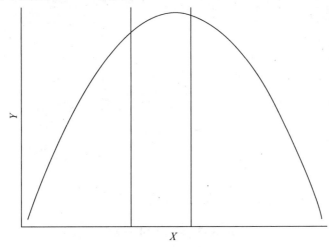

图 13-11　倒 U 型抛物线

图 13-11 里抛物线中的"一段"(两条垂直线之间的部分)看来可以很好拟合 GNP—妇女预期寿命数据。在这一段中,Y 随着 X 的增加而增加,但增加的幅度是减少的,最后变平并开始下降。

在靠近左边垂直线的左端,增幅较大;在靠近右垂直线的右端,Y 开始随着 X 的增长而下降,并且其下降速度随着 X 的增加而加大。

当然,抛物线也可以是开口向上的(见图 13-12):

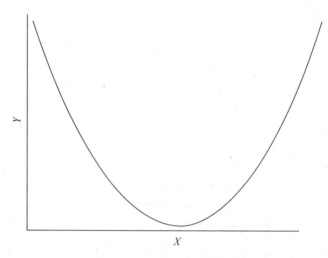

图 13-12　开口向上型抛物线

在左边,Y 随着 X 的增加而减少,减幅渐渐减缓,最后拉平;在右端,Y 随着 X 的增加而增大,而增幅逐渐加大。

用抛物线拟合现有的数据,我们建立了一个新的"二次方项":

$$\mathrm{GNP}^2 = \mathrm{GNP} * \mathrm{GNP}$$

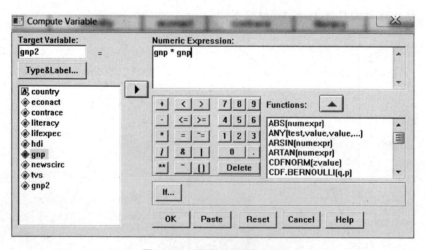

图 13-13　建立 GNP 平方项

"二次方项"并不是一个新的变量,它只是一个允许我们能更好描述现有的自变量与因变量之间关系的一个设置。注意,在这里,没办法做到如果 X 变化了,X^2 "被控制"或保持不变。

这是新的回归模型:

$$Y_i = A + B_1 X_{1i} + B_2 X_{1i}^2 + E_i$$

表 13-28 加入 GNP 平方项后 25 国 GNP 和妇女预期寿命回归模型汇总

模型	R	R 方	调整 R 方	标准估计的误差
1	0.840[a]	0.706	0.679	4.388

注:a. 预测变量:(常量),GNP2,GNP。

表 13-29 加入 GNP 平方项后 25 国 GNP 和妇女预期寿命回归模型的 Anova[b] 表

模型		平方和	df	均方	F	Sig.
1	回归	1016.445	2	508.223	26.398	0.000[a]
	残差	423.555	22	19.252		
	总计	1440.000	24			

注:a. 预测变量:(常量),GNP2,GNP。
b. 因变量:妇女预期寿命。

表 13-30 加入 GNP 平方项后 25 国 GNP 和妇女预期寿命的回归系数[a] 表

模型		非标准化系数		标准系数	t	Sig.
		B	标准误差	试用版		
1	(常量)	64.858	1.465		44.269	0.000
	GNP	1.672	0.405	2.063	4.132	0.000
	GNP2	−0.043	0.016	−1.315	−2.635	0.015

注:a. 因变量:妇女预期寿命。

根据模型分析结果,新的回归方程为:

$$64.858 + 1.672 \text{GNP} - 0.043 \text{GNP}^2$$

像前面一样,截距(A)是当 X 为 0 时所预测的 Y 值。在这里,就是 64.858 岁的预期寿命。

那么,如何解释回归系数呢?可以将此一回归模型与前面的简单直线回归模型进行比较:

$$66.9 + 0.63 \text{GNP}$$

当加入二次方项后,GNP 自身的回归系数增加了一倍。

但是,这里的情形有点复杂。我们不能把这里的回归系数与其他多元回归系数等同看待，因为我们不能在保持 GNP^2 不变的情况下增加一个单位的 GNP。

就像我们用多个项目表示一个分类的预测变量（虚拟变量）的情况一样，最好是同时解释多项式的回归系数。

在典型多元回归中，一个净回归系数 B_K 可以理解为与一个 X_K 相对应的 Y 的变化：

$$\frac{\partial Y}{\partial X_K} = B_K$$

当 Y 是 X 的二次函数时，与 X 相对应的 Y 的变化是：

$$\frac{\partial Y}{\partial X} = \frac{\partial (A + B_1 X + B_2 X^2 + E)}{\partial X} = B_1 + 2B_2 X$$

也就是说，Y 的变化幅度会因为 X 的不同而不同。

因此，在本例中，当 GNP 为 0 时，随着 GNP 增加一个单位（＄1000），妇女预期寿命增加 1.672 年／＄1000。

B_2 的符号是负的，这表明随着 GNP 的进一步增长因变量的增加幅度"减弱"。当 GNP＝10（＄10000）的时候，妇女预期寿命的增加幅度是：$1.672 + 2 \times (-0.043) \times 10$，或为 0.81 年／＄1000，这只是当 GNP 为 0 时的增速的一半。

我们把当 X 为不同的值时 Y 的增速计算如下：

GNP	$\partial Y/\partial X$
0	1.67
5	1.24
10	0.81
15	0.37
20	−0.06

B_2 被解释为"加速"参数，因为它表明随着 X 的变化 Y 是更大（$B>0$）或更小（$B<0$）。

显然，当 X 不同时，Y 的变化幅度是不一样的。抛物线的形状取决于 B_2，当 B_2 是负值时，抛物线开口向下；当 B_2 是正值时，抛物线开口向上。

那么，B_1 又起何种作用呢？它与 B_2 一起决定沿 X 轴的 Y 的最大值／最小值，即决定抛物线在 X 轴上的"焦点"。

在哪一点上 Y 达到最大值／最小值？我们可以使用参数估计来了解与我们的数据相吻合的抛物线段，方法是找到抛物线"稳定"的 X 值。要确定这一点，请认识到，当函数处于最大值／最小值时，变化率为 0。

因此，当 Y 是最小值/最大值时：
$$B_1 + 2B_2X = 0 \rightarrow X = -B_1/(2B_2)$$
换言之，当 $X=-B/(2B_2)$ 时，Y 值最大/最小。

在本例中，这一点的值是：
$$-1.672/[2\times(-0.043)] = 19.44$$
因为 B_2 是负的，这一点的 X 值对应的 Y 值是最大的。

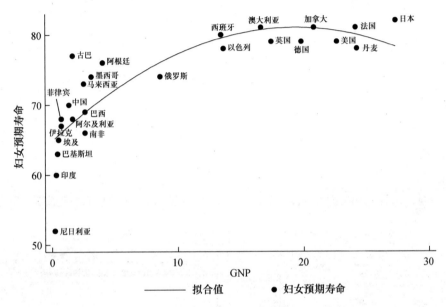

图 13-14　加入二次方项后 25 国 GNP 和妇女预期寿命拟合线

资料来源：Agresti and Finlay，2008。

通过图 13-14 我们也可以清楚看到，这一点正好位于澳大利亚和加拿大之间，是德国的位置（GNP＝19.8）。

曲线估计

在实际的回归分析中，我们如何判断自变量对因变量的影响是直线的还是曲线的？什么时候需要建立多项式回归，加入自变量的平方项呢？最简单的办法就是利用 SPSS 软件的曲线估计。

下面通过一个例子进一步演示一下。数据来源于 25 国 GNP 与妇女预期寿命的关系。首先，通过绘制散点图，观察并大致确定几种与样本数据点分布相近的模型。打开界面，在菜单栏中点击"图形"，选择"图表构建程序"，弹出"图表构建程序"的对话框，点击确定，如图 13-15 所示。

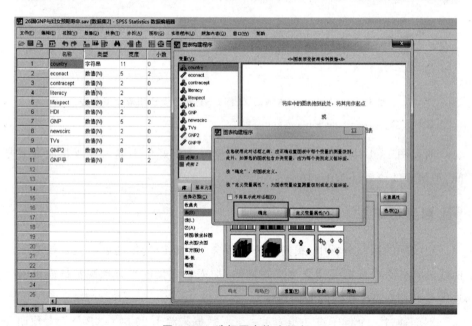

图 13-15 选择图表构建程序

如图 13-16 所示,在库里面选择散点图/点图,将第一种散点图拖动到上方的预览窗口里面。

第 13 章 交互作用与非线性回归

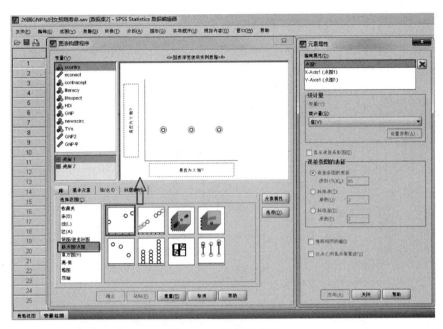

图 13-16 选择散点图

然后，如图 13-17 所示，在变量框里面选择"lifexpect"和"GNP"，并将它们分别拖到散点图的 Y 轴和 X 轴点击确定。在输出窗口可以看出 lifexpect 和 GNP 的散点图，可以初步估计选择曲线回归的模型（见图 13-18）。

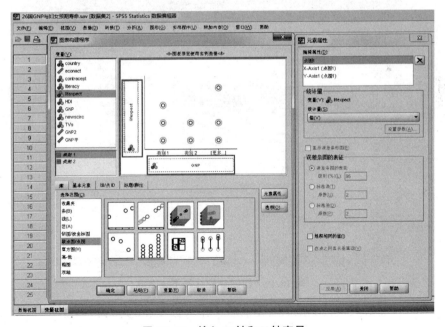

图 13-17 输入 X 轴和 Y 轴变量

图 13-18 散点图

再重新回归到数据编辑器,点击菜单栏里面的"分析",选择"回归",接着在弹出的列表中选择"曲线估计",如图 13-19 所示。

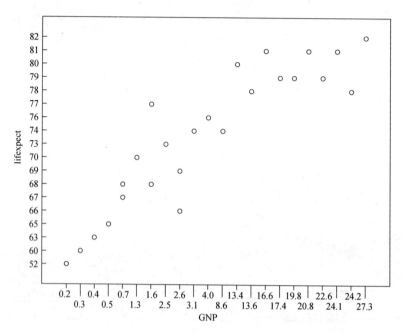

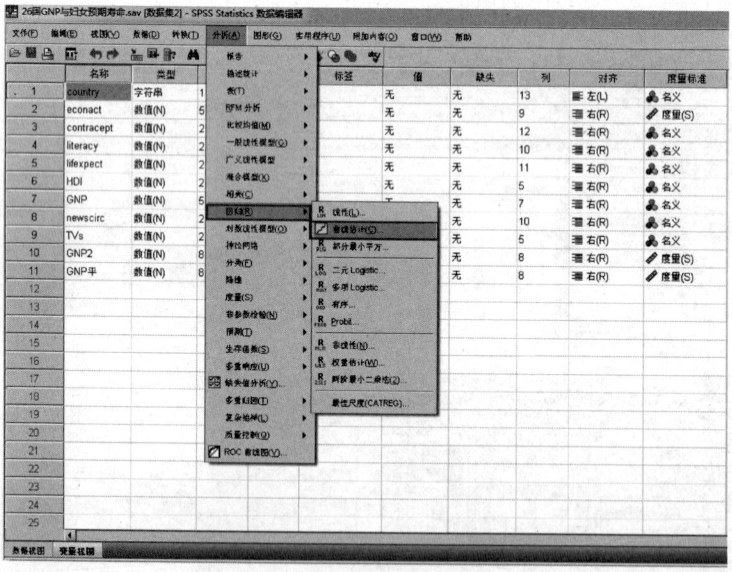

图 13-19 回归曲线估计下拉菜单

然后,如图 13-20 所示,将"lifexpect"作为因变量选择到"因变量"框中,将"GNP"作为自变量选择到"自变量"框,同时选择几种模型。本案例中选择了线性、二次项、三次项。

第 13 章　交互作用与非线性回归

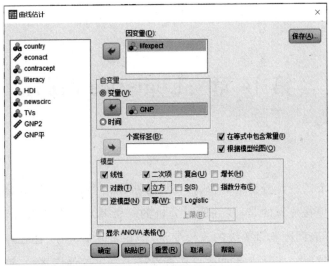

图 13-20　曲线估计选项

点击"确定",就能看到统计结果。根据统计结果可知,三次的拟合度(R 方)高于二次、高于线性。在曲线拟合图中,通过比较模型曲线和散点图的趋势的拟合效果,进而选择曲线模型。

表 13-31　曲线估计模型

方程	模型汇总					参数估计值			
	R 方	F	df1	df2	Sig.	常数	b1	b2	b3
线性	0.613	36.436	1	23	0.000	66.950	0.635		
二次	0.706	26.398	2	22	0.000	64.858	1.672	−0.043	
三次	0.767	22.986	3	21	0.000	62.392	3.723	−0.246	0.005

注:因变量为 lifexpect;自变量为 GNP。

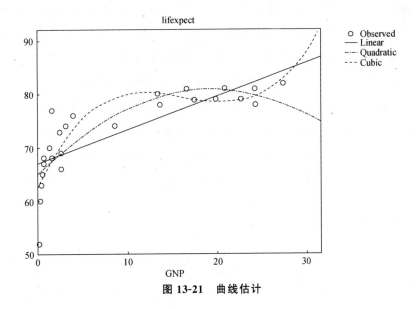

图 13-21　曲线估计

第 14 章　Logistics 回归

作为标准的统计分析工具,线性回归分析在诸多领域的数据分析中发挥着重要作用。值得注意的是,线性回归分析的一个基本要求是被解释变量(因变量)必须是具有间距测量等级的连续变量,但在实际研究中,往往存在因变量为分类变量的情况。如新农合的参与是否提高了农民的健康水平、消费中的购买行为是发生还是不发生、政党候选人是否会当选等,在这种情况下,使用线性回归分析不可避免地违反其假设条件,从而导致回归估计及其统计推断存在重大误差,失去准确性,而本章将要介绍的 Logistic 回归模型的使用却成功地解决了这个问题。

▶ Logistic 回归模型

1. Logistic 回归模型的建立

(1) Logistic 回归的应用条件

Logistic 回归模型和线性回归模型一样,都有其应用时必须满足的条件。相较于线性回归,Logistic 回归模型是一个概率模型,它描述的是概率 p 与观测量 $x_1, x_2, \cdots, x_n$ 的关系,并且可以预测观测量相对于某一事件的发生概率。例如,设 p 为某事件发生的概率,取值范围为 0—1(这一概率随着自变量的变化而变化,但是概率的值永远是介于 0 和 1 之间,不会小于 0 和大于 1),则 $1-p$ 为该事件不发生的概率,将 $p/(1-p)$ 取自然对数得到 $\ln(p/(1-p))$,称为 p 对 Logit 转换,通常记为 Logit P,则依据上面 p 的取值范围,可知 Logit P 的取值范围为 $(-\infty, +\infty)$。建立以 Logit P 为因变量的方程为:

$$\text{Logit } P = \beta_0 + \beta_1 x_1 + \beta_2 x_2 + \cdots + \beta_k x_k$$

将上述方程进行变形,可得到 P 与自变量的相关关系:

$$\Rightarrow p = \frac{e^{\beta_0 + \beta_1 x_1 + \cdots + \beta_k x_k}}{1 + e^{\beta_0 + \beta_1 x_1 + \cdots + \beta_k x_k}}$$

其中,从数值上看,β_0 为回归常数,表示当自变量取值全为 0 时,事件发生的概率和不发生的概率比值 $p/(1-p)$ 的自然对数值；$\beta_1\cdots\beta_k$ 为 Logistic 回归系数，表明自变量变化一个单位时，$p/(1-p)$ 的自然对数值即 Logit P 的平均变化量；e 为自然数，k 为自变量 x 的个数。

从形式上看，Logistic 回归模型是线性回归模型的推广，和线性回归模型一样，Logistic 回归模型的应用也有相应的条件：

① 误差相互独立，且服从二项分布，而不是正态分布，不再适用最小二乘法而是采用极大似然法估计回归参数；

② 误差与自变量相互独立；

③ 自变量之间相互独立，且不存在多重共线性；

④ 模型需要较大的样本量(通常每个分类样本大于或等于 30)。

(2) Logistic 函数及其性质

Logistic 函数(逻辑斯蒂函数)又称为"增长函数"。1920 年，美国学者 Robert B. Pearl 和 Lowell J. Reed 在其研究果蝇繁殖数量增长时，应用了这个函数，之后，这一函数又在人口估计和预测中得到推广和应用，并引起广泛注意(郭志刚，2001(2):58)。

利用列联表可以完成变量之间是否独立的检验，但是如果变量不独立，其相关程度如何、相关关系如何表示，列联表检验将不能回答这些问题，而且当自变量多个且不是分类变量时，问题似乎变得更加难以解决了。而 Logistic 模型可以在列联表的基础上更进一步拟合属性变量之间的函数关系，以描述变量之间的相互影响。

列联表中的数据是以概率的形式把属性变量联系起来，而概率 p 的取值在 0—1 之间，因此，要把概率 $p=\pi(x)$ 与 x 之间直接建立起函数关系是不合适的，即 $\pi(x)=\alpha+\beta x$，实践中 $\pi(x)$ 通常随着 x 连续增长或者连续下降，其直观的曲线形态是 S 型。

Logistic 函数的原形是：

$$\pi(x)=\frac{\exp(\alpha+\beta x)}{1+\exp(\alpha+\beta x)}$$

线性化以上函数可以得到：

$$\ln\left(\frac{\pi(x)}{1-\pi(x)}\right)=\alpha+\beta x$$

因此，人们通常把 p 的某个函数 $f(p)$ 假设为变量的函数形式，即逻辑斯蒂变换，取：

$$f(p)=\ln\frac{\pi(x)}{1-\pi(x)}=\ln\frac{p}{1-p}$$

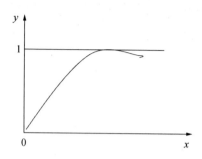

图 14-1　Logistic 回归函数

2. Logistic 模型的整体评价和检验

（1）对于整体模型的评价

在前面章节我们已经讲到,在线性回归中用确定系数 R^2 表示因变量的变化中由自变量所解释的比例。然而,在 Logistic 回归模型中没用类似对应的统计指标,这是否意味着人们无法知道 Logistic 回归模型的拟合情况或解释能力呢？答案是否定的。

Logistic 回归方程求解参数时采用最大似然估计方法,下面我们探讨一下 Logistic 模型中其数据的似然函数。

假设 $y_1, y_2, \cdots, y_n$ 是一列数据观测值,其中 $Y_i \in \{0,1\}$, $i=1,2,\cdots,n$,对于 Logistic 模型：

$$p = (y_i = 1 \mid x = x_i) = \frac{1}{1+\exp(x_i\beta)}$$

将观测值标注为 $y_1,\cdots,y_n$,设 $p_i = P(y_i=1|x_i)$ 为给定 X_i 的条件下得到结果 $Y_i=1$ 的条件概率。而在同样条件下得到结果 $y_i=0$ 的条件概率为 $P(y_i=0|x_i)=1-p_i$。于是,得到一个观测值的概率为：

$$P(y_i) = p_i^{y_i}(1-p_i)^{(1-y_i)}$$

其中, $y_i=1$ 或 $y_i=0$,式中 y_i 或 $(1-y_i)$ 只是表示一个特定观测值。当 $y_i=1$ 时, $P(y_i)=P_i=P(y_i=1|x_i)$,否则 $y_i=0$ 时, $P(y_i)=1-p_i=P(y_i=0|x_i)$。因为各项观测值相互独立,所以它们的联合分布可以表示为各边际分布的乘积：

$$L(\theta) = \prod_{i=1}^{n} p_i^{y_i}(1-p_i)^{(1-y_i)}$$

其中, $p_i = \frac{e^{\alpha+\beta x_i}}{1+\alpha+\beta x_i}$。上式也称为"$n$ 个观测的似然函数"。我们的目的是求出能够使这一似然函数的值最大的参数估计。这就是说,最大似然估计就是求解出具有最大可能取得所给定的样本观测数据的参数估计。于是,最大似然估计的关键是估计出参数 α 和 β 的值,并通过它们使上式取得最大值。然而,使似然

函数 $L(\theta)$ 最大化的实际过程是非常困难的，一般是通过使似然函数的自然对数变换式（即 $\ln[L(\theta)]$）最大的方法，而不是直接对似然函数本身求最大值。因为 $\ln[L(\theta)]$ 是 $L(\theta)$ 的单调函数，使 $\ln[L(\theta)]$ 取得最大值的 θ 值同样使 $L(\theta)$ 取得最大值。通过分析 $\ln[L(\theta)]$，式中相乘各项转变为对数项的相加，于是使得数学运算变得较为容易，其 Logistic 模型的对数似然值为：

$$\begin{aligned}\ln[L(\theta)] &= \ln\left[\prod_{i=1}^{n} p_i^{y_i}(1-p_i)^{(1-y_i)}\right] \\ &= \sum_{i=1}^{n}\left[y_i \ln(p_i) + (1-y_i)\ln(1-p_i)\right] \\ &= \sum_{i=1}^{n}\left[y_i \ln\left(\frac{p_i}{1-p_i}\right) + \ln(1-p_i)\right] \\ &= \sum_{i=1}^{n}\left[y_i(\alpha+\beta x_i) + \ln\left(1 - \frac{e^{\alpha+\beta x_i}}{1+e^{\alpha+\beta x_i}}\right)\right] \\ &= \sum_{i=1}^{n}\left[y_i(\alpha+\beta x_i) - \ln(1+e^{\alpha+\beta x_i})\right]\end{aligned}$$

为了估计能使 $\ln[L(\theta)]$ 总体参数和最大时 α 和 β 的值，先分别对 α 和 β 求偏导数，然后令它等于 0：

$$\frac{\partial \ln[L(\theta)]}{\partial \alpha} = \sum_{i=1}^{n}\left[y_i - \frac{e^{\alpha+\beta x_i}}{1+e^{\alpha+\beta x_i}}\right]$$

$$\frac{\partial \ln[L(\theta)]}{\partial \beta} = \sum_{i=1}^{n}\left[y_i - \frac{e^{\alpha+\beta x_i}}{1+e^{\alpha+\beta x_i}}\right]x_i$$

上面两式称为"似然方程"。如果模型中有 K 个自变量，那么就有 $k+1$ 个联立方程来估计 α 和 $\beta_1 \beta_2 \cdots \beta_k$ 的值。在线性模型中，似然方程可以通过把偏差平方和分别对 α 和 β 求偏导数而得到，它对于未知数都是线性的，还比较容易求解。但是，对于 Logistic 模型，如以上两式是 α 和 β 的非线性函数，最大似然估计法是通过迭代计算完成的，所以求解十分困难，我们仅了解即可。

由以上两式提供的 α 和 β 值估计称为"最大似然估计"。$\hat{p}_i$ 是条件概率 p_i 的最大似然估计，这个值是在给定 x_i 的条件下，$y_i = 1$ 的条件概率的估计，它代表了 Logistic 模型的拟合值或预测值。当令偏导函数等于 0 时，可以得到如下结果：

$$\sum_{i=1}^{n} y_i = \sum_{i=1}^{n} \hat{p}_i$$

这意味着观测值 y_i 之和等于观测概率之和，我们将这个性质加以应用。除此之外，最大似然估计的渐进方差和协方差可以由信息矩阵的逆矩阵估计出来，这里就不作详细概述，有兴趣的读者可以查阅相关书籍。

综上所述，似然函数值代表的是一种概率，处于 0—1 之间。由于这个函数值取自然对数后在数学处理上更为方便，同时又因为似然值是个极小的小数，其对数值就是负数，所以通常对似然值先取自然对数然后乘以 -2 再应用。在 SPSS 软件中，就是标志为 $-2\log$ likelihood($-2LL$)，这个指标值越大，意味着回归方程的似然值越小，表示模型的拟合优度越差；相反，这个指标值越小，意味着回归方程的似然值接近 1，表示模型的拟合程度越好；若指标值等于 0，代表模型完全拟合。

除了用 $-2LL$ 值来判定模型的拟合优度外，一些统计学家提出了许多伪确定系数指标作为近似度量，这些伪确定系数的构建思路基本一致，都是根据模型拟合的似然函数值来反映拟合情况。譬如，SPSS 软件输出值中的 Cox & Snell R^2 Square 和 Nagelkerke R^2 Square，这些都是参照线性回归中的确定系数 R^2 得到的，用来反映 Logistic 回归中因变量被自变量解释的比例。

（2）对于整体模型的检验

我们在评价和检验一个含有自变量的 Logistic 回归模型时，通常是将其与截距模型相比较。截距模型表示只有截距系数的模型，即在这个模型中没有自变量的存在。然后再以截距模型作为标准，检查加入其他自变量后的模型在数据拟合水平上是否显著提高。

我们先来假设不存在自变量的截距模型 L_0，L_x 为加入自变量后的模型，然后将 L_0 除以 L_x 观察其比值是否区别于 1。当比值为 1 时，意味着加入的自变量完全没有解释效果；如果小于 1，说明加入的自变量对于因变量有显著的解释贡献。

在 SPSS 软件中进行 Logistic 回归操作时，chi-square 列提供了三种模型检验的卡方值，分别为 $-2LL$ 值、block 值和 step 值，在下面的章节中会详细介绍。

二元 Logistic 回归

1. 二元 Logistic 回归模型

（1）二元 Logistic 回归特征

在很多场合下都能碰到因变量为二分类的资料，如考察公司中总裁级的领导层中是否有女性职员、某一天是否下雨、某病患者是否痊愈、调查对象是否为某商品的潜在消费者等。这就要求建立的模型必须保证被解释变量的取值是 0 或 1，常定义出现阳性结果时被解释变量取值为 1，反之则取值为 0。例如，当领导层有女性职员、下雨、痊愈时反应变量 $y=1$，而没有女性职员、未下雨、未痊愈时反应变量 y=0。记出现阳性结果的频率为反应变量 $p(y=1)$。因此建立包含一个自变量的二分类的 Logistic 回归模型为：

$$\text{Logit } P = \beta_0 + \beta_i x_i$$

化简上述公式得：

$$p = \frac{1}{1+\exp[-(\beta_0 + \beta_i x_i)]}$$

通过上面的讨论，可以很容易地理解二分类 Logistic 回归模型对资料的要求是：

① 反应变量为二分类的分类变量或是某事件的发生率；

② 自变量与 Logit P 之间为线性关系；

③ 残差合计为 0，且服从二项分布；

④ 各观测值间相互独立。

由于因变量为二分类，所以 Logistic 回归模型的误差应当服从二项分布，而不是正态分布。因此，该模型实际上不应当使用以前的最小二乘法进行参数估计，并使用最大似然法来解决方程的估计和检验问题。

(2) 数据要求

① 因变量应具有二分特点，自变量可以是分类变量或间距测量的变量。值得注意的是，如果自变量是分类变量，应通常为二分变量或被重新编码为虚拟变量。具体来说，有两种编码方式：

第一，虚拟变量编码方案。例如，在分类变量有三个型号（大、中、小）的情况下，就要创建两个新的虚拟变量。第一个变量：1 为小型号，0 为其他型号；第二个变量：1 为中间型号，0 为其他型号；第三个变量是大型号观测量，其两个变量值同时为 0。哪种水平为 0 值可以任意决定，哪一个全部为 0 就作为参考类别。使用虚拟变量编码方案时，只能比较每一类与参考类之间的效应差异，不能比较每一类与整体的综合效果。

第二，背离编码方案。当新变量中最后一类被赋予 -1 的编码值时使用背离编码方案。这是这种编码方法与虚拟变量编码方案的主要区别之处。Logistic 回归系数展示每一类与各类综合效果的差异，对于每一个 SPSS 软件创建的新变量，其系数代表了与综合效果之间的差异。

② 自变量数据最好是多元正态分布，自变量间的共线性会导致估计偏差。当观测量分组完全依据分组变量时，这个方法十分有效；当观测量分组依据某连续性数值时，此方法会丢失连续型数据信息，应考虑线性模型。

(3) 回归系数的意义

Logistic 回归模型采取极大似然估计法对模型的参数进行估计。在各种统计检验通过以后,需要对模型参数的含义给予合理的解释。由于二元 Logistic 回归中的异变量是表示事件发生或不发生的虚拟变量(即 0、1 编码),只代表结果上的不同类别,因此 Logistic 回归系数提供的解释是自变量的相对幅度的解释。

① 以 Logit P 方程为线性表达式来解释回归系数

我们可以观察到方程 Logit $P=\beta_0+\beta_1 x_1+\beta_2 x_2+\cdots+\beta_k x_k$ 与前面我们讲到的多元线性回归方程在形式上是一样的,都是线性表达式。方程右侧各项自变量的作用体现在回归系数 β_k 上。各自变量的总影响是由常数项与各项自变量及相应偏回归系数之积的叠加形成的。这种形式可以帮助我们借鉴常规的多元线性回归的思路来理解它。

从 Logit P 的方程来看,Logistic 的回归方程系数 β_k 测量的是自变量 x_k 的变化对因变量 Logit P 的作用,而不是直接对 p 的作用。各个自变量 x_k 对 Logit P 的作用方向可以通过其偏回归系数 β_k 值的正负符号得以体现,当 β_k 为正值时,说明 x_k 增加一个单位的变化使 Logit P 值产生变化量为 β_k 的提高;同理,当 x_k 为负值时,x_k 增加一个单位的变化会导致 Logit P 值产生变化量为 x_k 的降低。但是,值得注意的是,Logit P 不能直接观察,而且无法确定其测量单位。因此,为了直接了解 x_k 一个单位的变化会对事件的概率 p 有什么作用时,就需要将上面的方程转化后再进行分析,即:

$$\Rightarrow p=\frac{e^{\beta_0+\beta_1 x_1+\cdots+\beta_k x_k}}{1+e^{\beta_0+\beta_1 x_1+\cdots+\beta_k x_k}}$$

在上式中,当 β_k 值越大时,p 的值越接近 1,所以 β_k 越大,概率 p 越大;当所有的 β_k 都很小时,p 则趋近于 0;而当所有的 β_k 等于 0 且 β_0 也等于 0 时,$p=\frac{1}{2}$。这说明,通过 Logistic 回归系数我们可以得出各自变量对事件概率作用的笼统认识,但是与线性回归完全不同的是,Logistic 回归系数无法一般性地表示 x_k 一个单位的变化会导致 p 多大的变化,而只能通过正负了解自变量作用的方向。鉴于此,在 Logistic 回归的实际研究中,通常不是报告自变量对 p 的作用,而是报告自变量对 Logit P 的作用,这主要是为了借鉴线性回归的表达形式。

② 以发生比的指数表达式来解释回归系数

通过上面我们可以知道,采用一般线性模型建立关于被解释变量取值为 1 时概率的回归模型时,模型中解释变量与概率值之间的关系是线性的。但实际应用中,这个概率与解释变量之间往往是一种非线性关系。例如,人们的购买欲望不会随着年收入的增多而呈线性增长,它往往表现出,在年收入增长的初期,购买欲望会迅速膨胀,但当年收入增长到一定阶段后,人们的购买欲望会到达顶点,到达这个极限后,购买欲望会逐渐回落。因此,这种变化关系是非线性的,通常与增长函数吻合。由此给出的启示是,对概率 p 的转换处理应采取非线性转化。基于上述分析进行以下处理,首先是将 p 转换成

$$\theta = \frac{p}{1-p}$$

上式中,θ 称为发生比,是事件的发生概率与不发生概率之比,它有一定的实际意义,代表着一种相对风险。同时,这种转化是非线性的,θ 是 p 的单调增函数,这保证了 p 与 θ 增长的一致性,使模型易于解释。发生比的取值范围在 $0 \sim +\infty$ 之间。当 Logistic 回归系数确定后,将其代入 θ 公式,即:

$$\theta = \exp(\beta_0 + \beta_k x_k)$$

式中当其他解释变量保持不变而研究 x_1 变化一个单位对 θ 的影响时,可将新的发生比设为 θ_1,则有:

$$\theta_1 = \exp(\beta_0 + \beta_1 + \beta_k x_k) = \theta \exp \beta_1$$

所以,$\frac{\theta_1}{\theta} = \exp \beta_1$,由此可知,当 x 每增加一个单位时,将引起发生比扩大 $\exp \beta_k$ 倍,而当回归系数为负时发生比缩小。

(4) 二项 Logistic 回归方程的检验

前面已经讲到 Logistic 回归方程的求解采用极大似然估计法,即在总体分布密度函数和样本信息的基础上,求模型中未知参数估计值的方法。它基于总体的分布密度函数构造一个包含未知参数的似然函数,并求解在似然函数值最大下的未知参数的估计值。基于这种原则得到的模型,其产生的样本数据的分布与总体分布的可能性最大。因此,似然函数的函数值实际上是一种概率值,介于 0—1 之间,它反映了所确定的拟合模型拟合样本数据的可能性。在回归分析中,为方便处理,通常将似然函数值取自然对数,得到自然对数函数,所以追求似然函数最大值的过程也就是追求对数似然函数最大值的过程。似然函数值为 1 时,对数似然函数值为 0,对数似然函数值越大,意味着模型较好地拟合样本数据的可能性越大,所得模型拟合优度越高;相反,对数似然函数值越小,意味着模型较好地拟合样本数据的可能性越小,所得模型的拟合优度越低。

(5) 回归方程的显著性检验

Logistic 回归方程显著性检验的目的是检验解释变量全体 x 与 Logit P 的线性关系是否显著,是否可以用线性模型来拟合。通常,其零假设为:各回归系数同时为 0,解释变量全体与 Logit P 的线性关系不显著。对 Logistic 回归方程的检验采用其对数似然比来确定该模型的拟合程度是否有了提高。具体做法为:① 计算不包含任何解释变量在内的对数似然函数值,设其数值为 L_0;② 将

解释变量引入回归方程后的对数似然函数值为 L；③ 计算对数似然比 $\frac{L_0}{L}$。如果对数似然比与 1 无显著差异，则说明此模型中放入的解释变量全体对 Logit P 的线性解释无显著贡献；如果对数似然比远远大于 1，与 1 有显著差异，则说明模型中的解释变量对 Logit P 的线性解释有显著贡献。除此之外，我们应该关注对数似然比的分布，在前面的章节中有提到，对数似然比的分布是未知的，但是它的函数 $-\ln\left(\frac{L_0}{L}\right)^2$ 的分布是可知的，且近似服从卡方分布，即似然比卡方，于是有：

$$\ln\left(\frac{L_0}{L}\right)^2 = -2\ln\frac{L_0}{L} = -2\ln L_0 - (-2\ln L)$$

在 SPSS 软件的操作计算中，系统将会自动计算似然比卡方的观测值和对应的概率 p 值。如果概率 p 值小于给定的显著性水平 α，则应拒绝零假设，即目前方程中的所有回归系数不同时为 0 时，解释变量全体与 Logit P 之间的线性关系显著；反之，如果概率 p 值大于给定的显著性水平 α，则不应该拒绝零假设，即认为目前方程中的所有回归系数同时为 0，解释变量全体与 Logit P 之间的线性关系不显著。

(6) 回归系数的显著性检验

进行 Logistic 回归系数显著性检验的目的是：检验模型中每个解释变量是否与 Logit P 有显著的线性关系，对解释 Logit P 是否有重要贡献。其零假设为 $\beta_k = 0$，即某回归系数与 0 无显著差异，相应地解释变量与 Logit P 之间的线性关系不显著。通常回归系数的显著性检验用统计量 Wald 值衡量，即：

$$\text{Wald} = \left(\frac{\beta_k}{S_{\beta_k}}\right)^2$$

其中，β_k 是回归系数，S_{β_k} 是回归系数的标准误差。Wald 检验统计量服从自由度为 1 的卡方分布。在执行 SPSS 软件的操作过程中，系统会自动计算各解释变量的 Wald_k 的观测值和对应的概率 p 值，如果概率 p 值小于给定的显著性水平 α，则应拒绝零假设，认为某解释变量的回归系数与 0 有显著差异，该解释变量与 Logit P 之间的线性关系显著，应该将其对应的变量保留在方程中；反之，如果概率 p 值大于给定的显著性水平 α，则不应该拒绝零假设，即认为某解释变量的回归系数与 0 无显著差异，该解释变量与 Logit P 之间的线性关系不显著，不应保留在方程中。但是，值得注意的是，如果解释变量存在多重共线性，则会对 Wald 检验统计量的准确性产生影响，这时可以借助上述回归方程显著性检验的似然比卡方检验的方法，对相应的回归系数进行检验。

(7) 回归方程的拟合优度检验

对于 Logistic 回归方程的拟合优度检验,一般从两个方面着手:一是考察回归方程是否能够解释因变量变化的程度,如果方程可以解释大部分因变量的变化,则说明拟合优度高,反之说明拟合优度低;二是比较由回归方程计算出的预测值与实际值之间的差异,如果差异小则说明拟合优度高,反之则说明拟合优度低。

在 SPSS 软件中执行 Logistic 运算中,用到的参考指标主要有以下几个:

① Cox & Snell R^2 统计量

Cox & Snell R^2 统计量与一般线性回归分析中的 R^2 统计量有相似之处,也是方程对因变量变化解释程度的反映。Cox & Snell R^2 的数学定义为:

$$\text{Cox \& Snell } R^2 = 1 - \left(\frac{L_0}{L}\right)^{\frac{2}{n}}$$

上式中,L_0 为方程中只包含常数项时的对数似然函数值,L 为当前方程的对数似然函数值,n 为样本数。

② Nagelkerke R^2 统计量

Nagelkerke R^2 是修正的 Cox & Snell R^2,也反映了方程对因变量变化解释的程度。Nagelkerke R^2 的数学定义为:

$$\text{Nagelkerke } R^2 = \frac{\text{Cox \& Snell } R^2}{1 - (L_0)^{\frac{2}{n}}}$$

其中,Nagelkerke R^2 的取值范围在 0—1 之间。越接近于 1,说明方程的拟合优度越高;越接近于 0,说明方程的拟合优度越低。

③ Hosmer-Lemeshow 统计量

Hosmer-Lemeshow 统计量的计算方法是,先计算每一组中事件发生的实际观察数量与预测数量之间的差异,计算公式为:(实际观察数量－预测数量)²/预测数量,该统计量根据每一组中因变量的实际观察数量与预测数量计算卡方。具体的操作方法为:根据估计观测数量的预测概率将观测量分成数量大致相同的 10 个组,观察观测到的数量与预测发生事件的数量以及预测不发生事件的数量之间的比较结果。卡方检测用来评价实际事件发生与预测事件发生之间的数量差别。使用这种鉴别方法时数据要相当大,以确保在大多数组别中期望频数至少在 5 个以上,同时还应注意所有的组别的预测值大于 1,否则 Hosmer-Lemeshow 统计量的值有扩大的趋势,影响模型拟合优度的判定。

2. 二元 Logistic 回归的基本操作

在利用 SPSS 软件进行 Logistic 回归分析前,应该确保被解释变量是取值

为1或0的两值变量,如果实际问题不满足该要求,应对数据重新编码。具体的基本操作步骤如下:

(1) 选择菜单"分析回归二元Logistic",于是出现如图14-2所示对话窗口。

(2) 选择一个具有二分属性的变量作为被解释变量放入因变量框,把一个或多个解释变量选择到协变量框,也可以同时选择两个或多个变量作为交互项,单击">a*b>"按钮,将其放入协变量框。

(3) 在方法选项框中选择解释变量的筛选方式,具体有以下几种:

① 输入:表示所有解释变量全部纳入模型。

② 向前:有条件的,即向前逐步选择法。将变量剔除模型的依据是,条件参数估计的似然比统计量的概率值。

③ 向前:LR,依据最大似然估计所得的似然比统计量的概率值,向前逐步选择。

④ 向前:Wald,依据Wald统计量的概率值向前逐步选择变量。

⑤ 向后:有条件的,即向后逐步选择法。将变量剔除模型的依据是,条件参数估计的似然比统计量的概率值。

⑥ 向后:LR,依据最大似然估计所得的似然比统计量的概率值,向后逐步剔除。

⑦ 向后:Wald,依据Wald统计量的概率值向后逐步剔除变量。

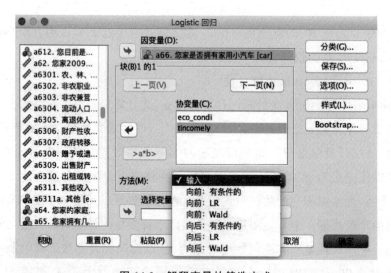

图14-2 解释变量的筛选方式

系统默认的是上述第一种方法"输入",作为初学者,我们用系统默认的选项即可。

(4) 单击"选择变量"按钮,选择一个变量作为条件变量放到选择变量框中,并单击"规则"按钮给定一个判定条件。只有条件变量值满足给定条件的样本数据才能参与回归分析。

（5）单击"分类"按钮，展开如图14-3所示的对话框，在这里设置处理分类变量的方式。

"协变量"框中包含了在主对话框中已经选择好的全部协变量及交互项。

"分类协变量"框中列出了所选择的分类变量，紧跟其后的括号中显示的是各组间的对比方案，字符串变量将自动进入分类协变量框中。

在"更改对比"栏中，设置分类协变量中各类水平的对比方式：

① 指示符：指示出是否同属于参考分类，参考分类在对比矩阵中以一横排0表示。

② 简单：每一种分类的预测变量（参考类别外）效应都与参考类别效应进行比较。

③ 差值：除第一类外，每类的预测变量效应都与参考类别效应进行比较。

④ Helmert：除最后一类外，每类的预测变量效应都与其后所有各类的平均效应进行比较。

⑤ 重复：除第一类外，每类的预测变量效应都与其前一种分类的效应进行比较。

⑥ 多项式：对角多项式对比，要求每类水平相同，仅仅适用于数字型变量。

⑦ 偏差：每类预测变量（参考分类除外）效应与总体效应进行比较。

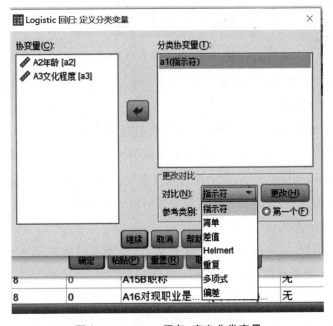

图14-3 Logistic回归：定义分类变量

⑧ 参考类别：如果选择了指示符、简单、偏差对比方式，可选择最后一个或第一个按钮，以此来指定分类变量的第一类还是最后一类作为参考类。

以上设置好后，单击"更改"按钮表示对选项的确定。

(6) 单击"保存"按钮，会显示出如图 14-4 的对话框，选择在数据框中保存的新变量。

① 预测值：包含概率和组成员两部分，前者是指每个观测量发生特定事件的预测概率；后者是指依据预测概率得到的每个观测量的预测分组。

② 影响：表示每一个观测量的影响指标，包括 Cook 距离、杠杆值、DfBeta 统计量。

③ 残差：这一栏包括非标准化残差、Logit 残差、学生化残差、标准化残差以及偏差残差。

图 14-4　Logistic 回归：保存

(7) 单击"选项"按钮，会显示如图 14-5 所示的对话框，可指定输出内容和设置模型中的某些参数。

在"统计和图"栏中，选择要求输出的统计量和图表。

① 分类图：表示绘制被解释变量实际值与预测分类值的关系图。

② Hosmer-Lemeshow：表示拟合优度指标。

③ 个案的残差列表：表示输出每个观测值的非标准化残差、标准化残差、预测概率等指标。

④ 外离群值：在空白处输入一个正数，表示要求只输出那些标准化残差值大于输入值的观测量的各种统计量。

⑤ 所有个案：表示输出所有观测量的各种统计量。

⑥ 估计值的相关性：表示输出方程中各变量估计参数的相关系数矩阵。

⑦ 迭代历史记录：表示进行参数估计时，每一步迭代输出的相关系数和对

数似然比值。

⑧ exp(B)的 CI：表示输出风险比默认 95% 的置信区间，在空白处输入数字。

在"输出"栏中设置输出范围："在每个步骤中"栏表示对每步计算过程表、统计量和图形；"在最后一个步骤中"栏表示只输出最终方程的表格、统计量和图形。

步进概率是设置变量进入模型和剔除模型的判断依据。如果变量的概率值小于"进入"处的设置值，那么此变量进入模型中；如果其概率值大于"删除"处的设置值，变量就会从方程中删除。此外，"进入"处的默认值为 0.05，"删除"处的默认值为 0.10，而且设置值必须为正数，另外进入值必须小于删除值。

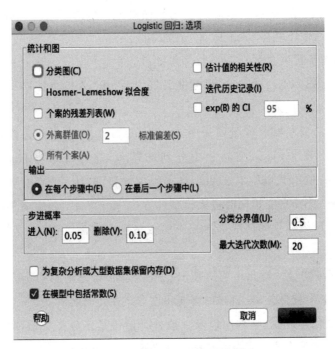

图 14-5　Logistic 回归的选项

分类分界值是设置系统划分观测量类别的辨别值。大于设置值的观测量被归于一组中，反之观测量将被归于另一组中。其值的范围为：0.01—0.99，默认值为 0.5。

最大迭代次数即极大似然估计的最大迭代次数，大于 20（默认值）时迭代结束。

为复杂分析或大型数据集保留内存是指，如果样本数据还要用来作更复杂的分析，避免内存不够时，可以勾选此选项。

在模型中包括常数：表示设置模型过程中包含常数项。

3. 二元 Logistic 回归分析示例

本部分例题所用的数据来自中国人民大学联合全国各地学术机构于 2010 年开展的中国综合社会调查（CGSS）中医疗保险参与情况的数据。利用年龄 age1、性别 sex1、婚姻状况 marriage1、受教育程度 edu1、政治面貌 polevel1、健康状况 health1、一般社会信任 trust1、中央信任 belig1、地方信任 belig2 等变量，建立一个预测因变量医疗保险参与 medicare1 的模型。研究的目的是分析在控制被调查者性别、年龄、婚姻状况、政治面貌、受教育程度、健康状况等因素后，被调查者的一般社会信任和对地方以及中央政府的信任对于受访者是否参与医疗保险的作用。其中，将是否参与医疗保险作为因变量（0/1 二值变量），其余各变量作为自变量，且年龄为定居变量，其他为品质变量。采用 Logistic 回归模型进行分析，用 SPSS 软件进行 Logistic 回归方式如下：

（1）操作步骤

① 在 SPSS 软件中将上述数据准备好以后，按"分析→回归→二元 Logistic"顺序打开相应的对话框

② 在对话框左侧的变量列表中选择 medicare1，并通过点击向右箭头将其送入"因变量"框中，再从变量表中分别选择 sex1、age1、marriage1、polevel1、edu1、health1、belig1、belig2、trust1，将它们依次移到"协变量"框中，再单击"方法"下拉菜单，选择自变量同时进入模型的方法"输入"（注：研究者不一定非要选择"输入"法，可视其具体情况选择相应的变量进入方法，前面有详细介绍，可参考前面章节）。

③ 选择哑变量。与此相关的知识点也就是前面提到的指示变量的编码方案。当自变量中有多分类变量时，需要将多分类变量选择称为"哑变量"。这里，婚姻状况、文化程度、健康状况以及一般社会信任是多分类变量，因此需要将它们指定为哑变量。点击"分类"对话框，将变量 marriage1、edu1、health1 和 trust1 选入"分类协变量"框中，在对比框中选择"指示灯"方式，再单击"继续"按钮返回主对话框。

④ 点击"选项"对话框，选择"Hosmer-Lemeshow 拟合度"和"exp（B）的 CI"，在输出栏中选择"在最后一个步骤中"项。

⑤ 点击"保存"按钮，在预测值栏中选择"概率""组成员"。选择"杠杆值"和"标准化"残差。

其他选项为 SPSS 软件的默认选项，单击"确定"按钮进行运算。

（2）输出结果

分析结果见表 14-1 至表 14-12。表 14-1 描述了数据中被选入模型的案例

数量,是否存在缺失案例或者未被选用的案例,以及它们所占的百分比;查看后续输出结果前,应该先检查这一部分以确保案例选择、加权、缺失值等方面处理是否恰当。

表14-2呈现了因变量的编码处理方式。在二元Logistic回归中,因变量必须转为二分类虚拟变量。

表14-1 观察值处理摘要

未加权的观察值[a]		N	百分比
选取的观察值	包含在分析中	9161	77.7
	遗漏观察值	2624	22.3
	总计	11785	100.0
未选取的观察值		0	0.0
总计		11785	100.0

注:a. 如果加权有效,请参阅分类表以取得观察值的总数。

表14-2 因变量编码

原始值	内部值
没有参加	0
参加	1

表14-3呈现的是自变量中的分类变量在模型中根据指示变量编码方案所生成的新变量表。可以看到,对一般社会信任、健康状况、婚姻状况各自都生成了两个虚拟变量,分别表示是否不信任、是否一般信任、是否不健康、是否一般健康、是否未婚、是否已婚,两个变量均为0时分别表示信任、健康和婚姻状况中的其他。同理,对受教育程度相应地生成了三个新变量。

表14-3 类别变量编码

		次数	参数编码		
			(1)	(2)	(3)
受教育程度	小学及以下	3476	1.000	0.000	0.000
	初中	2696	0.000	1.000	0.000
	高中	1674	0.000	0.000	1.000
	大专及以上	1315	0.000	0.000	0.000
一般社会信任	不信任	2071	1.000	0.000	
	一般	875	0.000	1.000	
	信任	6215	0.000	0.000	
健康状况	不健康	1744	1.000	0.000	
	一般	2089	0.000	1.000	
	健康	5328	0.000	0.000	

(续表)

		次数	参数编码		
			(1)	(2)	(3)
婚姻状况	未婚	808	1.000	0.000	
	已婚	7495	0.000	1.000	
	其他	858	0.000	0.000	

下面一行的输出"回归0,开始回归"是随后三个输出表的标题,表示分析处理的起始状态,其实质就是对截距模型的分析,以便为后面正式研究提供一个评价基准。

表 14-4 分类表[a,b]

观察值		预测值		
		是否参加医疗保险		正确百分比
		没有参加	参加	
步骤0	是否参加医疗保险 没有参加	0	1179	0.0
	参加	0	7982	100.0
	整体百分比			87.1

注:a. 常数包含在模型中。
b. 分割值为0.5。

表 14-5 方程式中的变量

		B	S.E.	Wald	df	显著性	Exp(B)
步骤0	常数	1.913	0.031	3757.472	1	0.000	6.770

表 14-4 是 SPSS 软件根据截距模型所获预测值与实际观测结果制作的交互表,它显示了 Logistic 分析初始阶段方程中只有常数项时的错判矩阵。另外,表 14-4 是以 0.5 作为医疗保险参与和不参与分界线得出的预测值与实际数据的比较表。从表中可观察到,当模型中不包含任何自变量时,模型把所有的案例都预测为样本数较多的那一类,即参加医疗保险,此时模型总的预测正确率为 87.1%,这一比例实际就是因变量中取值为 1 的比例。

表 14-5 给出了模型中只有常数项时回归系数方面的指标,各数据项的含义依次为:回归系数、回归系数标准误差、Wald 检验统计量的观测值、自由度、Wald 检验统计量的概率 p 值以及优势比。可以看到,本例中常数为 1.913,p 值接近 0,显然是显著的,说明参加医疗保险的参与者是没有参加的 6.770 倍。但是,由于此时模型中未包含任何解释变量,因此该表没有多大实际意义。

表 14-6 显示了待进入方程的各个变量的影响力分数及其统计检验结果。

SPSS 软件对各个变量纳入回归模型后的回归系数是否等于 0 进行了单独和整体的统计评价和检验。各数据项的含义依次为：自变量的评价分值、自由度和概率 p 值。自变量的评价分值越大表明影响越大，其卡方检验如果显著则表明该变量纳入模型后的回归系数显著区别于 0。在本例中，health1(2)对应的显著水平为 0.161，很不显著，表明这一变量没什么解释力。

表 14-6　未在方程式中的变数

			分数	df	显著性
步骤 0	变数	sex1	12.102	1	0.001
		aga1	12.217	1	0.000
		marriage1	148.745	2	0.000
		marriage1(1)	138.617	1	0.000
		marriage1(2)	103.196	1	0.000
		polevel1	60.663	1	0.000
		edu1	22.668	3	0.000
		edu1(1)	10.482	1	0.001
		edu1(2)	8.280	1	0.004
		edu1(3)	7.341	1	0.007
		health1	14.571	2	0.001
		health1(1)	9.337	1	0.002
		health1(2)	1.965	1	0.161
		belig1	13.678	1	0.000
		belig2	3.101	1	0.078
		trust1	42.729	2	0.000
		trust1(1)	26.082	1	0.000
		trust1(2)	9.733	1	0.002
	整体统计资料		275.144	14	0.000

接着输出的"回归 1：方法＝输入"是其后面所有输出的表格的标题，实际上也是对本例研究模型的正式分析结果。由于本例研究模型设置非常简单，将 5 个自变量同时纳入，所以该部分成为最后一部分结果。如果模型设置很复杂，那么还会形成更多的部分输出。

表 14-7 提供了模型系数的综合检验。因为本例研究模型设置既未分步也未分组，因此分步检验、分组检验都与研究模型的整体检验结果相同。表中，似然比卡方检验的观测值为 263.801，概率 p 值为 0.000，如果显著水平 α 为 0.05，由于概率 p 值小于显著水平 α，应拒绝零假设，认为所有回归系数不同时为 0，解释变量的全体与 Logit P 之间的线性关系显著，采用该模型是合理的。

表 14-7 模型系数的 Omnibus 测试

		卡方	df	显著性
步骤 1	步骤	263.801	14	0.000
	区块	263.801	14	0.000
	模型	263.801	14	0.000

表 14-8 提供的是关于模型拟合水平的概要指标,各数据的含义依次为:-2 倍的对数似然函数值、Cox & Snell R^2 以及 Nagelkerke R^2。-2 倍的对数似然函数值越小,则模型的拟合优度越高,本例中该值较大,所以模型的拟合优度并不理想。另外,Nagelkerke R^2 值接近 0,说明能由方程解释的回归变化太少,因此拟合效果不佳。

表 14-8 模型摘要

步骤	-2 对数概似	Cox & Snell R^2	Nagelkerke R^2
1	6770.081[a]	0.028	0.053

注:a. 估计在迭代号 5 处终止,因为参数估计的变更小于 0.001。

表 14-9 反映的是 Hosmer-Lemeshow 拟合统计量,其零假设为模型对数据的拟合度良好,本例中 $p=0.403>0.05$,表示无法拒绝零假设。

表 14-9 Hosmer 与 Lemeshow 测试

步骤	卡方	df	显著性
1	8.317	8	0.403

表 14-10 是以概率值为模型对是否参与医疗保险进行的 Hosmer-Lemeshow 检验的列联表。依据对因变量的预测概率,观测量被大致分为相等的 10 个组,最后一栏是每组观测量的总数。由于将具有相同值的观测量组合在一起,所以每组的观测量数并非完全相同。在第 2、3 栏中为观测到的和期望的没有参与医疗保险的数量,在第 4、5 栏中为观测到的和期望的参加医疗保险的数量。在本例的第一组中,913 个观测量中实际有 234 个观测量没有参加医疗保险,679 个观测值参加了医疗保险。依此类推,其余各组解释方法相同。

表 14-11 与前面的表 14-4 类似,表明在引入自变量后模型的判断情况,根据比较,我们可以发现引入自变量的模型与不包含任何自变量的模型没有任何改变,这说明纳入的自变量没有起到作用,模型的预测效果并不十分理想。

表 14-10 适用于 Hosmer 与 Lemeshow 测试的列联表格

		是否参加医疗保险=没有参加		是否参加医疗保险=参加		总计
		观察值	期望	观察值	期望	
步骤1	1	234	241.309	679	671.691	913
	2	164	159.135	752	756.865	916
	3	153	136.058	766	782.942	919
	4	122	124.911	797	794.089	919
	5	106	111.768	810	804.232	916
	6	108	105.814	810	812.186	918
	7	96	97.036	820	818.964	916
	8	69	86.143	848	830.857	917
	9	82	73.627	835	843.373	917
	10	45	43.199	865	866.801	910

表 14-11 分类表[a]

			预测值		
	观察值		是否参加医疗保险		正确百分比
			没有参加	参加	
步骤1	是否参加医疗保险	没有参加	0	1179	0.0
		参加	0	7982	100.0
	整体百分比				87.1

注：a. 分割值为 0.5。

表 14-12 是最后一个表，也是 Logistic 回归中最重要的输出结果，包括回归方程系数 B、标准误差 S.E.、Wald 卡方值、自由度、p 值和似然比（优势比）。从显著性水平一栏来看，除了年龄 age1 和地方政府信任 belig2 外，其余自变量都是显著的，因此肯定了除上述两个不显著自变量外其他各自变量能对因变量进行解释说明。在具体解释自变量作用时，使用优势比来解释医疗保险参与率更为方便，它测量自变量一个单位的增加给原来的参与率所带来的变化。表中 Exp(B) 一栏提供了优势比。其中，以女性为参考标准，男性医疗保险参与率是女性的 1.245 倍，表明在保险参与上男性更为积极；在婚姻状况中未婚状况和已婚状况的保险参与率分别是其他（离婚、丧偶）婚姻状况的 0.561 倍和 1.518 倍，这说明在婚姻状况中已婚人士的保险参与率更高。其他变量的解释与此类似，在此就不一一赘述了。

表 14-12 方程式中的变数

		B	S.E.	Wald	df	显著性	Exp(B)	95% EXP(B) 之信赖区间	
								下限	上限
步骤 1ª	sex1	0.219	0.066	11.085	1	0.001	1.245	1.094	1.417
	age1	0.001	0.001	0.180	1	0.671	1.001	0.998	1.003
	marriage1			113.004	2	0.000			
	marriage1(1)	−0.578	0.143	16.430	1	0.000	0.561	0.424	0.742
	marriage1(2)	0.418	0.108	15.014	1	0.000	1.518	1.229	1.875
	polevel1	0.782	0.139	31.541	1	0.000	2.187	1.664	2.873
	edu1			21.716	3	0.000			
	edu1(1)	−0.195	0.120	2.640	1	0.104	0.823	0.650	1.041
	edu1(2)	−0.439	0.115	14.652	1	0.000	0.645	0.515	0.807
	edu1(3)	−0.401	0.118	11.439	1	0.001	0.670	0.531	0.845
	health1			9.217	2	0.010			
	health1(1)	0.268	0.093	8.241	1	0.004	1.307	1.089	1.570
	health1(2)	0.138	0.081	2.933	1	0.087	1.148	0.980	1.345
	belig1	0.317	0.159	3.994	1	0.046	1.373	1.006	1.875
	belig2	0.029	0.090	0.101	1	0.751	1.029	0.863	1.227
	trust1			21.933	2	0.000			
	trust1(1)	−0.308	0.075	16.899	1	0.000	0.735	0.634	0.851
	trust1(2)	−0.318	0.102	9.746	1	0.002	0.727	0.596	0.888
	常数	1.451	0.210	47.736	1	0.000	4.269		

注:a. 步骤 1 上输入的变量:sex1、age1、marriage1、polevel1、edu1、health1、belig1、belig2、trust1。

多分类的 Logistic 回归

1. 多分类 Logistic 回归的概念

多分类 Logistic 回归是二分类(二元)Logistic 回归的自然扩展。前文我们说过,将事件发生的概率 p 与不发生的概率 $1-p$ 的比率取对数,称其为发生比或 Logit P,并建立起它与自变量之间的线性关系。当事件的结果不止两个分类,而是多种可能类别时,比如当因变量共有 J 种可能性时,第 i 类的模型为:

$$\log\left(\frac{p(\text{category}_i)}{1-p(\text{category}_j)}\right) = b_{i0} + b_{i1}\chi_1 + b_{i2}\chi_2 + \cdots + b_{ip}\chi_p$$

这样对于每一个 Logit 模型都将获得一组系数。例如,如果因变量有四种分类,将会获得三组非零参数。

多分类 Logistic 回归的数据要求是:

因变量:分类变量,要求是(含)三个以上分类水平;

自变量:可以是分类变量或连续变量;

协变量:必须是分类变量。

模型检验:

(1) 拟合检验

Pearson 卡方统计量在多维表中检测观测频数与预测频数间的差异。公式为：

$$\chi^2 = \Sigma_{\text{所有单元格}} \frac{(\text{观测数量} - \text{期望数量})^2}{\text{预测数量}}$$

其值越大，显著性概率越低，模型拟合效度越差。

(2) 伪 R^2 统计量

在多分类的 Logistic 回归中，我们会用到 Cox & Snell R^2、Nagelkerke 和 McFadden 统计量，前两个统计量已经在前面的章节讲过，这里就只介绍 McFadden 统计量，其公式为：

$$R^2_{\text{McFadden}} = 1 - \frac{\ln L}{\ln L_0}$$

其中，$\ln L_0$ 表示不包含任何自变量时截距模型对应的对数似然值，$\ln L$ 表示纳入自变量后模型对应的对数似然值，这相当于将截距模型对应的对数似然值看成总变化，而纳入自变量后的模型对数似然值看作残差变化，然后用 1 减去残差比例得到模型解释比例。

2. 多分变量 Logistic 回归的操作过程

(1) 选择"分析→回归→多项 Logistic"打开如图 14-6 所示的对话框。

图 14-6　多项 Logistic 回归

(2) 在左侧的源变量框中选择一个多分类变量放入"因变量"框中。一般情况下，SPSS 软件多元回归过程默认因变量的最后一类为参考类，如需重新进行

设置,点击"参考类别"进行相应设置,如图 14-7 所示:

① "参考类别"栏:勾选"第一类别"或"最后类别"作为参考类;"定制"选项后面由操作者设置除第一和最后类别以外的参考类别。

② "类别顺序"栏:如果选择"升序",就是将分类变量中的最小的类设置为第一类,值最大的类设置为最后一类;而选择"降序"项,顺序相反。

图 14-7　多项 Logistic 回归中的参考类别

（3）在源变量框中选择一个或多个分类变量进入"因子"变量框中。

（4）在源变量框中选择一个或多个连续变量进入"协变量"框中,如图 14-8 所示。

图 14-8　多项 Logistic 回归

(5) 单击"保存"按钮打开其对话框,如图 14-9 所示。

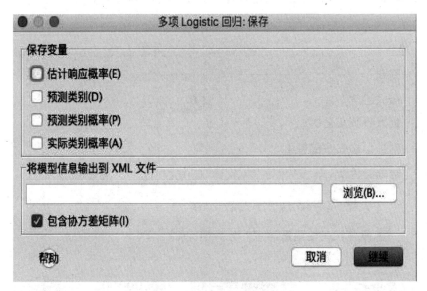

图 14-9　多项 Logistic 回归:保存

① 在"保存变量"栏选择要生成的并保存到当前数据窗中的新变量:
- 估计响应概率:估计观测量进入因变量各组的响应概率值;
- 预测类别:预测的观测量分类;
- 预测类别概率:预测的观测量分类结果的概率;
- 实际类别概率:实际分类的概率值。

② 在"将模型信息输出到 XML 文件"这一栏中选择模型信息保存到外部 XML 格式文件中。勾选"包含协方差矩阵",即要求输出的外部文件包括协方差矩阵。

(6) 单击"条件"按钮打开判断对话框,设置模型拟合过程结束的判断,如图 14-10 所示:

① 在"迭代"栏下面的框中设置迭代停止的依据:
- 最大迭代:设置最大迭代数,且必须是小于等于 100 的正整数。
- 最大步骤对分:输入使用步骤对分的最大步数。
- 对数似然性收敛性:设置对数似然比收敛值,且为正数。回归过程中对数似然比大于此值时,迭代过程停止。
- 参数收敛:如果模型在拟合的过程中,绝对变化值或相对变化值大于等于设置的收敛值,迭代过程将停止。
- 为每一项打印迭代历史记录:设置输出迭代过程的步距。
- 从迭代中检查数据点的分离情况:设置迭代过程开始值。

② 在"Delta"框中输入小于 1 的非负值,这一值的设置有助于稳定算法、阻止估计偏差;在"奇异性容差"框中选择检验单一性的容许度值。

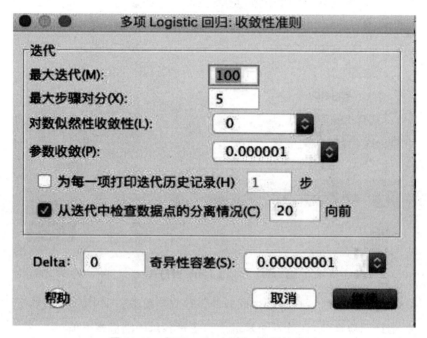

图 14-10　多项 Logistic 回归:收敛性准则

(7) 单击主对话框中的"模型"按钮,出现如图 14-11 所示的对话框。在左侧的"因子与协变量"框中包含参与分析的协变量和因子。

① "指定模型"栏中指定模型

- 主效应:只包括协变量和因子变量的主效应模型。
- 全因子:包含所有主效应以及它们之间可能的交互效应。
- 定制/步进式:自定义模型。由操作者自行指定模型中包含的主效应和交互效应。

② 以下选项只有在选择定制/步进式模型后设置

- 建立项:在下拉列表中选择一种效应类型,包括交互、主效应、所有二阶等。
- 强制进入项:选择强制出现在方程中的效应项进入此框。
- 步进项:从下拉列表中选择各效应项进入方程的方法。
- 在模型中包含截距:要求模型中包含截距。

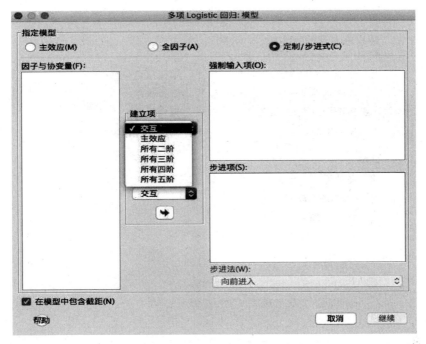

图 14-11　多项 Logistic 回归:模型

(8) 单击主对话框中"Statistics"选项打开如图 14-12 所示,在这里选择输出统计量。

① 个案处理摘要:给出分类变量综合信息。

② "模型"栏选择如下模型中的统计量：

- 伪 R 方:输出 Cox & Snell R^2、Nagelkerke 和 McFadden 统计量。

- 步骤摘要:在模型的对话框里选择逐步筛选,输出每一步变量进入或被踢出方程时的效应表。

- 模型拟合度信息:模型的拟合情况。

- 信息标准:有关模型的判断信息。

- 单元格可能性:输出观测与期望频数表、协变量比率和响应分类。

- 分类表:输出每一类的观测和预测分类表。

- 拟合度:包括 Pearson 卡方和似然比卡方统计量。

- 单调性测量:输出表中和谐对数、不和谐对数以及结点数。

③ "参数"栏选择要输出的与模型参数有关的统计量：

- 估计:模型的各种参数估计值。

- 似然比检验:整个模型的检验统计量和模型的偏效应的似然比检验统计量。

- 渐进相关:输出参数估计的相关矩阵。

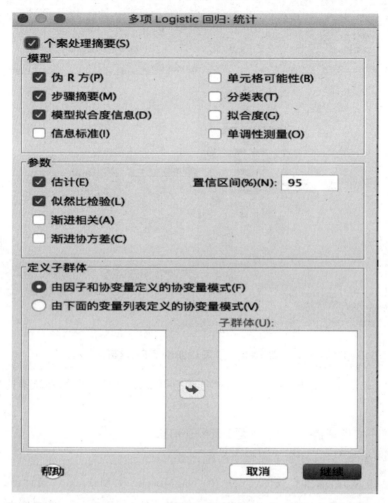

图 14-12　多项 Logistic 回归：统计

- 渐进协方差：输出参数估计的协方差矩阵。
- 置信区间：研究者依研究需要设置相应研究区间。

④"定义子群体"栏选择因子变量和协变量子集以便于定义协变量模式用于单元概率和拟合优度检验：

- 由因子和协变量定义的协变量模式：对所有因子变量和协变量进行拟合优度卡方检验。
- 由下面的变量列表定义的协变量模式：在左下角的框中选择希望计算拟合优度卡方检验统计量的变量，将其送入右下角"子群体"框中。

3. 多分变量 Logistic 回归示例

这里所用的数据是"2005 厦门居民生活状况调查"中居民花钱习惯 C7 的数据。利用性别 A1、年龄 A2、婚姻状况 A5、受教育程度 edu、宗教信仰 religion、个人月收入 income 等变量,建立多分类 Logistic 回归模型。其中,将花钱习惯作为因变量(1＝储蓄型、2＝量入为出、3＝借贷消费),其余各变量作为自变量,且年龄、收入为定距变量,其他为品质变量。

操作步骤如下:

(1) 在 SPSS 软件中将数据准备好以后,点击"分析→回归→多项 Logistic"进入到多分类 Logistic 的主窗口。再在左边的变量窗口中选择 C7 为因变量,然后可点击因变量框下面的"参考类别"按钮进入二级对话框设定因变量的参照类别,SPSS 软件中的默认设置是以最后一类为参照类。

(2) 如果操作者不需要放入自变量,点击"确定"按钮,即可得到截距模型。这里我们放入自变量,前面在操作步骤模块讲到根据自变量的类型可以将其放入"因子"或"协变量"框中。对分类变量应放入"因子"变量框中,SPSS 软件会自动将放入其中的自变量处理成虚拟变量组,并将最大编码作为参照类。但是,对于连续自变量则应放入"协变量"框中,这样在分析时才会作为连续型变量处理。值得注意的是,对于操作者已经建立的虚拟变量应该放入"协变量"框中。本例中,自变量性别 A1、婚姻状况 A5、受教育程度 edu、宗教信仰 religion 都已经是虚拟变量,其他自变量如年龄 A2、个人月收入 income 为连续变量,因此可将所有自变量都放入"协变量"框中。

(3) 接下来就是进行模型设置,在本例中我们采用主效应模型,其他选项都采用 SPSS 软件默认选型,点击"确定"进行模型分析。

输出结果,如表 14-13 所示。表 14-13 给出的是因变量的取值分布和数据缺失情况。本例中有 375 个案例进入分析,其中 68.5% 的被调查者花钱习惯为量入为出略有节余型。

表 14-13 观察值处理摘要

		N	边际百分比
C7 花钱习惯	储蓄型,尽量节省开支把钱存下来	104	27.7%
	量入为出,略有节余	257	68.5%
	借贷消费,今天花明天的钱	14	3.8%
有效		375	100.0%
遗漏		294	
总计		669	
次母体		365[a]	

注:a. 因变量在 361 (98.9%) 次母体中仅观察一个值。

表 14-14 给出了模型的拟合信息,是方程的最终有效性检验。和前面的二元 Logistic 一样,截距模型的 $-2LL$ 为 547.497,最终模型的 $-2LL$ 为 521.095,

二者的差位卡方检验值即 26.402。整体来看，在自由度 $df=12$ 的情况下，统计检验显著，说明模型具有显著解释力，回归系数中至少有一个显著不为 0。

表 14-14　模型拟合信息

模型	模型适用准则	概似比测试		
	-2 对数概似值	卡方	df	显著性
仅限截距	547.497			
Final	521.095	26.402	12	0.009

表 14-15　假 R-平方

Cox 及 Snell	0.068
Nagelkerke	0.088
McFadden	0.048

表 14-15 是三个伪确定系数的值，主要用来描述模型的解释力，在前面的章节中已经详细介绍过，这里就不再赘述。

表 14-16　概似比测试

效果	模型适用准则	概似比测试		
	降级模型的 -2 对数概似值	卡方	df	显著性
截距	530.901	9.806	2	0.007
A1	523.186	2.091	2	0.351
A2	530.656	9.561	2	0.008
edu	528.233	7.139	2	0.028
religion	521.718	0.623	2	0.732
A5	525.443	4.348	2	0.114
income	522.593	1.498	2	0.473

卡方统计资料是 -2 对数概似值中最终模型和降级模型之间的差异。降级模型通过省略最终模型中的效果而形成。虚无假设是指该效果的所有参数都为 0。

表 14-16 是各个自变量解释力的似然比综合检验情况。检验方式是：分别将这些变量从最终模型中剔除，得到简化模型 $-2LL$ 的值，再将其与最终模型的 $-2LL$ 值进行比较，这一差值近似服从卡方分布，所以将其最优卡方分布，相应的自由度为 2。如在本例中年龄 A2 和教育 edu 两个变量都有显著的解释力。

表 14-17　参数评估

C7 花钱习惯[a]		B	标准错误	Wald	df	显著性	Exp(B)	Exp(B) 的 95% 信赖区间	
								下限	上限
储蓄型，尽量节省开支把钱存下来	截距	241.731	92.322	6.856	1	0.009			
	A1	−0.697	0.615	1.281	1	0.258	0.498	0.149	1.665
	A2	−0.120	0.047	6.661	1	0.010	0.887	0.810	0.972
	edu	−0.438	0.363	1.451	1	0.228	0.645	0.317	1.316
	religion	−0.426	0.606	0.495	1	0.482	0.653	0.199	2.141
	A5	−0.935	0.675	1.920	1	0.166	0.393	0.105	1.473
	income	0.090	0.393	0.052	1	0.820	1.094	0.506	2.363
量入为出，略有节余	截距	250.565	90.999	7.582	1	0.006			
	A1	−0.822	0.593	1.920	1	0.166	0.440	0.137	1.406
	A2	−0.125	0.046	7.411	1	0.006	0.883	0.807	0.966
	edu	−0.099	0.355	0.079	1	0.779	0.905	0.452	1.815
	religion	−0.456	0.583	0.614	1	0.433	0.634	0.202	1.984
	A5	−1.239	0.647	3.665	1	0.056	0.290	0.081	1.030
	income	0.244	0.381	0.409	1	0.522	1.276	0.605	2.691

注：a. 参照种类为：借贷消费，今天花明天的钱。

表 14-17 是模型输出的最后一个表，它给出了自变量的两套系数及其检验。第一组系数对应的是储蓄型花钱相对于借贷型花钱的对数发生比作用；第二组系数是量入为出型花钱相对于借贷型花钱的对数发生比作用。这些系数的解释和二分类相似。例如，年龄 A2 的作用可以这样解释：在控制其他变量的情况下，年龄越大的人越不可能是储蓄型花钱方式；年龄每增加一岁，储蓄型和借贷型的对数发生比减少 0.120，两者的优势比为 88.7%。

第 15 章 定量研究论文的写作

在数据的分析完成之后,研究者面临的任务是如何写作定量研究的论文,即如何把研究发现用文字表述出来,供学术界的同行阅读,从而推动学科的发展。从格式来说,定量研究的文章一般包括如下几个部分:一是文献回顾与研究问题的提出;二是数据来源和变量的测量;三是研究发现;四是讨论与结论。

学术论文的写作有一定的格式,本章将围绕定量文章的几个要素展开讨论。

研究问题与标题

每一项研究都有一个研究问题,每一篇定量论文也有一个研究问题。研究问题是一篇文章的灵魂。一篇文章研究什么问题,从什么角度进行研究,要回答什么问题,通常都可以在标题中得到体现。也就是说,定量研究的文章从标题就可以看出其研究的问题是什么,哪一个是研究的因变量,从什么角度切入对所要探讨的现象进行研究。如《社会资本与中国农村居民的地域性自主参与》一文,因变量是农村居民的政治参与,也即作者所说的"地域性自主参与",主要的预测变量是社会资本(胡荣,2006)。

取好标题对于写好定量研究的文章来说很重要。选好题目需要注意如下几点:第一,角度新颖。学术研究讲究创新,只有在前人的基础上提出新的东西,找到新的发现,这样的研究才具有意义,因此研究的题目要有新意。这种新体现在几个方面:一是研究对象新,所研究的东西是过去没有人研究过的;二是角度新,同样的现象,我们可以换一个角度来研究;三是有新发现,研究者通过研究修改、补充了原有的命题。第二,简明扼要。要写好论文题目,字数不要太多,因为字数越多毛病越多,如果一个问题能用几个字表达清楚最好,一般来说字数最多不要超过 25 个字。此外,要特别注意题目中字词之间的内在联系,论文题目并不是几个字的简单罗列,而是讲求读得通顺、讲得明白、分析得透彻,题目其实就是一句话,但这句话要结构完整,且用词不要重复,有研究主题和研究目的、重点,这样能突出论文本身的特色。第三,贴切合适。题名应简明、具体、确切,能概括论文的特定内容,有助于选定关键词,符合编制题录、索引和检索的有关原则。

当然,也有一些定量研究没有特定的切入角度,而是对特定现象的若干不同的影响因素进行分析。如《影响农民工精神健康的社会因素分析》一文,不是从一个特定的角度分析农民工的精神健康,而是从社会经济地位、迁移压力和社会资本三个方面进行了探讨(胡荣、陈诗斯,2012)。社会经济地位包括受访者的性别、年龄、受教育程度、婚姻、收入等,社会资本包括信任、社会网络等。再如《影响妇女参与村级选举的诸因素分析》一文,影响女性政治参与的因素既包括是否为党员、是否当过村组干部、是否参军、年龄、上学年限等个人因素,也包括选举是否符合规范、选举竞争程度以及村庄离县城的距离等与选举有关的因素(胡荣、胡康、郭细卿,2006)。

文献回顾

文献回顾对一篇文章来说是非常重要的。因为只有通过文献回顾,研究者才能知道学术界在该领域的最新研究进展。学术研究是一个共同体的事业,每一个领域都有许许多多的研究者在研究。我们在进行每一项研究之前,都要查阅国内外相关的研究成果,借鉴以往的研究成果,吸取以往研究的教训,针对现有研究的不足,提出自己的研究问题。学术贵在创新,只有创新学术研究才会有生命力。因此,只有通过文献的查阅和回顾,研究者才能把握研究领域的最新动态,并在前人研究的基础上争取有所创新,有所贡献,有所突破。

在定量研究论文的写作中,研究者在文献回顾部分通过对相关文献的梳理,不仅为自己的研究奠定基础,也使读者了解这一领域的最新进展。也就是说,读者读完文章的文献回顾部分,就能够知道这一领域的最新进展,从而判断该文是否有新的贡献和创新的地方。

文献回顾不能仅仅是罗列相关的研究,而是要对相关研究进行评判,既恰如其分地指出已有研究的贡献,又要指出现有研究的不足。通常研究者是通过指出现有研究的不足来引出自己的研究问题的。也就是说,指出现有的研究存在哪些不足,而正在进行的研究就是为了弥补这些不足而做的。因此,客观把握评价的分寸就变得十分重要。评价贡献不能言过其实,指出缺点也不能夸大其词,都要做到恰如其分。

研究问题是文献回顾的灵魂。相关文献的详略依其与研究问题的关联程度而定。与研究问题关系密切的,就可以多说一些。与研究问题有关的,但不是很密切的,就可以少说一些,甚至一笔带过。与研究问题无关的,当然就可以不说了。文献回顾的篇幅还要考虑到整篇文章的长短。如果是一篇长达20万字的博士学位论文,那文献部分可以多达数万字,但一篇总字数只有1万字的论文,文献回顾部分的文字过多,有的达到一半以上,就是不合适的,会给人以头重脚轻的感觉。

除了在文章的开头有专门的篇幅回顾以往的文献外,在文章中还有多处应该引用相关文献。在研究设计部分,有时可以适当引用相关文献,比如该研究与已有研究的不同和创新之处。例如,在《经济发展与竞争性的村委会选举》(胡荣,2005)一文中,作者在文章的"研究设计和变量"部分引用了有关研究:欧博文(O'Brien,1994)认为在拥有效益良好的集体企业的富裕村庄提倡村民自治比较容易,劳伦斯(Lawrence,1994)在对河北赵县北王村的村民代表会议的研究中指出,以农业为主且经济条件较差的村庄在实行村级民主方面走在前面。爱泼斯坦(Epstein,1997)则认为经济发展处于中等水平并且具有较强农业和工业的省份在村级选举中走在前面。戴慕珍(Jean C. Oi)也认为高度工业化的村落的经验表明,经济发展与民主之间存在负向的关系。史天健(Shi,1999)通过有关的实证调查进一步论证了爱泼斯坦的观点,断言经济发展与村委会选举呈凹形曲线关系。针对戴慕珍、罗泽尔(2000)和史天健(1999)研究存在的不足,作者指出:"首先,这些研究在测量的指标上存在一些问题。例如,史天健(1999)衡量村委会选举所用指标仅仅是是否举行过选举和是否为差额选举,戴慕珍也是使用是否差额选举这一指标(Oi & Rozelle,2000)。如果说在选举的早期用这种简单的指标还具有一定的可行性的话,那么,随着村级选举的全面铺开,再用是否举行选举或是否为差额选举这样的指标就过于简单化了。……我们的调查表明,在所抽样的40个行政村中,2000年的选举都实行差额选举。实际上,对于村委会选举来说,候选人的提名程序远比是否差额选举更为重要。另外,戴慕珍和罗泽尔还使用村民会议开会次数和参加人数这些指标来衡量村民的政治参与。……在经济发展的指标方面,史天健使用的是1993年的县人均GDP,以及根据1982—1993年县级人均GDP计算出来的经济增长速度,而没有相关村一级的经济发展数据。由于中国经济发展中存在的地域差异性,同一个县内不同乡镇、不同村庄的经济发展也存在着巨大的差距,因此,笔者以为仅以县级经济发展的数据解释村一级的选举情况未免有些牵强。"

在研究发现部分,可以把现有模型中的发现与以往的研究进行比较。例如,在《社会资本与中国农村居民的地域性自主参与》一文中,在说到年龄与村级选举中的参与呈倒U型关系时,作者将这一发现与国内外相关研究(胡荣,2006:78)作了比较:

> 有关年龄与政治参与的关系,国外学者已经做过许多研究。正如米尔布拉斯所指出的,"参与随着年龄的增长而提高,在40和50岁达到顶峰并稳定一段时间,然后在60岁以上逐渐下降"(Milbrath,1965:134)。国外

一些研究者的研究也证实了这一关系的存在（Milbrath & Goel，1977；Nie et al.，1978）。史天健在北京的调查亦发现市民的投票率与年龄的关系呈倒 U 型，以 45—53 岁年龄的受访者的投票率最高(Shi，1997：168)。我们的研究结果与国外学者的发现是一致的，年龄对政治参与的影响呈倒 U 型，即随着年龄的增长村民的参与程度有所提高，在达到一定高度后又随着年龄的增长而下降。

在文章的讨论与结论部分，更是需要引用相关的文献和已有的理论，对研究发现进行概括和提升。

数据及其呈现

定量研究靠数据说话，数据是进行研究分析和得出结论的基础，数据在定量研究中具有极其重要的作用。

衡量一篇定量文章数据的好坏可以从以下几个方面判断：

第一，数据的样本如何取得，是否有一定的代表性。我们已经讲过随机抽样的重要性。定性研究不需要样本的代表性，不需要通过样本的研究推论到总体。但是，定量研究需要通过样本来推论总体，因此样本是否有代表性就变得很重要。只有通过随机抽取的样本，才可以把研究的结论推论到作为研究对象的总体中去，才可以计算出样本统计值与总体参数值之间的误差是多少。为了让读者了解样本的抽取情况，定量文章总要花一定的篇幅介绍样本是如何取得的。例如，胡荣的《社会资本与中国农村居民的地域性自主参与》一文就是这样介绍抽样过程的(胡荣，2006)：

> 本项研究于 2001 年 9 月至 10 月进行。样本按多阶段抽样法抽取。第一阶段采用立意抽样方法，从福建省内抽取寿宁县和厦门市，分别代表经济发展水平不同的两种类型农村。寿宁县地处福建省东北部，与浙江省交界，距省政府所在地福州市 284 公里，全县辖 10 乡、4 镇、201 个行政村（居委会），总人口 22 万。寿宁县以农业为主，经济发展水平较为落后。厦门是全国最早对外开放的四个经济特区之一，经济较发达，农村的发展水平处于全省前列。厦门下辖 6 个区，大部分区的城市化程度较高，我们选择城市化程度相对较低的同安区，从中选择 4 个乡镇，另从城市化程度较高的厦门岛内选取 1 个镇。我们又用随机方法从寿宁的 14 个乡镇中抽取 5 个乡镇，具体方法是：先根据各乡镇 2000 年农民的人均年收入（参看县经管站的数据）由低至高将全县 14 个乡镇按顺序排列；而后将全县的农业总人口 222144 除以要抽取的乡镇数 5，得 44428.8。在 44428.8 数内随机确定一个数，即

23000，选中的第一个乡为大安乡。第二个乡按 23000 加 44428.8 的方法确定，为犀溪乡，余类推。抽样结果共选出大安、犀溪、竹管垅、武曲和鳌阳 5 个乡镇。在厦门同安区也用类似方法随机抽取 4 个镇，即莲花镇、大嶝镇、马巷镇、大同镇，另加上厦门岛内的禾山镇，共 5 个镇。而后再从各个乡镇中按随机方法各抽取 4 个行政村，每个行政村再按随机方法抽取 25 个 18 岁以上村民，共 1000 人。调查在 2001 年 9 至 10 月进行。由厦门大学社会学系经过相关培训的 1998 级学生 19 人担任访问员。寿宁的调查自 2001 年 10 月 15 日至 10 月 25 日进行，厦门的调查自 2001 年 10 月 29 日至 11 月 2 日进行。本次调查共成功访问村民 913 人。其间，每个村大约成功访问 20 至 25 人。在成功访问的对象中，男性占 56.3%，女性占 43.7%。从文化程度看，调查对象中读书 4—6 年者最多，达 30.7%，其次是读书 7—9 年者，文盲达 18.2%，上学 1—3 年者占 12.1%，而接受 10 年以上教育者的比例则非常之少，10—12 年者只占 9.1%，13 年以上者仅为 1.6%。从年龄结构来看，30 岁以下者占 24.14%，30—40 岁者最多，占 28.1%，41—50 岁占 23.6%，51—60 岁占 12.19%，而 61 岁以上者较少，61—70 岁占 7.15%，71 岁以上只占 3.15%。

好的数据的前提条件就是它是随机抽样取得的，而且样本有一定的规模。中国人民大学的 CGSS 数据样本量在 10000 以上，通常我们个人做的定量研究样本量在 1000 至 3000 之间。

第二，变量的测量是否科学。在研究中，我们为了测量某个理论概念，需要选择一系列指标。指标是否选择得当，所测的变量有没有测出来，直接影响到数据的质量。在有关村委会选举的研究中，经济发展程度与村委会选举之间的关系曾经是一个热门的话题。但是，测量指标的不同，往往导致研究结果的差异。例如，史天健和戴慕珍等人主张，处于经济发展中等水平的村庄的村委会选举做得比较好。他们的研究在测量的指标上存在一些问题。例如，史天健（Shi，1999）衡量村委会选举所用指标仅仅是是否举行过选举和是否为差额选举，戴慕珍等人也是使用是否差额选举这一指标（Oi & Rozelle, 2000）。如果说在选举的早期用这种简单的指标还具有一定的可行性的话，那么，随着村级选举的全面铺开，再用是否举行选举或是否为差额选举这样的指标就过于简单化了。我们的调查表明，在所抽样的 40 个行政村中，2000 年的选举都实行差额选举。实际上，对于村委会选举来说，候选人的提名程序远比是否差额选举更为重要。另外，戴慕珍和罗泽尔还使用村民会议开会次数和参加人数这些指标来衡量村民的政治参与情况。在实践中要把一个行政村方圆数十里范围内所有 18 岁以上的成年男女召集起来开会,讨论村中的重大事情,如果不是不可能的话,也是一件非常困难的事情,所以在实际中取而代之的是村民代表会议(中国基层政权建设研究会、中国农村村民自治制度研究课题组,1994)。以这一在实际中并没有得到实施的制度来测量村民的政治参与是有问题的。在经济发展的指标方面,史天健使用的是1993年的县人均GDP,以及根据1982—1993年县级人均GDP计算出来的经济增长速度,而没有相关村一级的经济发展数据。由于中国经济发展中存在的地域差异性,同一个县内不同乡镇、不同村庄的经济发展也存在着巨大的差距,因此,仅以县级经济发展的数据解释村一级的选举情况未免有些牵强。

与史天健和戴慕珍的做法不同,胡荣在《经济发展与竞争性的村委会选举》一文中用了15个变量来测量村委会的选举(见表15-1)。

表15-1 测量村委会选举的15个变量

项目	村庄数	比例
(1) 村民直接提名候选人(+)	22	55%
(2) 党支部提名候选人(-)	5	12.5%
(3) 乡镇提名候选人(-)	11	27.5%
(4) 上届村委提名候选人(-)	8	20%
(5) 村民代表提名候选人(+)	12	30%
(6) 村民自荐成为候选人(+)	2	5%
(7) 正式候选人由村民投票产生(+)	19	47.5%
(8) 正式候选人由党支部决定(-)	2	5%
(9) 正式候选人由乡镇决定(-)	5	12.5%
(10) 正式候选人由村代表投票决定(+)	5	12.5%
(11) 实行差额选举(+)	40	100%
(12) 开选举大会,由全体选民投票(+)	40	100%
(13) 仍使用流动票箱(-)	15	37.4%
(14) 设立固定投票站(+)	23	57.5%
(15) 设立专门的划票间(+)	20	50%

对于经济发展程度的测量,胡荣则用了3个指标:(1)年人均集体收入;(2)人均家庭收入;(3)村民相对生活水平。

在我们使用二手数据的时候,往往会遇到现有指标不能准确反映研究者所要测量的概念的问题。因为二手数据的原有问卷设计者不会为你现在的研究来设计指标,所以应尽量避免过于牵强的情况出现。

第三,模型解释力如何,主要预测变量对因变量的影响是否显著,这也是研究者非常关注的。通常模型的判定系数越高,模型的解释力也就越好。但是,与经济学的模型高达50%—60%的判定系数不同,社会学研究中的模型的判定系数通常不会太高,能达到20%—30%已经是很不错了。

其实,比判定系数更为重要的是变量的显著性水平。只有在变量显著的情况下,样本中存在的关系才可以推论到总体。通常研究者会保留自变量中具有显著性水平的变量,但为了与以往研究对比,有时不具有统计显著性的自变量也可以适当保留。不过,主要预测变量对因变量的影响必须具备一定的统计显著性。否则,就无法拿这些预测变量说事了。例如,胡荣在《社会资本与中国农村居民的地域性自主参与》一文中,从社会资本的角度对村民在村委会选举中的参与情况进行研究。根据帕特南(Robert Putnam)的定义,社会资本包括信任、网络、互惠和规范等方面的内容,该文的调查从23个项目来测量社会资本,经因子分析提取6个因子,即信任因子、社会交往因子、社区安全因子、亲属联系因子、社区归属感因子和社团因子。在社会资本的上述6个因子中,前面3个因子对因变量的影响不具有统计显著性,只有后面2个因子,即社区归属感因子和社团因子对因变量的影响具有统计显著性。如果后面2个因子对因变量的影响不具有统计显著性,这篇文章就写不成了。

数据对于定量文章来说至关重要,那么,我们又如何在一篇研究论文中精炼地把统计分析的相关结果呈现给读者呢?

一篇定量文章,在提出研究问题或研究假设后,接着要对回归模型中的变量如何测量进行介绍。对变量的测量中有时涉及因子分析,一般需要把因子分析的结果在文中列中。例如,在《中国城市老年人健康影响因素分析》一文中,作者用了5个项目来测量老年人的媒体使用情况,这5个项目用主成分法提取2个因子,分别命名为"新兴媒介因子"和"传统媒介因子"。在文章中,作者列出了这5个项目的因子分析结果,表15-2中除了旋转后各项目的因子负载外,还有各项目的共量、三个因子的特征值及其解释的方差(胡荣、肖和真,2016)。

表15-2 媒介使用的因子分析

项目	均值	标准差	因子分析		
			新兴媒介因子	传统媒介因子	共量
报纸	2.26	1.321	0.529	0.597	0.637
广播	1.82	1.163	0.257	0.654	0.493
电视	4.11	0.968	−0.245	0.751	0.624
互联网	1.93	1.426	0.844	0.049	0.714
手机定制消息	1.52	1.056	0.790	0.045	0.626
特征值			1.970	1.123	3.309
解释方差(%)			39.41%	22.46%	61.87%

在解释完变量的测量后,在文章的变量测量部分,现在比较流行的做法是把回归方程中所有因变量和自变量的描述统计值都列出来。例如,表 15-3 是《社会资本、身心健康与老年人主观幸福感》一文中各变量的描述统计表,列出的描述统计数值包括各变量的平均数、标准差、最小值、最大值以及个案数(胡荣、肖和真、龚灿林,2018)。

表 15-3　回归分析中变量的描述统计

变量	平均数	标准差	最小值	最大值	个案数
因变量					
主观幸福感	0.77	0.42	0	1	3235
自变量					
社会资本					
讨论公共事务因子	0	1	−0.48	38.99	1645
参与公共事务因子	0	1	−1.66	7.31	1645
社会信任	3.66	0.93	1	5	3250
体育锻炼	2.14	1.61	1	5	3245
健康变量					
身体健康	2.99	1.05	1	5	3251
心理健康	3.69	1.072	1	5	3251
控制变量					
性别	0.54	0.49	0	1	3251
年龄	69.26	7.35	60	96	3250
户口	0.52	0.50	0	1	3251
受教育程度	1.63	0.99	1	5	3250
家庭经济状况	2.58	0.778	1	5	3228
社会公平感	3.30	1.04	1	5	3248
医疗保障	0.93	0.26	0	1	3249

在研究发现部分,文章要呈现回归分析的结果。如果一篇文章有多个模型,而且这些模型在一个表格中展示,通常只需要标出回归系数(或标准回归系数),但显著性水平是一定要标示出来的。为了节省空间,显著性水平通常用星号标出,如表 15-4 所示。此外,模型的样本量、调整后的 R 方也需要标出。

表 15-4　嵌套式多元线性回归模型：社会资本对健康的影响

自变量	因变量：健康状况		
	模型 1	模型 2	模型 3
控制变量	Beta	Beta	Beta
性别（男＝1）	0.095**	0.099**	0.152**
年龄	−0.150**	−0.149**	−0.155**
婚姻状况（已婚＝1）	0.073*	0.056	0.056
文化程度	−0.085*	−0.060	−0.057
个人月收入	−0.053	−0.055	−0.042
家庭年收入	0.080*	0.086*	0.094**
社区类型（农村＝0）			
城市社区	−0.328**	−0.294**	−0.281**
城镇社区	−0.212**	−0.173**	−0.163**
预测变量			
结构社会资本		−0.091**	−0.081*
功能社会资本		0.116**	0.111**
中介变量			
喝酒频度			−0.124**
调整 R^2	0.110	0.126	0.137
ΔR^2（R^2 变化量）		0.016	0.011
F 检定值	16.704**	15.784**	15.739**
样本量（N）	1021	1021	1021

注：* 表示 $p<0.05$；** 表示 $p<00.01$。

当然，如果模型不多，一张表中只列一个模型或两个模型，就可以把显著性水平的数据直接标出来。

▶ 讨论与结论

在报告完研究发现之后，通常就进入了文章的最后部分，即"讨论与结论"。一篇文章是否有深度、是否分析透彻，这一部分的写作非常关键。以倪志伟的《市场转型论》一文为例，20 世纪 80 年代他在福建厦门附近的农村作了问卷调查（Nee，1989）。从数据来看，他这篇文章似乎很简单，只有几个回归模型，因变量是农户的收入，自变量是教育、年龄、劳动力数量、是否担任村组干部、是否为企业家等。研究发现，教育对家庭收入的增加有很大影响，而是否担任大队干部对因变量的影响不大。在这篇文章中，倪志伟把这一发现放到再分配经济转型到市场经济这个大的背景中进行考察，使得文章具有重要的理论意义。

那讨论与结论部分写些什么呢？结论与研究发现又是什么关系呢？

在这一部分中,首先要对模型的研究结果进行讨论。所谓讨论就是对研究结果发现进行分析和解释,弄清研究发现所具有的理论意涵。例如,在《社会经济地位与网络资源》一文的"讨论与结论"中,作者首先概括了前一部分的研究发现(胡荣,2003:67):

> 本文运用1999年厦门调查的资料,分析了性别、年龄、收入、受教育程度、单位所有制以及单位主管部门对个人网络资源的影响。在这些自变量中,有些是西方学者已经作过研究和分析的,另一些则是中国社会所特有的地位标志,本文第一次将这些变量用于分析社会网络资源。在此,对这些研究结果作理论意义上的进一步分析。

作者的研究表明,个人资源是决定个人拥有社会资源多少的一个重要因素。个人资源决定了一个人在因社会交往而发生的社会交换中给他人提供回报的能力,这就意味着个人拥有的资源越多,他就越有能力为他人提供回报,因此他通过社会网络获取他人资源的能力也越强。由于高地位者具有较强的回报能力,其他社会成员也更愿意与地位较高者建立关系,这又进一步使得地位较高者更有能力通过关系获取和动用原本属于他人的资源,他所能支配的社会资源也就成倍增长。作者把影响网络资源的因素与倪志伟的"市场转型论"联系起来分析,最后得出的结论是(胡荣,2003:68):

> 总之,中国社会正处于转型过程之中,社会网络资源积累必然受其影响而具有其特点。一方面,我们可以看到经济因素、个人受教育因素在网络资源积累中的作用正日益提升,相对而言,单位所有制、单位主管部门等体制因素的重要性则在降低,这说明我们社会的市场化倾向已经相当明显。但另一方面,户口还是重要的地位标志,仍然对社会网络资源的积累发挥着重要作用,这表明计划经济时代留下的城乡二元格局尚未从根本上改变,体制因素的影响仍然存在。

在讨论与结论部分,通常需要回应文章文献回顾部分提出的理论问题,在理论上加以提升。另外,还可以用一定的篇幅指出目前这项研究的不足,同时指出未来应该研究的方向。

参考文献

Babbie, Earl. 1986. *The Practice of Social Research* (Fourth Edition). Belmont, CA: Wadsworth Publishing Company.

Bian, Yanjie. 1997. Bringing Strong Ties Back in: Indirect Ties, Network Bridges, and Job Searches in China. *American Sociological Review*, 62(3): 366-385.

de Vaus, D. A. 1990. *Surveys in Social Research*. London: Unwin Hyman.

Epstein, Army. 1997. Village Elections in China: Experimenting with Democracy// Joint Economic Committee, Congress of the United States(ed.). *China's Economic Future*. Armonk, NY: M. E. Sharpe.

Kaplan, Abraham. 1964. *The Conduct of Inquiry*. San Francisco, CA: Chandler.

Lawrence, Susan V. 1994. Democracy, Chinese Style. *The Australian Journal of Chinese Affairs*, 32 :59-68.

Luhmann, N. 1979. *Trust and Power*. Chichester: Wiley.

McKinney, John C. 1966. *Constructive Typology and Social Theory*. New York, NY: Appleton-Century-Crofts.

Merton, Robert K. 1957. *Social Theory and Social Structure*. New York, NY: The Free Press.

Nee, Victor. 1989. A Theory of Market Transition: From Redistribution to Markets in State Socialism. *American Sociological Review*, 54(5): 663-681.

O'Brien, Kevin J. 1994. Implementing Political Reform in China's Villages. *The Australian Journal of Chinese Affairs*, 32:33-59.

Oi, Jean C. & Scott Rozelle. 2000. Elections and Power: The Locus of Decision-Making in Chinese Villages. *The China Quarterly*, 162: 513-539.

Popper, Karl. 1959. *The Logic of Scientific Discovery*. New York, NY: Basic Books.

Shi, Tianjian. 1999. Economic Development and Village Elections in Rural China. *Journal of Contemporary China*, 8(22):425-442.

Stouffer, Samuel A. 1950. Some Observations on Study Design. *American Journal of Sociology*, 55(4):355-361.

Wallace, Walter L. 1971. *The Logic of Science in Sociology*. Chicago, IL: Aldine-Atherton.

艾尔·巴比.2009.社会研究方法(第十一版).邱泽奇,译.北京:华夏出版社.

爱因斯坦,英费尔德.1962.物理学的进化.周肇威,译.上海:上海科学技术出版社.

贝利.1986.现代社会研究方法.许真,译.上海:上海人民出版社.

布朗.1937.对于中国乡村社会生活社会学调查的建议.吴文藻,译.社会学界,9:79.

戴维·德沃斯.2008.社会研究中的研究设计.郝大海,等,译.北京:中国人民大学出版社.

迪尔凯姆.1996.自杀论:社会学研究.冯韵文,译.北京:商务印书馆.

范伟达,范冰.2010.社会调查研究方法.上海:复旦大学出版社.

风笑天.2005.现代社会调查方法(第三版).武汉:华中科技大学出版社.

风笑天.2013.社会学研究方法(第四版).北京:中国人民大学出版社.

风笑天.2014.社会研究:设计与写作.北京:中国人民大学出版社.

胡康.2012.社会资本对城乡居民健康的影响.云南民族大学学报(哲学社会科学版),5:51-60.

胡荣.2003.社会经济地位与网络资源.社会学研究,5:58-69.

胡荣.2005.经济发展与竞争性的村委会选举.社会,5:27-49.

胡荣.2006.社会资本与中国农村居民的地域性自主参与.社会学研究,2:61-85.

胡荣.2007.农民上访与政治信任的流失.社会学研究,3:39-55.

胡荣.2009.社会资本与地方治理.北京:社会科学文献出版社.

胡荣.2015.中国人的政治效能感、政治参与和警察信任.社会学研究,1:76-96.

胡荣,陈斯诗.2012.影响农民工精神健康的社会因素分析.社会,6:135-157.

胡荣,胡康,郭细卿.2006.影响妇女参与村级选举的诸因素分析.华东师范大学学报,5:40-45.

胡荣,肖和真.2016.中国城市老年人健康影响因素分析.贵州师范大学学报(社会科学版),5:39-49.

胡荣,肖和真,龚灿林.2018.社会资本、身心健康与老年人主观幸福感.黑龙江社会科学,2:85-93.

江立华,水延凯.2012.社会调查教程(精编本).北京:中国人民大学出版社.

雷蒙·布东.1987.社会学方法.黄建华,译.上海:上海人民出版社.

林南.1987.社会研究方法.北京:农村读物出版社.

默顿.1990.论理论社会学.何凡兴,李卫红,王丽娟,译.北京:华夏出版社.

泥安儒,林聚任.2012.社会调查研究方法纲要.济南:山东人民出版社.

仇立平.2008.社会研究方法.重庆:重庆大学出版社.

水延凯,等.2010.社会调查教程(第五版).北京:中国人民大学出版社.

宋林飞.2009.社会调查研究方法.南京:江苏教育出版社.

谭祖雪,周炎炎.2013.社会调查研究方法.北京:清华大学出版社.

特纳.1987.社会学理论的结构.吴曲辉,等,译.杭州:浙江人民出版社.

邢占军,衣芳.2010.社会调查研究方法.北京:人民出版社.

袁方.1997.社会研究方法教程.北京:北京大学出版社.

张友琴,胡荣.1995.社会调查研究的理论与方法.厦门:厦门大学出版社.

中国基层政权建设研究会,中国农村村民自治制度研究课题组.1994.中国农村村民委员会换届选举制度.北京:中国社会出版社.

周雪光,练宏.2012.中国政府的治理模式:一个"控制权"理论.社会学研究,5:69-93.

附录 厦门居民生活状况问卷调查

_____区_____街道_____居委会 问卷编号：_____

区、街道、居委会编号：_____ 住户电话：_____

厦门居民生活状况问卷调查

朋友：

你好！我是厦门大学学生，我们厦门大学社会学系和海峡导报现正在进行一项有关厦门市居民及外来人口生活的调查研究。我们是按随机抽样的方法选择你作为调查对象，希望你答应接受访问。

谢谢你的合作！

厦门大学社会学系
海峡导报
2005 年 1 月 6 日

访问员姓名：_____
审查员姓名：_____

A. 基本情况

A1. 你的性别：

(1) 男　　　(2) 女

A2. 请问你的年龄：_____岁。

A3. 你的文化程度：

(1) 文盲　(2) 初小　(3) 高小　　(4) 初中　(5) 高中/中技校/职高

(6) 大专　(7) 大学本科　(8) 研究生及其以上　(9) 其他

A4. 你有宗教信仰吗？

(1) 信基督教　(2) 信天主教　(3) 信佛教　(4) 信伊斯兰教　(5) 信道教

(6) 信其他宗教　(7) 不信任何教

A5. 你的婚姻状况：

(1) 未婚　(2) 已婚　(3) 离异　(4) 其他

A6. 如果你没有结婚，你选择未来的侣伴最注重什么？

(1) 地位　(2) 感觉　(3) 品德　(4) 金钱　(5) 相貌　(6) 经历

(7) 能力　(8) 学历　(9) 年龄　(10) 地域　(12) 家庭

A7. 你在厦门市的户口类别是：

(1) 市区常住　(2) 郊县常住　(3) 本市暂住　(4) 其他

A8. 你是本地出生的吗？

(1) 是(跳过第 A9 题)　(2) 否

A9. 如果你是外地出生的，请问你来厦门＿＿＿＿年了？

A10. 你的职业状况：

(1) 在职(回答第 A11—14 题)　(2) 下岗(失业)

(3) 离、退休　(4) 在校学生　(5) 其他(请说明＿＿＿＿)

A11. 若在职，请问你的经济活动身份类别是：

(1) 雇主　(2) 受雇　(3) 其他(请说明＿＿＿＿)

A12. 若是受雇在职，请问你所在工作单位的性质属于：

(1) 国有企业　(2) 集体企业　(3) 民营企业或个体户

(4) 三资企业　(5) 其他

A13. 若在职，请问你的工作行业是：

(1) 党政机关　(2) 教育、文化、科技　(3) 医疗卫生　(4) 金融保险业　(5) 工业

(6) 商贸业　(7) 宾馆、旅游、餐饮等服务业　(8) 交通运输业　(9) 其他

A14. 你在你所属的企事业单位的工作身份是：

(1) 负责人　(2) 中层领导或骨干　(3) 基层领导或高级职员　(4) 普通员工

A15. 如果你有职务和职称，请问它们分别是：＿＿＿＿和＿＿＿＿。

A16. 你对现在的职业满意吗？

A17. 你是否与所在单位签过劳动合同？

(1) 有(跳过第 A18 题)　(2) 没有

A18. 你与所在单位没签订劳动合同的原因是：

(1) 单位不给签　(2) 手续没办好　(3) 不想签　(4) 其他

A19. 你是否办理了社会保险？

(1) 办了　(2) 没有办

A20. 你是否办理了医疗保险？

(1) 办了　(2) 没有办

A21. 你是否办理了补充险？

(1) 办了　(2) 没有办

A22. 你一个月休假几天？＿＿＿＿天。

A23. 你所在单位是否让员工享有下列假期？

	(1) 有	(2) 没有
婚假		
产假		
探亲假		
病假		
带薪休假		

A24. 你是否经常加班？

(1) 经常　　(2) 有时　　(3) 很少　　(4) 从来没有

A25. 如果加班，加班工资按几倍计算？_____倍。

A26. 你过去一年每个月的收入(包括奖金\工资)是_____元。

A27. 你家去年一年的总收入是_____元。

A28. 请问你家庭收入主要由哪几部分组成？

A	工资	(1) 有	(2) 没有
B	奖金	(1) 有	(2) 没有
C	其他福利性收入	(1) 有	(2) 没有
D	股票、股息、分红	(1) 有	(2) 没有
E	国债、基金或保险	(1) 有	(2) 没有
F	租金收入	(1) 有	(2) 没有
G	其他兼职收入	(1) 有	(2) 没有
H	其他(请说明_____)	(1) 有	(2) 没有

A29. 你认为你的家庭年收入在厦门市大体处于哪个层次？

(1) 上层　　(2) 中上层　　(3) 中层　　(4) 中下层　　(5) 下层　　(6) 不清楚

A30. 你家几口人？_____人

A31. 你家住房属于以下哪种类型：

(1) 老私房　　(2) 已购公房　　(3) 租借的公房　　(4) 购置的商品房

(5) 租借的私房　　(6) 其他(请说明)

A32. 你或你家现有住房面积为：_____平方米。

A33. 你家住房现在的市场价格大约为_____万元。

A34. 你家庭过去一年总收入估计是_____万元。

B. 阶层认同

B1. 你是否认为厦门社会存在不同社会阶层：

(1) 存在明显的阶层　　(2) 存在阶层　　(3) 不存在阶层　　(4) 不清楚

B2. 你认为以下哪些可以明显体现社会阶层差别：

A	住宅小区	(1) 是	(2) 否	(3) 不清楚
B	衣着服饰	(1) 是	(2) 否	(3) 不清楚
C	香烟品牌	(1) 是	(2) 否	(3) 不清楚

(续表)

D	交通工具	(1) 是	(2) 否	(3) 不清楚
E	饮食场所	(1) 是	(2) 否	(3) 不清楚
F	交际对象	(1) 是	(2) 否	(3) 不清楚
G	娱乐场所	(1) 是	(2) 否	(3) 不清楚
H	语言语气	(1) 是	(2) 否	(3) 不清楚
I	其他（请说明_____）	(1) 是	(2) 否	(3) 不清楚

B3. 你认为阶层间的主要差别是：

A	金钱财富	(1) 是	(2) 否	(3) 不清楚
B	社会地位	(1) 是	(2) 否	(3) 不清楚
C	权力	(1) 是	(2) 否	(3) 不清楚
D	教育水平	(1) 是	(2) 否	(3) 不清楚
E	家庭出身	(1) 是	(2) 否	(3) 不清楚
F	职业	(1) 是	(2) 否	(3) 不清楚
G	生活方式	(1) 是	(2) 否	(3) 不清楚
H	消费水平	(1) 是	(2) 否	(3) 不清楚
I	住房	(1) 是	(2) 否	(3) 不清楚
J	道德修养	(1) 是	(2) 否	(3) 不清楚

B4. 你对下面社会阶层的观点持何看法？

A	社会阶层客观存在	(1) 同意	(2) 不同意	(3) 不清楚
B	社会阶层的存在是合理的	(1) 同意	(2) 不同意	(3) 不清楚
C	社会阶层存在是好现象	(1) 同意	(2) 不同意	(3) 不清楚
D	社会阶层存在不是好现象	(1) 同意	(2) 不同意	(3) 不清楚
E	社会阶层间存在合理流动	(1) 同意	(2) 不同意	(3) 不清楚
F	社会阶层差距正在拉大	(1) 同意	(2) 不同意	(3) 不清楚

B5. 如果把人分为以下阶层，你认为自己属于哪个阶层？

序号	阶层类别
(1)	国家与社会管理者
(2)	私营企业主
(3)	经理人员
(4)	专业技术人员
(5)	办事人员
(6)	个体户
(7)	商业服务人员
(8)	产业工人
(9)	农民
(10)	城市失业无业者
(11)	其他阶层（请具体说明_____）

C. 生活状况

C1. 你每个月的个人支出大概是 _____ 元。

C2. 你家庭每个月的家庭支出大概是 _____ 元。

C3. 你个人和家庭的支出项目主要情况如下：

序号	项目名称	金额
A	食品消费支出	元/月
B	日常生活用品支出	元/月
C	子女教育支出	元/年
D	医疗卫生支出	元/月
E	旅游支出	元/年
F	房贷、车贷等还贷支出	元/月
G	日常交通、通信支出	元/月
H	房租支出	元/月
I	水电煤等支出	元/月
J	红白喜事支出	元/年
K	交际/应筹支出	元/月
L	其他支出（请说明_____）	

C4. 你觉得生活消费品的价格：

(1) 偏高　(2) 可以接受　(3) 偏低

C5. 你每月为还银行的贷款，减少了多少聚餐、旅游、健身的次数？

(1) 减少很多　　(2) 减少一些　　(3) 没有减少

C6. 你的消费习惯是什么？

(1) 只要是自己喜欢的就买下来　(2) 实用的买下来　(3) 朋友推荐的买下来

C7. 你的花钱习惯是：

(1) 储蓄型，尽量节省开支把钱存下来　(2) 量入为出，略有节余

(3) 借贷消费，今天花明天的钱

C8. 下列开销项目中哪一个支出最多？

(1) 衣服　(2) 食品　(3) 住房　(4) 旅游　(5) 聚餐　(6) 礼包

(7) 交通费　(8) 通信费

C9. 如果你有储蓄的话，你的储蓄的目的主要是：

(1) 养老　(2) 投资创业　(3) 买房子　(4) 子女教育　(5) 健康

C10. 你家拥有耐用消费品的情况如下：

序号	耐用消费品	数量	价值（按购买时价格计算）
A	家用轿车		
B	电脑		
C	空调		
D	电冰箱		
E	洗衣机		
F	钢琴		
G	移动电话		

C11. 你对个人工作和生活条件的感受如何？

项目	很满意	较满意	一般	不满意	很不满意	说不清楚
与上级的关系	5	4	3	2	1	0
与同事的关系	5	4	3	2	1	0
工作或劳动条件	5	4	3	2	1	0
工作或劳动收入	5	4	3	2	1	0
住房条件	5	4	3	2	1	0
孩子上学方便程度	5	4	3	2	1	0
邻里关系	5	4	3	2	1	0
您的家庭生活	5	4	3	2	1	0
自己的健康状况	5	4	3	2	1	0
业余生活	5	4	3	2	1	0

C12. 你对居住环境的感受如何？

项目	很满意	较满意	一般	不满意	很不满意	说不清楚
水源水质和供应情况	5	4	3	2	1	0
电力供应及其质量	5	4	3	2	1	0
交通、通信条件	5	4	3	2	1	0
环境卫生和绿化美化	5	4	3	2	1	0
大气和噪声的控制	5	4	3	2	1	0
社会治安状况	5	4	3	2	1	0
物业管理服务	5	4	3	2	1	0

C13. 请回答下面几个问题：

项目	很满意	较满意	一般	不满意	很不满意	说不清楚
你对你在厦门的工作是否满意？	5	4	3	2	1	0
你对你在厦门的收入是否满意？	5	4	3	2	1	0
你对你在厦门的生活是否满意？	5	4	3	2	1	0

C14. 过去一年你有多少闲暇时间？
(1) 一年忙到头　　(2) 10 天左右　　(3) 30 天左右　　(4) 60 天左右
(5) 90 天左右　　(6) 120 天左右　　(7) 半年左右　　(8) 基本无事可做

C15. 你在闲暇时间主要从事哪些活动？
(1) 看电视、录像　　(2) 去电影院、歌舞厅　　(3) 体育活动　　(4) 养花鸟鱼
(5) 搓麻将、打扑克　　(6) 听广播、录音　　(7) 旅游　　(8) 读书看报
(9) 学习文化技术　　(10) 玩宠物　　(11) 抚养、教育子女　　(12) 逛商场
(13) 看戏、听说书　　(14) 串门聊天　　(15) 下棋　　(16) 宗教活动
(17) 钓鱼　　(18) 照顾老人、病人　　(19) 上网　　(20) 宗族活动
(21) 其他(请说明_____)

C16. 你了解外界信息的最主要渠道是：
(1) 电视　(2) 报纸　(3) 广播　(4) 网络　(5) 手机短信　(6) 其他

C17. 你家拥有的交通工具有：
(1) 自行车_____辆　(2) 助动车_____辆　(3) 摩托车_____辆
(4) 小汽车_____辆

C18. 你上下班或出行时最主要的交通方式是：
(1) 家用轿车或出租车　　(2) 摩托车或助动车　　(3) 自行车
(4) 公交车　　(5) 步行

C19. 你家人上下班或出行时最主要的交通方式是：
(1) 家用轿车或出租车　　(2) 摩托车或助动车　　(3) 自行车
(4) 公交车　　(5) 步行

C20. 你认为社会最突出的问题是什么？
(1) 失业问题　　(2) 贫富差距大　　(3) 贪污腐败严重　　(4) 社会治安差
(5) 大学生就业难　　(6) 社会保障不健全　　(7) 房价上涨太快　　(8) 教育乱收费
(9) 环境污染严重　　(10) 生活费上涨　　(11) 交通不方便

C21. 你觉得政府应该在哪些方面更有所作为？(可多选)
(1) 解决就业难题　　(2) 清理民工工资拖欠　　(3) 保护城乡拆迁户利益
(4) 扶助社会困难群体　(5) 宏观调控房价　　(6) 发展经济
(7) "以人为本"执政

C22. 你的烦心事是什么(可多选)？
(1) 收入少　　(2) 就业难　　(3) 子女教育　　(4) 没有社会保障
(5) 住房困难　　(6) 生活费用高　　(7) 自己或家人身体不好　　(8) 没有安全感
(9) 教育乱收费　　(10) 工作不顺心　　(11) 感情困扰　　(12) 其他

C23. 你认为政府的社会经济改革的最大受益者是哪个群体？
(1) 政府官员　(2) 私营企业主　(3) 企业管理者　(4) 农民
(5) 工人　(6) 知识分子　(7) 其他

C24. 厦门在哪些方面取得了长足的进步？(可多选)

(1) 城市改造　(2) 环境整治　(3) 住房条件改善　(4) 经济建设　(5) 治安环境

C25. 你觉得生活压力大吗?

(1) 很大　(2) 较大　(3) 不大

C26. 你是否感觉处在亚健康状态,记忆力下降、失眠?

(1) 是　(2) 不是

C27. 你认为幸福最重要的是什么?

(1) 事业有成就　(2) 工作顺心　(3) 收入丰厚　(4) 感情美满

(5) 业余生活满意　(6) 社会经济状况良好　(7) 人际关系和谐

(8) 自己的爱好能得到充分发挥

C28. 你认为厦门参与申报国家文明城市,有必要吗?

(1) 有必要　(2) 没必要

C29. 你觉得现在去政府部门办事方便吗?

(1) 方便　(2) 不方便

C30. 你关心政府的廉洁公正吗?

(1) 很关心　(2) 较关心　(3) 一般　(4) 较不关心　(5) 很不关心

C31. 你认为公务员办事效率与前三四年相比,有提高吗?

(1) 有提高　(2) 一样　(3) 降低了

C32. 你觉得现在厦门的社会治安情况好不好? 你是否满意?

(1) 好,满意　(2) 一般,还算满意　(3) 不好,不满意

C33. 如果碰上抢劫、偷盗等,你是否会伸出援手相助?

(1) 会　(2) 不会　(3) 看情况　(4) 首先会报警　(5) 不吭声

C34. 你经常参与社团(包括同乡会、校友会、商会、行业协会、学术社团)的活动吗?

(1) 很经常　(2) 较经常　(3) 一般　(4) 较少　(5) 很少

C35. 你参与的社团共有几个? ＿＿＿＿个。

C36. 你认识和交往的朋友共有几人? ＿＿＿＿人。其中,朋友＿＿＿＿人,亲戚＿＿＿＿人,一般相识＿＿＿＿人。

C37. 你对下列几种人的信任程度怎样?

对象	非常信任	较信任	一般	较不信任	很不信任
单位同事					
单位领导					
邻居					
一般朋友					
亲密朋友					
家庭成员					
直系亲属					
其他亲属					

(续表)

对象	非常信任	较信任	一般	较不信任	很不信任
社会上大多数人					
一般熟人					
生产商					
网友					
销售商					

C38. 你经常参与下列活动吗？

	经常	有过	没有
参加投票选举区人大代表			
为你支持的区人大代表候选人拉票			
为维护自己或同事的利益找单位领导			
为维护自己的合法权益向政府部门投诉			
给报纸、电台或电视台等媒体写信或打电话表达自己对一些公众关心的问题的看法			
向人大代表、政协委员提意见			
在网络上参与讨论，对国家大事发表自己的观点			
在网络上对本市与自己利益相关的一些问题发表自己的观点			
到政府相关部门或信访部门上访			
写信给政府相关部门或信访部门			
到法院起诉政府或公安部门			
怠工			

C39. 你对下列事情的关心程度如何？

	很关心	较关心	一般	较少关心	从不关心
工作单位的事情					
居住小区的事情					
所在社区居委会的事情					
本厦门市的事情					
国家的大政方针					

D. 展望未来

D1. 您如何评价现在的生活？如何估计今后的生活？

生活状况	好许多	好一点	差不多	差一点	差许多	不清楚
与五年前相比较	5	4	3	2	1	0
对今后五年的估计	5	4	3	2	1	0

D2. 你如何评价你现在的生活压力与以前、未来的生活压力？

生活压力	很大	大	差不多	小	很小	不清楚
与五年前相比较	5	4	3	2	1	0
对今后五年的估计	5	4	3	2	1	0

D3. 你在2005年是否打算购买小汽车？

(1) 是　　(2) 否

D4. 如果你打算买车，你要买多少钱的？_____万元

D5. 你认为厦门现在的房价是：

(1) 高得离谱　(2) 有点偏高　(3) 高低合适　(4) 偏低　(5) 太低了

D6. 你认为2005年厦门的房价还会怎样？

(1) 继续上涨　(2) 保持稳定　(3) 下跌　(4) 说不清

D7. 你打算在近期内购买商品房吗？

(1) 打算(回答此项者继续回答下一题)　(2) 不打算

D8. 如果在近期内购房，请问你购房的主要目的是什么？

(1) 投资　　(2) 自己居住　　(3) 其他

D9. 请问你可接受的商品房价格是_____元/平方米。

D10. 在2005年你有外出旅游观光的打算吗？

(1) 有　　(2) 没有(跳过下一题)

D11. 如果你打算外出旅游，你准备去哪里旅游？

(1) 省内　(2) 国内　(3) 东南亚　(4) 欧美　(5) 其他

D12. 你对未来有什么期待？在新的一年里,你最想实现什么？_____

后 记

自社会学重建以来,国内各综合性大学都设立了社会学专业并都开设了社会研究方法的课程。但是,目前相当一部分学校没有独立开设定量研究方法课,而是在社会研究方法课里讲定量方法,定性方法和定量方法放在一起讲。我在厦门大学长期讲授社会研究方法课,觉得还是很有必要把定量方法和定性方法分开讲,因为定量和定性的套路还是很不一样的。所以,自2003年开始,我们厦门大学社会学系的定量研究方法和定性研究方法是分开设置的。不过,目前虽然社会研究方法的教材不少,但专门讲定量研究方法的教材不多。为了适应教学需要,在多年的教学和研究经验的基础上,我们组织编写了这本教材。

本书由我撰写各章大纲,我的一些博士研究生和硕士研究生参与了初稿的撰写工作。各章的撰写人分别是:第1章,胡荣;第2章,贺朝霞;第3章,叶苗苗;第4章,刘伟;第5章,范丽娜;第6章,沈珊;第7章,庄思薇;第8章,李萍;第9章,黄倩雯;第10章,张钤;第11章,黄雯倩;第12章,肖和真;第13章,胡荣;第14章,胡丹;第15章,胡荣。各章初稿由我统一修改,不同章节修改的幅度不一样。

要编写好一本教材非常不容易,我们尽量做到深入浅出,便于教师和学生使用。但限于精力和水平,写作过程中有时会觉得力不从心,肯定存在不少问题,希望各位同仁不吝赐教。

胡 荣
2020年9月23日